武汉大学规划教材

U0722241

现代调查研究方法和技术

陈心广　王培刚　著

重庆大学出版社

图书在版编目(CIP)数据

现代调查研究方法和技术/陈心广,王培刚著--
重庆:重庆大学出版社,2023.10
(万卷方法)
ISBN 978-7-5689-4281-2

Ⅰ.①现… Ⅱ.①陈…②王…
Ⅲ.①社会调查–调查方法 Ⅳ.①C915

中国国家版本馆 CIP 数据核字(2023)第 249269 号

现代调查研究方法和技术

XIANDAI DIAOCHA YANJIU FANGFA HE JISHU

陈心广　王培刚　著
策划编辑:林佳木
责任编辑:林佳木　　版式设计:林佳木
责任校对:邹　忌　　责任印制:张　策
*
重庆大学出版社出版发行
出版人:陈晓阳
社址:重庆市沙坪坝区大学城西路 21 号
邮编:401331
电话:(023)88617190　88617185(中小学)
传真:(023)88617186　88617166
网址:http://www.cqup.com.cn
邮箱:fxk@ cqup.com.cn(营销中心)
全国新华书店经销
重庆升光电力印务有限公司印刷
开本:787mm×1092mm　1/16　印张:14.25　字数:316 千
2023 年 10 月第 1 版　2023 年 10 月第 1 次印刷
ISBN 978-7-5689-4281-2　定价:69.00 元

作者简介

陈心广　武汉大学特聘讲座教授。1977年进入武汉医学院（现华中科技大学同济医学院）卫生系学习，1992年在美国夏威夷大学东西方中心获得生物统计和流行病学博士学位。获得博士学位之后，先后在美国南加州大学、韦恩州立大学、佛罗里达大学从事教学和科研工作，担任助理教授、副教授和终身教授，博士生导师，同时也担任西安交通大学特聘讲座教授。作为主编，共同主编和编著过多部中英文专著和教材。在公共卫生、流行病学和全球健康方面展开了大量的科学研究，涉及分子、生物、心理、行为和社会等诸多领域，发表近300篇经同行评议的论文、专著章节和百科全书条目，美国流行病学院遴选院士。

王培刚　武汉大学公共卫生学院教授。南京大学与芝加哥大学联合培养博士，韦恩州立大学博士后。武汉大学公共卫生学院、政治与公共管理学院博士生导师，武汉大学人口与健康研究中心主任，《健康中国研究》集刊主编。长期从事人口与健康、健康中国等领域的研究。在《中国社会科学（内部文稿）》《中国行政管理》《光明日报》和 *Journal of Affective Disorders* 等中英文期刊、报纸发表论文数十篇，主持完成的研究报告有十余篇获得省部级以上领导肯定性批示或采纳，主持国家社会科学基金重大项目、国家社会科学基金重点项目等课题二十多项。以第一作者或独立作者身份出版了《社会变迁与中国居民生活质量》《多元统计分析与SAS实现》等中英文学术著作十多部（含译著），其中作为总主编在华中科技大学出版社出版"世界人口与健康经典译丛"（4本）。

前言

"调查研究是谋事之基、成事之道,没有调查就没有发言权,没有调查就没有决策权。"习近平总书记非常重视调查研究,并一以贯之身体力行、率先垂范,推动了全党大兴调查研究之风。调查研究有很多种类型,社会调查只是其中的一种。虽然名字是"社会调查"(social survey),但是通过调查得到的数据却不仅能够来研究解决社会问题,对分析解决很多其他方面的问题也有重要意义,包括经济发展、医疗卫生、人口发展等。而且许多社会调查运用的方法和技术,也可以用于其他领域的调查,比如环境资源调查、市场需求调查、医疗卫生服务调查等。

当今社会,大数据、人工智能和机器学习等数据科学快速发展,对调查数据的需求也与日俱增。通过调查研究获得数据,不仅速度快、数量大,而且质量高、可用性强。与一般的大数据不同,调查数据是为了解决问题而收集的,因此具有很强的针对性。除此之外,大多数大数据是没有固定结构的,而绝大多数通过调查得到的数据却是有结构的。比如,横断面调查的数据就是由 n 个调查对象和 p 个变量构成的数据矩阵。这样的数据,很方便直接进行处理分析。

学习社会调查技术和方法,首先必须明确社会调查主要用来解决哪些问题。对此,习近平总书记曾形象地指出:"坚持问题导向,增强问题意识,敢于正视问题,善于发现问题,既看'高楼大厦'又看'背阴胡同',真正把情况摸清、把问题找准、把对策提实。"在总结个人经验和查阅文献的基础上,本书把调查研究的功能初步概括为五个方面。第一,用来描述问题的现状和把握事物的发展趋势;第二,用来发现和分析社会中存在的问题;第三,研究社会中各种事物之间的相互关系,尤其是因果联系;第四,用来预测、预报未来;第五,评价政策性干预项目的效果。

调查研究最吸引人的地方,就是通过调查得到的数据,可以让我们看到事物的真相。比如,只看好莱坞的电影,会以为西方国家到处都是美女帅哥,可是调查数据表明,美国超重和肥胖的人占全国人口的比例在世界范围是最高的。又如,一个小城市的人去到大城市,被人偷了,就很容易得到大城市治安不好的印象,但是调查研究显示大城市往往比小城市安全。习近平总书记就指出了:"调查研究是做好各项工作的基本功。不了解真实情况,拍脑袋做决定,是做不好工作的。"

既然社会调查这么重要,那么,什么样的社会调查项目才能称得上是一个好项目呢?这就涉及对调查项目的评价问题。评价一个调查研究项目的好坏,常常需要从多方面考察。目前比较公认的评价标准有四个方面:1)重要性,好的社会调查项目,必须针对非常重要的问题;2)创新性,好的社会调查项目,一定要有创意、新意;3)可行性,即在人力、财力和技术方面是可以完成的;4)严谨性,即调查项目的立意、设计和实施方案是系统、周到、严密的。

一个好的社会调查研究之所以能够以一个小样本来反映总体的情况,达到去伪存真的目的,主要依赖于先进的方法和技术。这里指的是关于选题、调查问卷编辑、概率抽样、现场调查、数据处理和统计学分析等方面的技术和方法。随着信息科学日新月异的发展,新思想、新方法、新技术不断涌现,极大地丰富和提高了现代调查研究的能力。总体而言,我国在科学研究方面与发达国家的距离正在快速缩短,可是在社会调查方面,却还存在较大的差距。

引进社会调查的新技术、新方法,通过高等教育来学习是最重要的一条途径,而大学教育的重要环节,就是教材。当下,国内高校在社会调查方面的主流教材,其内容侧重在研究设计、抽样方法、调研方法等方面,很多学科的新进展、新的值得关注的重要内容还没有及时收录进来,比较典型的是答题心理学、卫星辅助抽样技术、单日重构调查技术、实况取样调查技术、敏感问题调查技术等。

本书作为一本教材,在编写的过程中,我们首先强调内容的**系统性**。一个社会调查项目,就是一个系统工程。从提出问题,到选题和课题构思,从现场调查设计、调查问卷编写、随机抽样,到现场调查的计划、管理与实施,再到最后的数据整理、数据库建立和统计学分析和推论,可谓环环相扣。在很多情况下,一项严谨的调查研究,还要考虑缺失值的处理、样本大小和统计学检验效率等问题。本书的编写,就是围绕这样一条主线展开的。

除了系统性,本书还特别注意内容的**新颖性**,在保证内容系统性的前提下,加入调查研究中的前沿内容,并让二者相辅相成。比如,在调查问卷编辑部分,介绍了调查研究中的答题心理学;在调查数据收集部分,介绍了调查数据产生和收集的理论模式和新的数据收集技术和方法。这些理论、技术和方法,都能用于指导调查问卷的编写和修订、现场调查的计划和实施。熟悉掌握这些理论和方法,也能够提高研究人员自己的辨别能力和创新能力。

社会调查是一项实践性很强的工作,必须亲自上手才能学得更好。因此本书把可操作性放在重要的位置。在介绍各种方法和技术时,本书尽可能用实际例子,一步一步地演示如何实操完成。典型的例子包括手工和通过计算机进行随机抽样,用实际例子介绍如何编写调查题目、编排调查问卷,如何利用调查问卷里的信息给变量命名来建立原始数据库,通过程序演示数据处理、数据库的建立和管理、统计学分析和结果解释等。

除了调查设计和数据收集,统计软件的合理使用可以极大地提高研究的速度、效率和质量,因此用于数据处理和分析的计算机软件也是日新月异。一个典型的软件就是R。R是一款开源且可以免费使用的统计分析软件。该软件目前广泛用于大数据、人工智能、机器学习等数据科学领域。对R软件的安装和使用的介绍,成为本书中最具实用性和创新性的一部分。结合书中的内容,我们还用R编写了一系列演示程序,来帮助读者学习数据库的建立、数据处理和统计学分析过程。

本书的内容,主要源于两个作者在国内外的教学和调查研究实践,同时参考了下列教材和专著: *Quantitative Epidemiology*(Chen,Springer Nature,2021)、*Statistical Methods for Global Health and Epidemiology*(Chen & Chen,Springer Nature,2020)、*Survey Methodology*(Groves et al.,Wiley Inter-science,2014)、《现代社会调查方法》(风笑天,华中科技大学出版社,2014)、《全球健康研究方法》(郝元涛、陈心广,人民卫生出版社,2018)、《多元统计分析与SAS实现》(王培刚,武汉大学出版社,2020)。

编写教材是一项非常严肃的工作。我们编写这部教材的动机,是通过系统介绍当前比较前沿的理论、方法和技术,来促进我国社会调查研究的发展。在本书的出版、校对过程中,马弋茗博士等一众同学做出了突出贡献,在此表示感谢。由于本书是我们的第一次尝试,书中瑕疵在所难免,希望能够得到谅解。如果发现问题,请批评指正,以便后期修订时进行参考。

陈心广　王培刚

2023年4月25日

目 录

第一章　调查研究概论

没有调查就没有发言权

　　毛泽东同志的著名论断"没有调查就没有发言权"和"调查就是解决问题",是对"调查研究"的目的和作用的精辟概括。习近平总书记也十分重视调查研究,他说:"调查研究是谋事之基、成事之道,没有调查就没有发言权,没有调查就没有决策权。"

　　以人为对象的科学知识和技术成果,很大一部分都建立在调查研究所得数据的基础之上(Chen et al., 2018)。这些成果表现在众多领域,包括社会学、心理学、行为科学、经济学、预防医学、临床医学、药学、公共卫生政策和医疗机构管理等。作为研究对象的人,既是一种客观的存在,又是一种主观的存在。因此,但凡涉及人的研究,一般都不可能像数学、物理、化学和机械工程等基础学科那样,把研究对象直接分解成很小的、相对独立的部分,进行有控制的实验性研究。认识个人的行为、心理、态度以及社会方方面面的现象,了解事物的现状和发展趋势,掌握其影响因素,制定相应的干预措施和评价干预结果,都需要开展调查研究(Groves et al., 2004;风笑天, 2014;Chen, 2021)。在数据科学(data sciences),包括大数据、机器学习和人工智能)方兴未艾的今天,调查研究更具有特殊的价值。调查研究为数据科学提供大量高质量的数据,是大数据的重要数据来源。同时,用于调查研究的思想、理论、方法和技术,也可以帮助和推动大数据和数据科学的发展(Japec et al., 2015)。

　　调查研究(survey study)作为一种常识,我们每个人都很熟悉。对于调查研究的了解,大多数人局限于早期革命和战争年代的社会调查。早期的社会调查,一般是定性的。这类调查所用的通常是所谓的"解剖麻雀"的方法。具体做法是:发现问题,寻找典型案例,从典型案例中寻找关键人物,开展面对面访谈(face-to-face interview)。访谈完毕后,根据个人记忆和笔录,组织不同范围的集体讨论,形成一些初步结论。再通过核心人员的思辨、推理和直觉等心理过程得出结论。然而,基于科学技术的现代调查研究,大多以定量研究为主。在确定了研究目标和调查对象之后,运用抽样技术选择有代表性的样本,采用专业的方法和技术从调查对象那里收集数据,对数据进行加工整理后,再用定量分析方法进行分析,从数据里提取所需要的信息,最后通过这些提取的信息,来回答研究一开始提出的问题(Groves et al., 2004;Chen, 2021)。

1.1 调查研究的意义

调查研究的重要性不言而喻,因为没有调查就没有发言权,仅仅凭个人的判断始终无法消除偏见。比如,生活在贫民窟的人,每天一开门满街看到的都是穷人,就觉得社会穷。相反,生活在富人区的人,一开门见到的就是豪车、豪宅,便觉得国家很富。即使不带个人偏见,仅凭少数人获得的信息,也无法准确和全面地反映客观情况。传统的社会调查也有局限,因为数据仅仅来源于几个典型代表,无法保证调查结果能够反映全局的情况(Pronin, 2007)。因此必须借助于科学的调查研究,才能够更准确、客观地了解情况,最终发现问题、解决问题。再比如,经常看好莱坞的电影,你可能会以为在发达国家到处都是帅哥美女,然而事实却恰恰相反。大量调查数据结果表明,发达国家人群超重或肥胖的比例高达68%(Wang et al., 2020),即每10个人中约有7个超重或肥胖。

为什么基于科学的调查研究结果比简单的观察更好呢？首先,调查研究获得的数据来源于通过专门技术从总体中抽取出的一群有代表性的个体。其次,调查研究得到的数据是以科学原理为依据,以系统框架为要求,按照标准程序来收集的。最后,调查结果是应用专业的统计学分析方法计算和检验得到的,真正做到了"用数据说话"。通过调查收集到数据之后,采用现代技术和方法进行统计学分析,通过分析从数据中提炼出反映客观事物的信息,了解和把握总体的情况,发现存在的问题,找到事物之间内在的关系,采取针对性的措施来解决现实生活中的问题。基于此,科学的调查研究是通过调查数据,而不是个人的观察和主观判断来得出结论。

如图1-1所示,调查研究的重要性可以从多个方面来理解。第一个方面是去伪存真,这是调查研究的基本性质;第二个是把握事物现状,这是调查研究最基本的应用;第三个是了解事物的发展趋势,指导未来决策;第四个是发现存在的问题,这是调查研究把握基本情况的前提,通过对比来完成;第五个是研究事物间的因果关系或影响因素;第六个是评价重大干预措施的效果。下面就这些方面分别进行讨论。

了解发展趋势　　发现存在问题

把握事物现状　③　④

②　　　　　　研究影响因素

去伪存真　①　⑤

⑥　评价干预效果

调查研究的意义

图1-1　把握调查研究的六大意义

去伪存真

从本节一开始所举的例子不难看出,人的天性之一就是习惯于把自己日常生活中所经历的事实,当成普遍结论。然而,这种"事实"往往并不具有普适性,可能与真相有很大的偏差。这样的现象不胜枚举。比如,一个人在自己的微信群里看到有很多人购买某一种东西,就认为全社会的人都在购买;养老院的工作人员,可能会认为社会上到处都是老年人,可是到2020年底我国65岁以上人口占总人口的比例仅13.5%;到医院里走一趟,可能会认为到处都是病人;而到健身房一看,全部都是健康人。一个病人到某三甲医院治好了病,不仅感谢主治医生,而且到处宣传这个医院的服务水平和服务效率如何好;而另一个病人听了这个病人的话,到相同的医院找了相同的专家却没有治好。因向上帝祈祷而免于意外死亡(如暴风雨、车祸)的人相信上帝,却无法知道那些遭遇相同的意外而没有活过来的人是否也同样向上帝祈祷过(Dean,2005)。

如果每个人都坚持自己的看法,社会就无法正常运转,人们就无法正常生活。科学的调查研究,就是为了消除这种偏见而提供的一个解决方案。科学的调查研究要求,先从研究总体(population)中随机地选择一个小于总体但又能够代表全体的样本(sample),再用科学的方法从调查样本中每一个调查对象那里收集数据。最后通过对数据的统计学分析和检验,来推断真实总体的情况。比如,通过大范围随机抽样调查,可以客观准确地判断一个国家和社会的贫富状况,如个人收入、家庭人口、幸福感、获得感等。通过健康调查,可以知道一个社会中健康的人和生病的人的比例,拥有医疗保险的比例,看病的人次数等。通过对医院进行调查和对比分析,可以把不同的医院按照服务质量排名,同时指出不同等级医院的强弱项。通过严格的调查,也可以研究证明信仰宗教和向上帝祈祷是否与健康和疾病有关系(Goldman,2004)。

把握事物的现状

调查研究常用来帮助人们把握事物的现状。几乎所有的社会问题,都可以开展调查研究来了解现状,诸如生老病死、教育、婚姻、家庭、社会、政治、经济和文化生活等。典型的社会问题包括每年某地区有多少人出生?多少人死亡?多少人生病?多少人结婚或离婚?多少人失业?收入水平和贫富差别怎么样?社会稳定和治安情况如何?开展调查研究,就能够用科学的数据来回答这些问题,这也是为什么调查研究会在实际工作得到广泛的应用。

为了把握事物现状而进行的调查研究,一般都属于描述性的(descriptive)调查。这是很重要的一种调查类型,本章后面的1.5节还要专门介绍。在技术方面,描述性调查一般用横断面设计(cross-sectional design)。关于横断面调查设计,在第二章会有详细介绍。横断面调查必须用随机样本(random sample),才能够反映总体情况。随机抽样技术(random sampling techniques)会在第三章进行详细介绍。调查数据的统计学分析,将在第七章和第八章专门进行介绍。

了解发展趋势

调查研究的重要性还体现在它能够帮助把握事物的发展趋势,预测未来的发展方向。只要有两次及以上的横断面调查数据,就可以用来描述事物的发展趋势。如果有更多次的横断面数据,就可以建立预测模型,估计事物的未来发展趋势。从技术的角度来看,横断面调查简单易行;从经济的角度看,横断面调查成本低;从实际操作方面来看,横断面调查速度快、成效显著。

世界上很多国家都积累了多年的重复横断面调查数据。最典型的例子就是美国的"综合社会调查"(General Social Survey,GSS)。中国也于2003年正式创建了"中国综合社会调查"(Chinese General Social Survey, CGSS),由中国人民大学中国调查与数据中心负责,这是中国最早的全国性、综合性、连续性学术调查项目。

此外,中国政府相关部门也牵头组织了一些大型多波次重复横截面调查,如中国流动人口动态监测调查(China Migrants Dynamic Survey, CMDS)。这项调查起始于2009年国家卫生健康委员会组织开展的一年一度的大型全国抽样调查,数据采集一直持续到2018年。调查内容包括多方面的信息,如个人和家庭情况、城乡迁移流动经历、社会福利保障、健康生活方式、生命质量、医疗卫生服务、婚育子女、社会融入等。CMDS为把握我国流动人口的基本情况、工作就业、日常生活、社会活动、健康状况及流动人口管理和政策制定提供了不可或缺的科学数据。利用这些数据也培养了多名硕士和博士研究生。

由原卫生部组织开展的全国卫生服务调查也属于反复多次横截面调查的典型例子,第一次卫生服务调查开始于1993年,每五年开展一次,延续至2018年已完成第六次,是我国政府掌握城乡居民健康状况、医疗卫生机构和人员、卫生服务价格和利用程度、医疗保健费用及负担等信息的重要途径,也是中国卫生调查制度的重要组成部分。其调查结果对政府制定卫生政策和卫生发展规划、有效调控卫生服务供求关系、提高卫生管理水平、促进我国卫生改革与发展产生了重要影响,也为推动中国的卫生事业改革发展提供了重要的数据支持和科学指导。

发现存在的问题

除了把握现状、历史趋势和预测未来,调查研究的重要性还体现在它是发现重大问题的科学手段。众所周知,发现问题有时比解决问题更重要。通过调查研究来发现问题,往往是与把握现状和了解历史趋势同时进行的。比如,社会发展和居民健康的横断面调查发现,随着经济的快速发展,困扰西方社会的超重和肥胖,也成为威胁中国人民健康的一个非常重要的问题。而且根据反复多波横断面调查的结果进行预测分析发现,超重和肥胖的情况在我国未来十几年里,还会进一步恶化(Wang et al., 2020)。同样地,通过横断面出生率调查,科研人员发现中国的少子化问题严重,每年新出生的人数还不足以替代每年死亡的人数。如果不及时采取有效的措施,少子化会极大地影响国家的长期发展。

一般而言,调查研究是发现一个地区公众最关心问题的非常有效的手段。"得众则得国,失众则失国。"比如,通过调查研究,可以发现低收入的省、市、县、乡、镇、村和低收入的人群。找到后,就可以采取针对性的扶贫措施,来减少或消除贫富差距,达到共同富裕的目标。通过调查研究,可以发现农民工的城市融合、就业、子女上学、住房和医疗保险等许多问题。发现问题后,就可以通过一些政策措施,帮助农民工融入城市,参与城市的建设和发展。还可以通过调查研究界定常见疾病,用于指导医疗卫生资源的合理配置和有效使用。此外,调查研究还可以找出国民健康水平发展较为落后的地方和人群。据此,政府层面可以指导医疗和公共卫生决策向落后地区和人群倾斜,加强疾病预防、治疗和康养活动,维护并促进公众健康,消除健康不平等现象,"不让任何一个地区和一个人掉队",最终实现健康中国的总体目标。

研究影响因素

研究影响因素和认识事物间的因果关系,对所有学科的研究人员都有极大的吸引力(Chen,2021;风笑天,2014)。这是因为,只有找到影响因素才能够真正把握问题发生的原因和机理,才可以对症下药地采取干预措施。与实验室研究不同的是,调查研究往往着重从人群整体层面,从宏观角度来探索、分析和了解影响问题的主要因素,探索这些因素与问题之间的关系。典型的例子包括:工业化、城市化与肥胖、糖尿病、心脏病和癌症之间的关系;农民工进城与基础建设和经济发展之间的关系;互联网与生活质量之间的关系;社会资本与健康之间的关系;等等。后文1.6节还要对这方面的内容进行深入讨论。研究影响因素和因果联系需要特别的调查设计,比如病例对照设计(case-control design)和纵向追踪设计(longitudinal follow-up design)等,本书第二章将有专门介绍。

通过调查研究得到的因果关系有两大用处。第一,可以用来指导更深入的实验性研究。比如,通过调查发现社会资本与生活质量有正相关关系。为了回答为什么社会资本会提高生活质量的问题,就可进一步研究社会资本影响生活质量的机制,包括社会支持、资源共享、信息共享、个人价值认同、心理韧性等。再比如,通过大范围调查发现工业化水平与人群肥胖的比率呈现明显的正相关。根据这一发现,可以开展更深入的研究,来认识工业化通过什么途径导致肥胖发生率的增加。第二,可以依据调查研究结果开发出具有针对性的干预措施,来解决实际问题。比如,通过调查研究发现,缺乏体力活动是影响健康和生产力的一个重要因素。为了保护生产力和提高健康水平,就可以针对不同的人群,开发出不同的能够促进体力活动的干预措施,以便更广泛地实行(Chen,2021;Pearl,2000)。

评价干预效果

调查研究是评价干预措施(intervention measure)在人群中效果的科学手段。但凡涉及大众的、与国计民生相关的干预措施,都可以通过调查研究来评估(assessment)。典型的例子包括新发疾病防控措施(如新冠病毒的防控措施)、新的医疗保险制度、新的课外辅助教育政策、新的招生政策、新的生育政策、新的农民工户口管理政策、新的环境治理政策……政策相继出台和实施,但其是否有效果?如果有,效果有多大?回答这些问题的主要方法就是调查研究。鉴于调查研究对干预项目评估的重要性,本章第1.7节还要进行更深入的讨论。

在传统的社会治理过程中,虽然贯彻执行了很多政策和措施,但鲜有运用现代调查研究方法来进行效果评价的。通常的做法是找几个典型案例,召开总结大会,集体进行学习或列举一些事实了事。这种做法,完全不能满足现代社会治理的要求。必须用现代调查研究技术和方法进行定量评价,确定干预政策和措施是否有效,达到预期设定目标。在评价的同时还有可能发现新的问题,及时针对性采取补救措施。因此,通过现代调查研究而不是传统的总结大会来评估政策性干预措施,应该成为现代社会治理的一个重要标志。

1.2 调查研究与大数据

进入本世纪以来,伴随着信息科学和技术的快速发展,大数据、机器学习、人工智能和数据科学等新兴学科方兴未艾。有的人甚至认为传统的调查研究和统计学分析已经过时(Dunson & DB, 2018)。事实上,随着科学的进步和社会的发展,人们发现新兴的信息科学技术与传统的现场调查和统计学分析并不冲突,而是能形成互补(Japec et al., 2015)。调查研究是大数据的一个重要数据来源,同时大数据研究也要借用调查研究的理论和方法。下面从两个方面展开讨论。

调查研究是重要的数据来源

在大数据时代,任何事物都可能成为数据,包括微信的聊天记录、电话的通话记录、自媒体发表的信息记录、个人每天的行踪等。当然,大数据中也少不了通过长期各种各样的现场调查所积累的数据。因此,调查研究是当代大数据、数据科学、机器学习和人工智能等新兴学科的一个重要的、高价值的和不可替代的数据来源。

之所以说调查数据是重要的,是因为一个大型的调查研究,往往都是围绕一个或几个非常重要的问题,在很大的范围内开展的。比如,一个国家的人口和就业情况,居住和社会环境条件,儿童的教育,居民健康水平和常见病,医疗卫生机构发展现状和存在的问题,医疗保险类别和覆盖情况,等等。每一个待研究的问题,往往是从很多可能的问题里,通过专家评审、行政审批等复杂的过程确定下来的。与此同时,调查研究一般都是由受过专业培训的科研人员来完成的。因此,正规的调查研究所提供的数据,往往具有很高的科学价值。

通过调查研究获得的数据,往往以标准化的格式存放(见本书第六章)。因此,通过调查研究得到的数据,一般都可以直接进行统计学分析。需要注意的是,目前所称的"大数据",绝大多数都不能直接进行分析。因为此类数据均为对现实生活的直接记录,其目的不是为研究而收集。此类数据更像流水账,虽具有客观性,但无固定结构。在进行定量分析之前,必须花时间和精力进行处理,把无结构(unstructured)的数据转变为有结构(structured)的待分析数据。

现场调查研究与大数据相辅相成

无论是大数据、机器学习、人工智能还是数据科学,不管其名字多么响亮、方法多么高级,其目的都是一样的,即掌握情况、预测未来、理解因果关系、评价干预措施、促进社会治理。因此,用于调查研究的许多指导原则、思想和方法,对这些新兴学科同样很有价值。进行大数据、机器学习和人工智能研究时,都需要按照调查用的数据库格式,把无明确结构的数据转换为有明确结构的数据。

现代大数据、机器学习和人工智能的许多分析方法和技术,也是建立在传统的统计学方法基础之上的,比如聚类分析、回归分析和logistic回归分析。预测分析在大数据、人工智能和机器学习中占有举足轻重的地位。目前,数据科学处于飞速发展阶段,掌握好现代调查研究中不断涌现的新思想、新方法和新技术,有利于我们进一步学习掌握大数据、人工智能、机器学习等前沿性信息科学与技术。

1.3　调查研究构思与选题

一个调查研究项目就是一个系统工程。一项严谨的调查,始于构思和选题;然后根据研究的题目,选择恰当的调查研究设计;进而编制调查问卷,科学抽样,招募调查对象;确定好调查设计、调查问卷及调查样本以后,即可开始现场调查。通过现场调查,从调查对象那里获得所需的数据资料。数据资料收集完成后,即可开始最精彩的部分——调查数据的统计学分析和结果报告。

为了便于学习,本章只介绍整个调查研究的第一步:课题构思与题目选择。其他内容后续会有相应的章节专门介绍,包括第二章的调查设计、第三章的随机抽样、第四章的调查问卷编辑、第五章的现场调查,以及后续章节的数据处理分析报告等。

研究课题的来源

课题来源有多重含义,一重是课题来源渠道,比如指导性课题、指令性课题、单位科研项目等;二重是课题选题来源渠道,比如课题指南、自拟选题等;三重有时候可以理解为课题选题依据。一般来说,课题来源主要是指课题从什么地方获得,即课题的来源渠道。本节主要从来源渠道进行阐述,分别有以下三个来源:第一个是科研人员自己,第二个是各种私人基金会,第三个是国家和各级政府机构。

第一,科研人员。科研工作人员的任务之一,就是根据自己的专业知识,针对社会需要和发展,不断地提出新的研究课题。学界有一个共识,提出一个好的问题,往往比解决问题更重要。科研人员除了需要具备敏锐的观察力和创造性,还要主动从调查研究的现实意义思考研究课题。比如,中国老年健康的现状和发展趋势;青少年教育方面存在的主要问题;影响参加医疗保险的因素;全民健康措施实施后的效果;等等。

第二,私人基金会。有少数课题是受富人或名人资助,他们捐出一大笔资金,寻找或指定专门的科研教学机构和科研人员,用以开展某个领域的专项科学研究。

第三,政府机构。政府机构是科研课题的最主要来源。世界各国和各级政府部门根据工作需要,指定相关机构和人员开展研究。政府根据专家提出的发展战略,提出一些研究方向,号召广大研究人员围绕这些方向,提出自己的研究课题,通过课题申请、专家评议、行政决定等竞争机制,获得科研经费开展科学研究。

课题构思和研究假设

无论课题来自哪里,任何调查研究项目的建构都必须经历一个系统思维的过程,把一个想法、一个问题、一道难题、一个挑战,转化为一个或几个可以通过数据来检验的研究假设(study hypothesis)。再根据研究假设,提出一系列可以检验的问题。根据这些问题提出研究指标和测量方法,建构调查问卷,拟定调查实施方案。要完成这些任务,必须通过系统思考,大量阅读文献,多次的小组头脑风暴,最后才能形成可以实施的工作计划。下面我们通过示例,来说明课题构思的过程。

随着社会经济的发展,中国人口的主要矛盾由人口数量快速增长转向人口结构快速老龄化,生育政策已经从过去的紧缩型政策转向目前的适度宽松型政策。虽然传统意义上,人类的延续必须依靠生育后代,但当代青年生育意愿偏低直接造成新生人口数量不足、人口红利逐步消失、养老压力加大等现实问题是所有后工业化和后现代化社会的一个普遍现象。如果让你构思一个课题来研究这个问题,你将如何下手?

第一步,查阅文献资料,探究该课题(以"生育意愿"为例)是否已有学者进行过系统研究。如果有,已获得哪些结论?是不是已经解决了所有问题?还存在哪些问题没有解决,并需要进一步研究?了解该课题没有解决的原因和困难是什么?第二步,带着这些问题与熟悉这一类研究的专家进行讨论,以进一步明确本课题的重要性和可行性。

完成顶层设计工作后,就要到现实社会中走访典型的有生育意愿和没有生育意愿的个案,获得一手资料。假设根据你获得的资料,无论有无生育意愿,大家都认可高级人才对人类现代化和繁荣进步是不可缺少的,而遗传因素对下一代的作用又非常重要,可大部分时候学历越高的人生育意愿越低,这是为什么呢?

通过个案调查你也许发现,个人的价值取向也许是影响生育意愿的主要原因。如果一个人只考虑自己而不考虑全社会和其他人,只考虑今天或者当下而不考虑长远,更不考虑人类的延续和未来,他当然就没有意愿生育后代。而且还会找各种各样的理由来证明自己的选择,比如虽然收入水平已经是中产,但还是说自己经济实力不够,不足以抚养小孩。

根据前面的这些分析,你可以形成至少两个相反的假设:

假设一:个人收入与生育意愿呈正相关。如果个体温饱问题得以解决,并有足够的经济实力支撑其精神文化需求,养育后代没有后顾之忧,生育意愿自然随之增加。

假设二:自我价值与生育意愿负相关。实现自我价值是人生的最高目标,其他的都是次要的,包括生育小孩。

有了这两个研究假设,你就可以设计一个调查研究课题,选择调查对象,编制调查问卷,现场调查收集数据,通过统计学分析,来证明你的想法。

不妨试一试,用相同的思想方法,构思一个你自己感兴趣的课题。下面列举了一些可能的研究问题供参考。你可任选一两个选题来建构一个现代调查研究项目和调查研究方案。

城市交通拥堵的原因

青少年吸毒的影响因素

环境污染与高血压

免费医疗与健康公平

现代化与肥胖

"不要输在起跑线上"的思想对儿童教育的影响

迷恋网游与学习成绩的关系

经济收入与心理健康

高收入与健康生活方式

1.4　选题的评价标准

大量的科学研究实践告诉我们,选择一个题目开展调查研究并不难,因为现实生活中每天都会遇到许多待解决的问题。但是,如何从众多的问题里选择一个有学术价值的题目,就不那么容易了。若选择的题目不妥,可能将研究设计引入歧途,可能仅仅是重复别人已经得出的结论,或者得不出具有科学价值的结论。例如,研究就业、获得感、生命质量,还是贫富差距?研究交通事故、一般社会安全问题,还是自杀问题?研究农民工就业问题、城市融合问题,还是他们的子女上学和医疗保险问题?研究传染病还是非传染病?研究高血压、心脏病、中风、糖尿病还是肥胖?研究疾病的治疗、预防还是健身?研究就医选择模式、医疗保险,还是医疗保健制度?

国内外大量科学研究实践表明,一个调查选题的优劣,至少可以从四个方面进行考察(图1-2),即选题的重要性、创新性、可行性和严谨性,层层深入,缺一不可。从几个不同的侧面,将一个理想的调查课题从最初众多不成熟的想法、思路和课题雏形中,逐渐分离出来。

图1-2　判断一个科研项目好坏的四条基本标准

重要性

评价研究课题优劣的第一个标准,就是重要性(significance),指该课题所具有的意义或价值。通俗地讲,就是指一个课题所具有的用途或用处。任何一项调查课题,首先必须具有某种意义或价值,或者说,首先是期望解决一个重大的问题,必须是"值得去做"的。所谓重大问题,既包括有重大现实意义的应用型课题,也包括有历史意义和长远影响的基础性课题。例如,农民工的生活质量问题,是建设中国特色社会主义中一个具有重大现实意义的课题。研究肥胖也是一个具有重大意义的课题,尤其是青少年肥胖,不仅危害儿童身心健康,还与成年期患高血压和糖尿病等慢性疾病的风险增高有关。人类社会高度现代化是为了幸福,可是伴随现代化而来的体重超重和肥胖,可能会抵消现代化带来的健康效应。研究少子化和不断升高的离婚率,也有很重要的价值。少子化和高离婚率的长期后果,是一个国家的消亡。大型传染病的调查研究,也是非常重要的课题。传统的传染病过去了,新的传染病会再来,永远也不能放松警惕。

发现重要的课题,需要我们长期保持对各类问题的持续关注,"信息积累"和"发现问题"均是做好科研所必须经历的过程。包括坚持关注与专业相关的前沿网页和公众平台推送,每天收听收看广播电视、看书看报、与他人交流。要勤于思考问题,敏于发现问题,善于将生活问题进一步提炼成为可以通过现场调查来解决的研究问题。本书的目的之一,就是要培养这种能力。

创新性

判断一个选题好坏的第二个标准就是创新性(creativity)。创新性又称为原创性(originality),指的是调查研究所要解决的问题,乃是前人从未专门研究过或虽已研究但尚无理想结果,有待进一步探讨和研究的。作为一种科学的认识活动,每一项具体调查必须能够在某些方面增加人们对现实世界的认识,能够为人们了解和认识现实社会生活中的各种现象、各种问题、各种规律提供新的见解,而不能总是在同一领域、同一范围、同一层次上重复别人的研究,重提已有理论。如果一个项目既重要,又有创新性,那该项研究在科研层面是值得开展的。在科学快速发展的今天,要想提出创新性的课题,就需要阅读大量文献,在过往研究的基础上进行深入研究。比如,已经发表的文章提出了少子化是一个问题,一个可能的创新性研究就是进一步探索少子化的原因。

有时候,一个问题别人已经研究过了,但该研究是很久以前的结论,不具有时效性。如果你把该研究在新的时代或环境里重复一次,这样的研究仍具有创新性。这种创新,即人们常说的"填补空白"的研究。相同的研究重复两次,还可以用来分析时间趋势,是一种非常有用的创新,除了从时间方面填补空白,还可以在不同的人群和不同的地方重复一个已经完成的研究,这类研究也具有创新性。比如,对发达国家的研究发现,收入增加与肥胖有关。如果在中国开展一次类似的调查,就具有创新性。这类调查既可以验证在发达国家的结论,也可以帮助发现中国自己的问题。当然,无论何种创新形式,都不能违背选题本身的学术价值和意义,不能为了创新而创新,要有明确的目的。

可行性

判断一个选题好坏的第三个标准就是可行性(feasibility),指研究人员是否具备进行或完成某一调查课题的主观、客观条件。换句话讲,一个课题再好,如何重要,如何具有创新性,但是若"大而无当",花费极大的人力物力,不能付诸现实或者难以得出有科学价值的结论,就等同于画饼充饥、纸上谈兵。不如选择研究范围明确、有一定研究深度的选题更具有现实意义。调查研究项目的可行性,可以从多个方面进行考虑,包括课题负责人、科研团队、经费支持、设备设施和后勤保障等。

衡量项目可行性的第一个标准,就是课题负责人。常用的衡量指标包括:课题负责人的学术造诣、领导能力、过去是否主持过类似的项目、发表的论文的第一作者和通讯作者情况。这些客观证据,往往能够反映课题负责人能否胜任。这里的关键就是,无论选题多么重要,所选的题目一定要与课题负责人的研究领域和专业优势相匹配。

课题负责人之外就是科研团队。衡量团队好坏的一个最基本的标准就是,团队成员必须包括完成该项目所需的全部类型的人才(expertise)。研究社会学问题的,要包括社会学方面的人才;研究医疗卫生问题的,要包括医疗卫生方面的人才;研究经济和文化方面的问题,就要包括经济和管理方面的人才。除此之外,所有的调查研究,都要包括调查设计和统计学分析的人才。除了人才俱备,科研团队要短小精悍,分工明确,没有重叠。一个常犯的错误就是,在团队里塞入多个高年资的人员,虽然从表面看起来是高"配置",但实则只会让人感觉到课题负责人对自己没有信心。

衡量一项调查研究课题可行性的第二个标准就是科研经费。经费充足,是研究成功的保证。经费包括购买调查设备和检查设备、实验设备和试剂的费用,支付给调查对象的费用,租用场地的费用,人员的工资、交通运输、生活安排和安保措施的费用,与调查现场的单位建立联系的开支,等等。在计划和安排工作时,每一项内容和经费都要制定详细的清单和列表,认真评估,直至最后落实。

最后,现场调查的后勤保障也是评估可行性的一个重要方面。这里主要包括单位的行政支持,交通运输的安排,现场人员的生活和安全措施的落实。如果调查过程中存在安全隐患,所涉及的对象、单位和相关部门不能给予相应的支持,调查课题违反社会伦理道德或是违反国家相关法律法规等,都会成为实施该调查研究课题的障碍。所以,只考虑重要性和创新性远远不够,必须把可行性放在非常重要的位置。

严谨性

衡量一个调查研究项目好坏的第四个标准就是严谨性(rigor),它是任何调查项目都不可或缺的要素,主要体现在研究理论严谨和研究过程严谨两个方面。首先是研究理论严谨,体现在该项目要研究的问题具有坚实的理论支撑。这包括充分的文献资料综述、完整的理论体系、层次分明的系统论述;对重大的和关键的问题,是否提供了预实验数据来支撑所建构的理论体系。如果一个调查研究项目所构建的理论体系不能很好地反映准备研究的问题,那么该项目就缺乏理论方面的严谨性。

除了理论体系严谨之外,研究过程也要严谨。一般认为,过程的严谨应包括有周密的工作安排和严格的质量控制。具体讲,包括如何获得研究思路;如何制定研究计划和问卷设计;如何招募研究对象;如何进行现场调研;如何处理错误和突发事件;如何收集和记录资料;资料编码和分析的方法;研究报告撰写。对拒绝参加的研究对象,详细记录其原因。一项严谨的调查研究,所有的工作都必须安排得井井有条,所有的问题都必须考虑得十分周到,从各个环节,把好质量关,做到无懈可击。

1.5 描述性调查研究

调查研究从技术上可以分为三大类,即描述性研究、因果关系研究和干预项目评价。了解这些类别,有利于学习和灵活使用调查研究来解决实际问题。本节专门讨论描述性调查研究,因果联系和干预评价分别在后面的1.6节和1.7节里介绍。

描述性调查研究(descriptive survey study)往往是对某事物的初始研究,研究者对所研究的事物还不太了解的时候,进行的一般就是描述性研究,其研究目标倾向于了解基本情况和发现问题,为后续分析原因和解决问题打下基础。其主要任务就是描述研究事物的三间分布,即英文里常说的3个W。第一个W表示人间分布,又称人群分布,即英文Who的第一个字母。第二个表示地区或者地理分布,即英文Where的第一个字母。第三个W表示时间分布,即所谓的时间趋势,这里的W是英文When的第一个字母。下面分别介绍三间分布。

人群(人间)分布

描述性调查研究的第一个任务,就是描述要研究的问题在人群里的分布情况,即是什么人,有多少受到了影响? 描述的方法就是,先收集关于调查对象的基本的人口学(demographic)和社会经济学(socioeconomic)特征,包括年龄、性别、族别、教育、职业、收入、居住情况、家庭人口等。再收集要描述的内容方面的资料,比如,婚姻状况、生育情况、农民工在城市的工作和生活情况等。最后,计算对比待研究的问题在各个不同人口学和社会经济学人群中的水平和差异,通过数据和图表将其展示出来。

比如,为了描述新冠病毒感染的个体差异,可以通过抽样调查,查出所有感染新冠病毒的个体。然后按照年龄、性别、族别、教育水平、职业、收入、居住条件等计算和对比感染新冠病毒的比率。通过这样的调查研究,就可以得到新冠病毒感染在人群中的分布情况。

地区(地理)分布

类似于人群分布,地理分布(geographic distribution)关注的是一个问题在不同地区的状况,即什么地方受到了多大的影响? 由于不同地方的客观条件不同,很多问题都表现出明显的地理差异。例如,新冠病毒的传播和流行,就有显著的地理差异。北方寒冷的冬季就给病毒提供了较长的存活期,因此,进入寒冬季节,北方的新增病例就显著高于南方;东部沿海城市是冷链冷冻产品进口量较大的地区,因此,大连、广州等城市新冠肺炎疫情形势较其他内陆城市更为严峻。此外,商业活动、经济收入、考试升学、生命质量、疾病负担、意外伤害、寿命长短等均表现出明显的地理差异。这些差异,都可以通过调查研究获得数据,来进行定量描述。

描述地理差异一般以行政区划作为单位。行政单位小到农村基层的自然村和城市基层的社区,大到县、市、地区、省。而描述全球分布时,国家就自然地成了分析的单位。描述地理差异,首先要获得每个地理单元的数据。有了数据之后,既可以用普通的统计表和统计图表,也可以用地图来进行描述。最好的方法就是把二者结合起来使用,提升数据信息可视化程度,增强信息沟通的效果,提高信息沟通效率。

时间(趋势)分布

时间分布(temporal distribution)所关注的是,我们感兴趣的问题在不同的时间点(when)是什么状态?因此,描述时间分布本质上就是研究问题的时间趋势。所谓时间趋势,就是事物沿着时间轴 t 的发展变化。描述事物或者问题的时间趋势,或者说时间分布,具有非常重要的意义。常见的时间分布规律包括:1)24小时分布规律,如日常生活起居工作;2)周分布规律,比如五天工作两天休息;3)月分布规律,如女性的月经周期;4)年的分布规律,如气候的四季变化和农作物的播种、保育、收获;5)一生的时间分布规律,如人的生命周期;6)大时间跨度的分布规律,即国家社会发展变化的历史规律。

与前面讨论的人群和地理分布不同,描述问题的时间分布规律时,常常要多次(两次及以上)追踪同一个体或重复调查收集的数据。最典型的就是通过重复多波横断面调查和纵向追踪调查得到的数据。关于这一类方法,在本书第二章,有专门的介绍。有了数据之后,描述时间分布就非常容易了。具体的做法,就是把观察到的结果作为 Y(纵轴),把观察时间作为 X(横轴)绘制成趋势图。

把握现状和发现问题

根据前面几个方面的介绍不难看出,调查研究的第一个功能就是让我们能够根据数据,快速准确把握事物的现状(status)。比如,调查研究常常用来了解一个国家和地区的人口老龄化状况。除了总体情况,调查研究经常根据人群之间分布的差异,来把握一个问题在不同性别、年龄、族别、教育水平人群的存在程度。

第二,调查研究也能够帮助把握同一个问题在不同地区的现状。比如,我国的控烟调查一般都是全国性的。通过这样的调查获得的数据,首先是用来掌握一个国家的吸烟水平和控烟状况。如果把数据进行跨省分析,就可以得到不同省、自治区、直辖市的吸烟水平和控烟措施的差异,发现问题,针对性地进行指导干预。除了一个国家内部的差异,世界卫生组织和世界银行还经常分析全球范围内不同国家、大区(如西欧、北美、南亚、西太平洋)和洲(continents,如亚洲、欧洲、非洲等)之间的差异。

第三,掌握时间规律和发展趋势。了解和把握一个问题的时间规律和发展趋势,调查研究也是最常用的手段。比如,为了掌握婚恋情况和生育情况随经济和社会发展的变化,可以定期进行调查,收集相关的数据。然后分析调查数据在每一年的现状,即时间分布。有了时间分布的结果,就可以用来评估婚恋和生育行为在一个国家或地区的时间规律,预测未来的发展趋势。

第四,发现存在的问题。除了描述事物的状态和水平,调查研究也是发现问题的重要手段。调查研究通过比较不同人群、不同地区、不同时间段的差异来发现问题。例如，通过比较国家间的新冠病毒流行率，发现新冠病毒在各国间的流行差异；通过对比中国的出生率和老年人口随时间的变化情况，发现少子化和人口老龄化正在成为严重问题。重要的例子林林总总，这里不再——枚举。

1.6 影响因素和因果关系研究

除了描述现状和发现问题，当对某事物的描述性调查已经进行得比较充分时，就有必要进行比较深入的调查研究，此时，调查研究就成为从宏观层次来寻找影响事物的因素和探索事物之间关系的重要手段，而因果关系研究在调查研究里占据非常重要的地位。有效地开展因果关系研究，必须了解至少三个方面的内容：1）结果变量，即统计学里说的因变量 Y，某些特定的数会随另一个（或另几个）会变动的数的变动而变动；2）影响结果的因素，即统计学里的自变量 X，能够引起因变量发生变化的因素或条件；3）其他因素，即统计学里说的协变量。

因变量（结果变量）

因变量（dependent variable）习惯用 Y 表示，反映的是研究感兴趣、需要解决的问题，往往是某事物研究中的主要或者重要观察指标。典型的例子如健康状况、患病状况、就业状况、收入状况等。由于我们想知道哪些因素会影响这些变量，所以有时候又把这类变量称为结果变量（outcome variable）。通过调查研究来研究影响因素和探索因果联系，对结果变量的选择非常重要。

第一，同一个结果变量可以选用不同的指标，但必须认真权衡后做出选择。比如个人收入作为结果变量，可按小时计算，也可按月或年度收入计算，可根据个人的数据计算，也可以通过家庭总收入和总人数计算人均收入。再比如研究某一种疾病，如乳腺癌的影响因素，可以是一段时间里（比如一天、一周、一个月、半年、一年或者两年）所有第一次查出的患有乳腺癌病人（新发病），也可以是某一时间点查出来的所有患乳腺癌的病人（患病），还可以是某一时段里因为乳腺癌死亡的人。

第二，结果变量一定要能够尽可能准确地测量。结果变量是作为标准（criteria）来使用的。如果结果变量偏差过大，其他变量测量再好也没有价值。结果变量的误差可能直接导致分类错误（misclassification），影响最终分析。比如，在研究某种疾病的影响因素时，会把有无疾病混淆；在研究收入的影响因素时，会把不同收入水平混淆。这样的错误，会严重影响分析结果的准确性。以往的研究积累了一些这方面的经验，比如以疾病死亡代替生病，因为每个人的生命只有一次；用户口确定城乡归属，因为户口是法定的。

自变量（影响因素）

自变量（independent variable）是一个统计学术语，用 X 表示。从纯数学的角度讲，相对 Y 而言，X 指的是可以自由变化的量。在调查研究中，自变量可以理解为科研人员选择的、能够决定 Y 的量的条件或特点,即所谓的影响因素(influential factor)。因此,影响因素和自变量有时候是可以互换使用的。在调查研究中,自变量的选择完全依赖于因变量。以超重肥胖为例,一切可能导致体重增加或下降的因素都要考虑,比如家族史、体力活动、饮食习惯、职业、每天看电视或上网的时间等。再以幸福感为例,一切能够增加或降低幸福感的因素都必须考虑,比如年龄、性别、教育水平、职业、收入、婚姻状况、生活习惯、健康水平等。

此外,在进行调查设计时,往往会有目的地让这些变量处于不同状态或取不同的值,以观察它们处于不同状态时效应的差别。可以是各个自变量各自的分类分组(研究主效应),也可以是取几个自变量变化分类分组的不同组合(研究交互效应)。例如,在青少年超重或肥胖的影响因素的调查中,年龄、性别、父母受教育程度、出生体重、每日脂肪摄入量都可以看作自变量。可以分别调查它们对青少年超重或肥胖的影响,如父母的受教育程度可以分为文盲、小学、初中、高中、大专及以上等。也可以调查各个自变量不同组合情况下对青少年超重或肥胖的影响,比如父母受教育程度高的一类中,有每日脂肪摄入量高的和摄入量低的两类青少年群体,每日脂肪摄入量高的青少年群体还有出生体重高和低两类群体。通过这些组合,在分析中就能把变量之间的关系解释得更清楚,可以弄清楚哪些是表面影响,哪些是本质影响(王培刚 et al., 2020)。要注意的是,这里所说的自变量,可能是上述影响结果变量的真正原因,也可能不是,切记勿将预先设定的自变量当成影响最终结局变量的直接原因。

协变量(相关或干扰因素)

协变量(covariant/covariates)特指在研究 X、Y 两变量关系时,除了 X 之外,其他已知对因变量 Y 也有影响的因素。因为它们与 X 可能同时影响到 Y,因此会干扰到确定 X 与 Y 之间关系的统计分析。在心理学、行为科学中,协变量也用来指与因变量有线性相关并在探讨自变量与因变量关系时通过统计技术加以控制的变量。协变量具有普遍意义,因为宇宙里的所有事物都是相互关联的,而调查研究是在这种关联的宇宙中而不是在实验的条件下展开的(Chen, 2021)。

必须指出的是,协变量是一个相对的概念。以肥胖为例,很多因素都可能与肥胖有关,包括家族史、职业、社区环境、体力活动和饮食习惯及其他行为习惯。如果为了证明体力活动 X 与肥胖 Y 有关,就必须同时考虑所有这些关联因素,即所谓的"其他因素"。尽管这些变量也是 X,因为它们都可以影响体重。但是当把体力活动定为主要的 X 之后,这些 X 就成了协变量 $CovX$(Liang et al., 2020;Chen, 2021)。

关于协变量还有一个特例,即混杂因素(confounder)。如果一个协变量 $CovX$ 同时对因变量 Y 和自变量 X 都会产生影响,这个协变量在统计学上称为混杂因素。与一般协变量相比,混杂因素对研究 X-Y 的影响更大,统计分析时一定要加以控制。比如,研究体力活动 X 与肥胖 Y 的关系时,有久坐习惯的职业就是一个混杂因素,因为它既能影响体力活动,又能影响肥胖。研究职业 X 与个人收入 Y 的关系时,教育水平就是一个混杂因素,因为它既影响职业也影响个人收入。研究个人收入 X 与幸福感 Y 之间的关系时,职业又成了一个混杂因素,因为职业与收入和幸福感都高度相关。

控制协变量最常用的方法包括排除(exclusion)、固定(holding them constant)和随机化(randomization)。比如,在研究社会参与和老年人抑郁关系时,城乡居住是协变量,这时如果研究者想探讨在新冠肺炎疫情影响的大背景下,城市老年人的社会参与对抑郁的影响情况,可以只以城市老人作为调查对象,即排除农村老人;或者只研究农村老人,排除城市老人。性别也可以是协变量,只以女性为调查对象,即排除男性。在研究某水域几个采样点水污染的程度时,为了避免或控制季节、天气的影响,可要求在同一日同一时间在不同的采样点进行采样,这就是固定时间和条件。所谓随机化就是将研究对象随机分组,消除协变量的影响,这种方法在实验性研究中经常使用。

1.7 干预效果评价研究

正如在1.1节里讨论过的,调查研究是定量评价攸关国计民生的重大干预措施的首选方法。比如,为了提高国民健康水平,在社区范围内配置了免费健身器材,政府和当地群众可能为此都花费了很多的资源,但是效果如何? 这就涉及干预评价的问题。干预效果评价的本质,是要通过调查数据来确定干预措施与干预结果之间的因果联系,因此干预评价的调查项目在技术方面要求很高。

干预评价与一般因果关系研究的不同之处主要在两个方面:第一是影响因素 X,在评价干预效果时 X 已事先确定,即是否接受过干预;第二是结果变量 Y,评价干预项目时 Y 是没有完全确定的,因此常用多个 Y 来表示可能的结果,而且这些 Y 还分为不同的层次,除了一个主要的,还要有一个或多个次要的作为补充。这是因为在干预完成之前,我们无法事先确定结果。万一某个 Y 不行,还有可以替代的。而进行因果关系研究时, Y 一定是事先确定好的,且数量往往只有一个。

以上述免费公共健身器材为例,评价这种干预措施可以用什么样的结果变量呢? 典型的包括累计使用该体育器材的人次数、每天使用的人次数、每一件器材使用的频率等。这些指标可以作为主要变量。还可以对比附近居民对健身器材的使用情况,探讨其体重、睡眠状况、请病假情况、患病和就医状况有无差异,这就是所谓的辅助或补充结果变量。如果调查内容希望更全面,还可以估计运用这些器材带来的健康和经济价值。

评价干预效果最经典的设计,就是随机对照试验,即把研究对象完全随机地分为两组,一组接受干预试验,一组接受空白对照试验。完成干预之后再比较两个组之间的差异来验证干预的效果。关于如何设计随机对照实验,第二章有专门介绍。必须指出的是,凡是政策性的和大范围的干预,往往不能通过随机对照设计来进行定量评价。解决这个难题的方法之一,就是通过追踪调查获得数据,然后进行干预前后对比。

进行前后对比的关键在于,在干预措施实施之前需要做基线调查,作为对比的基础。待干预措施落实后一段时间,再进行一次或者多次追踪调查。追踪调查时的内容主要集中在两个方面:(1)观察结果变量在干预前后是否发生了变化,如果有变化,变化的方向和程度；（2）对干预措施的接收（reception）和接受（internalization）的程度。如果干预前后的结果有显著差异，表示干预有效；如果干预的效果与对干预接收和接受的程度之间存在显著的**剂量–反应**（dose-response）关系，就需要进一步证实干预的效果。

1.8 本书的目的和内容安排

本书的对象和目的

本书是以本科生为主要对象，按照教材的模式编写的。全书不仅注重理论分析和方法介绍，更强调理论联系实际，通过实际案例来帮助学生理解和把握核心概念。学完本书，学生应能够：掌握调查研究的选题和判断标准，进行调查研究设计，完成调查问卷的编写，熟悉不同的数据收集方法，学会现场调查工作的计划安排和实施，基本的调查数据处理和统计学分析等。书中每一章的后面，都附有多道思考题和练习题，便于学生思考和练习。

本书还可以作为培养现场调查人员的入门教材。本书能够让专业人员掌握调查研究必备的基本知识、基本理论和基本技术，使其具备独立开展调查研究的能力。本书的内容相对独立，不需要特别的预备知识。不过，掌握适当的社会学和统计学知识，对本书的学习会有帮助。本书也可以为进一步深入学习更高级的科学研究技术和专业方法奠定基础。

本书还可以成为相关专业和学科的研究生、进修人员、年轻教师的重要参考书目。

书中的许多内容是现代调查研究中主流和前沿的方法技术。本书鼓励读者在掌握更先进的方法和技术的基础上，提高独立思考能力、动手和创新能力，灵活运用调查研究手段来研究重要的、有学术价值的、响应国家大政方针政策的和解决实际问题的，自己能够胜任的且自己感兴趣的科学问题。

章节具体安排

作为入门基础教材，开篇第一章首先介绍调查研究的含义和重要性，调查研究与大数据和新兴数据科学之间的关系。紧接着介绍在调查研究中如何选题和如何从重要性、创新性、可行性和严谨性四个方面来判断一个选题的好坏。最后，本章以较长的篇幅，细致地介绍了三种不同类型的调查研究——描述性调查、因果联系调查、评价干预措施效果的调查。

第二章系统介绍了现场调查的流行病学设计，包括横断面调查、多次重复横断面调查、纵向追踪调查、病例对照调查和随机对照调查。在第一章和第二章的基础上，第三章介绍调查研究的总体、样本和抽样，包括理论讨论和实际操作，及随机抽样的R程序等。了解学习抽样方法之后，还要有调查问卷才能够开展现场调查。因此，在第四章，系统介绍了调查问卷，包括问卷的设计、初稿、编辑、预实验、修改和订正。

在掌握了调查研究的意义、任务、研究设计、抽样和调查问卷编辑之后，本书进入调查研究的实际操作。第五章介绍现场调查的计划、实施、管理和质量控制。第六章以常用的 Excel 为切入点介绍数据库的概念、调查数据的处理和数据库的建立,为统计学分析做准备。第七章介绍基本的统计学分析方法,包括描述性统计和比较分析。第八章介绍高级的统计学分析方法,包括线性相关、线性回归和 logistic 回归分析等。对每一种统计学分析方法,都提供了相关 R 软件的实际分析例子。

前八章是本书的核心内容。在本书的最后部分,第九章介绍缺失数据,包括数据缺失的类别、缺失模式的评估和缺失数据的推算填充。第十章介绍如何评价样本大小和计算一项调查研究课题的统计学检验效率,以及调查完成之后的补救性统计检验效率分析。相较于前面的八章,这两章的内容要复杂一些,作为进一步深造的基础,供研究生及高年资科研人员参考。

思考题

1. 为什么要进行调查研究?

2. 调查研究可以用来解决哪些方面的问题? 请举例说明。

3. 我们常说的三间分布主要是指哪些方面?

4. 如何评价一个调查项目的好坏?

5. 为什么说创新性是衡量一个调查研究项目好坏的重要条件?

6. 调查研究的严谨性指的是什么? 为什么严谨性对一个调查研究课题非常重要?

7. 调查研究有哪些功能和作用?

8. 通过学习本章内容,你觉得自己对研究哪些方面的问题特别有兴趣? 为什么?

练习题

1. 根据自己的兴趣,用 2~3 页的篇幅,提出一个课题,包括题目、研究的性质(描述、发现问题、研究影响因素、干预相关评价)和主要内容等。在提出研究问题时,充分考虑题目的重要性、原创性、可行性和严谨性。写好之后至少与两个人分享,征询他们的意见。

2. 选择一两个你在日常生活中碰到的问题,找几个同学讨论你的选题是否重要? 是否具有创新性? 如果开展研究,是否具有可行性?

3. 从你感兴趣的专业杂志里下载一篇文章,然后评价该文章的重要性、创新性和研究工作的严谨性。指出研究的优缺点。假设你是课题负责人,你会按照作者的方法开展研究还是要用不同的方法进行研究?

4. 在自己的电脑里建立一个专门的文件夹,把平时想到问题记录下来,存放在文件夹里。长期坚持,你会积累很多可能的课题,供未来选用。

主要参考文献

风笑天. (2014). *现代社会调查方法(第五版)*. 华中科技大学出版社.

王培刚 . (2020). *多元统计分析与 SAS 实现* . 武汉大学出版社 .

Chen, X., Hu, H., Xu, X., Gong, J., Yan, Y., & Li, F. (2018). Probability Sampling by Connecting Space with Households Using GIS/GPS Technologies. *Journal of Survey Statistics and Methodology*, 6(2). https://doi.org/10.1093/jssam/smx032

Chen, X. (2021). *Quantitative Epidemiology*. Springer International Publishing.

Dunson, D. B. (2018). Statistics in the big data era: Failures of the machine. *Statistics & Probability Letters*, 136, 4–9. https://doi.org/10.1016/j.spl.2018.02.028

Goldman, M. A. (2004). The God Gene: How Faith is Hardwired Into Our Genes. *Nature Genetics*, 36(1241). https://doi.org/10.1038/ng1204–1241

Groves, R. M., Fowler Jr, F. J., Couper, M. P., Lepkowski, J. M., Singer, E., & Tourangeau, R. (2009). *Survey methodology* (Vol. 561). John Wiley & Sons.

Hamer, D. H. (2005). *The God gene: How faith is hardwired into our genes.* Doubleday.

Japec, L., Kreuter, F., Berg, M., Biemer, P., Decker, P., Lampe, C., Lane, J., O'Neil, C., & Usher, A. (2015). Big Data in Survey Research: AAPOR Task Force Report. *Public Opinion Quarterly*, 79(4). https://doi.org/10.1093/poq/nfv039

Liang, J., Tang, F., Jiang, J., Zhang, H., Osman, M., Shrestha, B., & Wang, P. (2020). Community context, birth cohorts and childhood body mass index trajectories: Evidence from the China nutrition and health survey 1991–2011. *Health & Place*, 66, 102455.

Pearl, J. (2000). *Causality: Models, Reasoning, and Inference* (2 ed.). Cambridge University Press.

Pronin, E. (2007). Perception and misperception of bias in human judgment. *Trends in Cognitive Sciences*, 11(1), 37–43. https://doi.org/10.1016/j.tics.2006.11.001

Wang, Y., Beydoun, M. A., Min, J., Xue, H., Kaminsky, L. A., & Cheskin, L. J. (2020). Has the prevalence of overweight, obesity and central obesity levelled off in the United States? Trends, patterns, disparities, and future projections for the obesity epidemic. *International Journal of Epidemiology*, 49(3), 810–823. https://doi.org/10.1093/ije/dyz273

第二章　现场调查设计

建成雄伟的大厦需要美好的蓝图

没有好的蓝图，就无法建成一座雄伟的大厦。设计一个调查研究项目，就像设计一座新建筑一样，需要先搞好设计，绘制"蓝图"。调查设计的目的，就是把调查研究的每个部分都认真地计划好，以保证调查研究按照设计逐步实施，达到研究的目的。如果调查设计出现问题，很可能导致一个研究项目前功尽弃。

调查设计的第一件事，就是明确调查对象。根据具体情况，一个研究项目的调查对象既可以是个体，也可以是人群或地理区域。调查对象确定之后，就要计划选择什么方法抽样，准备抽取多大的样本，以及如何进行抽样。调查设计的第三件事，就是要根据不同的目的来决定现场调查的类型，是开展横断面研究还是纵向研究，是调查一次还是反复多次，是开展病因学研究还是干预效果评价研究。设计的第四件事就是计划调查研究的内容，包括准备收集哪些方面的数据，如何收集，等等。调查设计的第五件事，就是计划安排现场调查来收集数据，例如安排好人力物力和后勤支持等，以保证调查能够按照计划完成。调查设计的第六件事，就是进行数据处理、统计学分析和科研报告撰写。

在以上诸多调查设计内容中，本章重点介绍两个方面的内容，第一个是如何确定调查对象，第二个是如何选择现场调查设计类型。关于调查对象的选择和抽样设计，在第三章会专门介绍。调查内容的设计与调查问卷设计直接相关，会在第四章专门介绍。现场调查和数据收集的设计问题，会在第五章专门介绍。至于调查数据的处理、统计学分析和报告撰写，会在第六章到第八章具体介绍。

2.1　明确调查对象和选择调查类型

调查研究设计的第一个重要任务就是确定调查对象。调查对象的选择与调查研究的目的密切相关。第一章介绍了如何选择和确定调查研究的目的。在本节中，将着重讨论如何明确调查对象，即在设计一项调查研究课题时，有哪些可选的调查对象，以及如何根据研究的目的来确定调查对象。

什么是调查对象？

调查对象指的是收集调查数据的最小单位（minimum unit）；而单个调查对象的集合

就构成了调查研究的总体。这一点在第三章还会有更详细的介绍。这里有一个概念需要明确,英文文献中没有与调查对象完全对等的概念,最常用的是研究参与者(study participants)。英文用人口(population)来表述总体,而中文的调查研究,其总体从广义上讲不一定局限于人。

在设计调查研究课题时,必须根据不同的目的,来确定相应的调查对象。本节着重从一般的角度来讨论与调查对象有关的问题。综合科研文献及不同调查对象的性质,可以将其概括为三类:以个人作为调查对象、以社会机构作为调查对象、以地理单元作为调查对象。了解不同类别调查对象的特点,有利于在调查研究设计阶段选择合适的对象。

以个人作为调查对象

提起调查研究对象,我们首先想到的就是人。比如农村里每个村庄里的人或城市里每条街道里的人。更常见的,调查对象指的是一个乡镇、一个区、一个县、一个市、一个地区、一个省份、一个国家、一个洲,乃至全世界的人。这都是我们耳熟能详的关于调查对象的概念。以人作为调查对象的概念很好理解,在实际工作中也容易操作。

虽然如此,在具体调查的时候,还需要进一步界定调查对象的特征。比如,研究是围绕青少年开展的,根据定义,调查研究对象一般只限于12~18岁的未成年人;研究是围绕老年人展开的,调查对象就只限于60或65岁以上的老年人;研究是围绕妇女生育健康的,调查对象就只限于育龄期(15~49岁)妇女;X世代专指那些在1965—1980年之间出生的人;Z世代专指那些在1977—2012年之间出生的人;如果研究目的是关于进城的农民工(rural-to-urban migrants),调查对象则只限于具有农村户口且目前在城里打工挣钱的人。

农民工,是中国改革开放后才出现的一个特殊人群。农民工的户口在农村,却在城市里工作,这一群体既是中国工业化和城镇化的产物,也是国家建设和发展的重要力量。作为中国社会历史发展的一个特殊群体,农民工仍有许多问题需要研究解决。最典型的如农民工的健康和医疗卫生问题、农民工的子女抚养和义务教育问题、农民工的再教育问题、农民工的社会融合和城市适应问题、农民工的社会权益问题,及农民工如何兼顾仍然留在农村的家人问题等。

调查研究还有许多其他类型的调查对象,比如按照居住地可以分为农村居民和城市居民;而根据城市规模又可进一步将城市居民的居住地分为小城市、中等规模城市、大城市和超大城市。按照学生身份可将学生群体分为学龄前儿童、小学生、中学生、大学生、研究生等。按照职业可分为工人、农民、国家公务员、军人等。按照民族有汉族和各少数民族。还有一些特定分类,如同性恋者、艾滋病感染者、新冠病毒暴露者。这些研究对象在文献中也常常见到。

以社会机构作为调查对象

除了单个个人,还有很多不同的调查对象,另一个有代表性的研究对象就是各种各样的社会机构,而最常见的作为调查对象的社会机构就是家庭。很多调查研究都是以家庭作为调查对象的,调查的内容包括家庭类型、家庭人口、家庭收入、住房类别、家庭成员之间的关系等。

除了家庭,与农村关系密切的研究对象还有自然村、行政村、村委会、学校、村卫生室、乡镇企业、乡卫生院、乡政府等。与农村关系密切的研究对象还有工厂、学校、商店、餐馆、酒店、社区健康中心和医院,以及不同的行政管理机构(jurisdictions)等。此外,省、市、县,也都可以是调查研究的对象。而在开展国际性和全球性调查时,国家就成了调查对象。

以社会机构作为调查对象时,要定义机构而不是机构里的人作为收集数据的单元(unit)。比如,虽然学校是由老师、学生、行政管理和后勤保障等人员组成的,但是当把学校作为调查对象时,研究所关注的就是学校的整体情况。比如,学生总数、班级总数、每个年级的学生数、每年招收的新生数;老师总数、老师们的教育水平、平均收入、职称情况、住房状况、从事教育工作时长、老师与行管人员和后勤人员的人数比等。

以地理单元作为调查对象

除了个人和社会组织机构,生活环境也可以成为调查研究的对象。生活环境可以分为物理环境和非物理环境。我们在日常生活经常谈到的是物理环境(physical environment)。环保部门日常所关注的就是物理环境,包括气压、气流、污染物的浓度和分布等。除物理环境外,工业化、城市化、信息化、现代化导致的非物理环境的变化也越来越重要。非物理环境包括文化环境(cultural environment)、社会环境(social environment)、社区环境(community environment)、邻里环境(neighborhood environment)、家庭环境(familial environment)等。此外,目前最引人关注的还有网络环境(internet environment)、虚拟环境(virtual environment)、自媒体环境等,不过,目前对于此类环境的研究远远落后于物理环境,亟须发展提高。

在开展与环境相关的调查研究时,一般以地理区域而不是以行政区划作为研究对象。这是因为很多环境因素的影响范围并不以行政区划为界,比如各类污染物,与社会、经济、文化和行为习惯相关的信息等。环境调查常常以河流、湖泊、山区、平原等作为调查单元。调查研究所用的地理单元一般比较大,比如中西部、长三角、珠三角、长江流域、黄河流域、淮河流域等。以地理区域进行的调查研究还不多见,有待进一步发展。

选择合适的调查类型

明确了调查对象之后,调查设计就需要回答下一个问题,即根据不同的研究目的和调查对象,选择合适的调查类型。调查类型决定了调查数据收集的时间、方式和频率。调查研究的类型很多,下面介绍几种最常用的,包括横断面调查、多波横断面调查、病例对照调查、纵向调查和随机对照研究。前面的四种为观察性研究,其中第三种是做因果关联分析最常用的方法;最后一种则用于因果判断和干预项目效果的评价研究。

2.2　横断面调查设计

横断面调查是调查研究中应用最广泛的调查类型,也是理解其他类型调查的基础。本节从三个方面讨论横断面调查,包括概念和方法、理论基础,以及基本特点和应用。

什么是横断面调查?

横断面调查(cross-sectional survey)是应用最广泛的调查研究类型。如图 2-1 所示,开展横断面调查,首先应选择一个具体的时间,往往是某一年,或者某一年的某个月进行调查。先通过随机的方法(见第三章)从研究总体中抽取出一个随机样本,即调查样本。正式开展调查时,按照预先制定的调查计划,利用调查问卷从调查样本中的每个对象那里收集数据。最后,根据从样本中获得的信息,进行统计学分析来推断研究总体的情况。

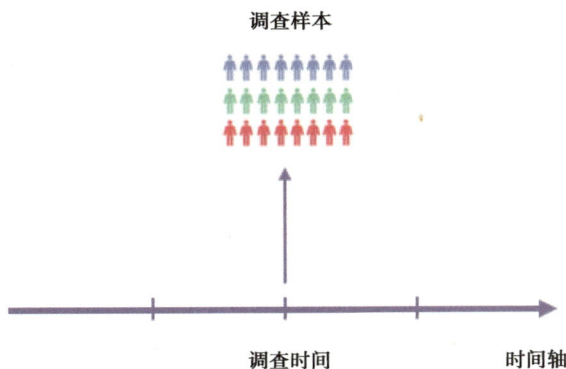

图 2-1　横断面调查设计原理示意图

以不健康的抽烟行为调查为例。通过横断面调查,我们可以询问调查对象现在是否吸烟;每天吸多少支烟;什么时候吸烟(如饭后、不高兴的时候、高兴的时候、与朋友聚会时等);最近一次吸烟是今天、昨天、一星期以内还是一月以内;未来 3 个月内吸烟的可能性有多大;有没有想戒烟,如果戒过烟一共戒烟几次,戒烟是否成功;等等。根据调查得到的数据,通过统计学分析就可以用来推断调查总体(比如一个国家、一个省份、一个地区)人群吸烟的流行情况。

横断面调查的理论基础

调查研究有各种各样不同的内容。现场调查的功能就是要收集相应的数据,来反映这些内容。然而,在现实生活中,所有的研究内容都像河里的水一样,处于不断流动变化的状态。从理论上讲,不断流动的事物通过一个断面是无法准确测量的,这是物理学早就定论了的测不准原理。既然测不准,为什么横断面调查仍得到了广泛应用呢?这就涉及横断面调查的理论问题。

横断面调查的理论基础是微积分。如果把调查内容 X 看作时间 t 的函数,横断面调查实质上是把 X 相对于时间 t 求导,然后把 t 限制在一个很短的范围,这就让不断变化的 X

处于相对静止状态，从而得以对 X 进行观察和准确测量。以测量汽车的速度为例来进行说明：汽车开动时是无法测量其瞬时速度的，必须先选择一个时间范围，然后用汽车在这一段时间里跑过的距离来估计车速。

但是绝大多数情况下，因为人力、物力、技术和其他条件的限制，一次调查难以在一个精确的时间点上完成，而是要花一段时间，甚至要持续几个月甚至一两年。这种做法有没有违背科学呢？目前还没有人讨论这个问题。

我们认为，时间 t 是一个无头无尾的无限变量。因此，即使是一两年，在整个时间轴里仍然是一个很小的数。另外，尽管完成一个横断面调查需要花费一定的时间，可是具体到每个调查对象身上，调查却是在很短的时间内完成的。因此，几个月和一两年完成的调查，并不会从根本上改变横断面调查的性质，尤其是在研究对象和内容处于相对稳定的状态时。

横断面调查的特点和应用

横断面调查简单易行，时间短、成本低、收效大，因此在调查研究中被广泛采用。按照前面介绍的理论，横断面调查得到的结果，反映的是调查完成期间的平均水平。因此，从物理学的角度来看，调查完成的时间越短，结果就越准确，越接近真实情况。比如，人口普查是一种特殊的横断面调查。世界各国的人口普查，都会把时间限制在一个点，即某一天来完成调查，因此调查结果反映的是在调查完成那一天的情况。绝大多数调查研究都是在一年之内完成的，因此调查结果反映的就是在调查完成年份的平均情况。如2020年调查得到的我国人民的幸福感，这一结果反映的就是全国人口在这一年的平均水平。

运用横断面调查时需要注意，有些调查内容会随时间呈现规律性的变化，如每个星期7天之间的变化和一年中不同月份、不同季节的变化。如果横断面调查不是在很短的时间内完成的，就要考虑调查时间的选择是否会引入误差。比如，选择在周末完成的调查，便不能反映周一到周五的情况；反之，在周一到周五任何一天完成的调查，也不能反映周末的情况。要得到高质量的数据，应该随机安排一些人在周末完成调查，而另外一些人在周一到周五之间完成调查，这样就能收集到更具有代表性的数据。

除了日常生活，许多疾病的发生也存在明显的季节性特征。比如，研究呼吸系统疾病，如果选择在冬春季调查，发病率就会偏高，而夏秋季调查的结果则会偏低。如果安排在一年中每个月都有一些人参加调查，而且每个月参与调查的人员也基本固定，便可以在一定程度上避免季节性偏差的影响。再比如，研究个人的幸福感和获得感，在年终调查可能会因为节日气氛和年终奖而使结果偏高，而其他时间进行的调查结果会偏低。如果计划在一年之内完成调查，每个月的调查人数应该基本相同。

从上面的例子可以看出，调查完成时间与数据结果之间有一定关系。按照物理学原理，调查完成时间越短，越有利于捕捉调查对象的短期变化，调查得到的结果也会相对准确。可是这样调查的结果却不太稳定，不能很好地反映总体趋势。相反，随着调查完成时间的增加，假设调查对象的变化按照时间均匀分布，调查得到的结果会更加稳定，而且能够反映事物的总体趋势,但缺点就是敏感性较差,无法反映瞬间变化。在设计一项调查研究项目时,必须同时考虑敏感性和稳定性两方面的情况。

2.3 多波横断面调查设计

开展调查研究既要了解问题的瞬时状态,也应把握它的长期趋势,而一次横断面调查只能反映一个时间点的水平,即瞬时状态,却无法反映事物的长期趋势。多波横断面调查设计就是在横断面调查设计的基础上延伸出来的一种调查设计。一次横断面调查能够获得一个时间点的情况,如果把横断面调查重复多次,自然地就能够用来分析事物变化的时间趋势了。

操作方法和原理

熟悉了横断面设计,多波横断面调查设计就非常简单了。多波横断面调查(multi-wave cross-sectional survey)又称为重复横断面调查。顾名思义,就是把一个横断面调查,在相同的总体里每隔一段时间再进行一次抽样调查。图2-2显示的是一个重复了四次的横断面调查。四次调查按照先后顺序依次命名,表示在不同的时间点完成。显然,根据实际需要,多波横断面调查可以重复无限多次。在多波横断面调查中,每一次调查又称为一波(wave)调查,就像物理学里面的波在往前推进一样。在文献中,多波和多波横断面调查两个术语常常交替使用,本书倾向于使用多波横断面调查。

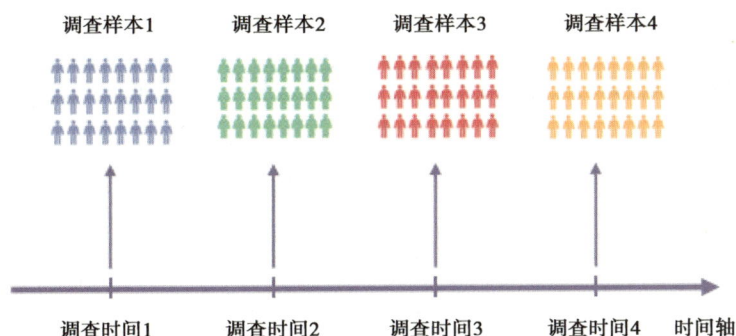

图2-2 多波横断面调查设计原理示意图

虽然横断面调查的数据主要用于描述当前的情况,但运用先进的方法也可以从横断面调查数据中提取信息,来描述事物随时间 t 的动态变化。离散事件概率系统(probability discrete event system,PDES)模型就是这样的一种设计模型,它可以从横断面调查数据中提取纵向信息(Chen,2020)。

之所以能够从横断面调查的数据里提取出纵向的信息,是因为横断面调查的对象往往包括不同年龄的人群,如果把年龄当作时间变量,假设人口是稳定的,就可以从横断面数据里提取出反映动态变化的信息。这个原理与计算期望寿命的原理是一样的。而在一般情况下要想获得动态信息,必须通过纵向调查来完成。后面2.5节会专门介绍纵向调查研究设计。

总体、样本和时间间隔

尽管多波横断面设计十分简单,但我们要认识到多波横断面调查并不是横断面调查的简单重复。在使用这种调查设计时,有三个问题一定要考虑。第一个是总体,第二个是样本,第三个是重复调查的时间间隔。使用多波横断面调查设计时,要求每次调查的总体是不变的。只有在总体不变的情况下,所得到的结果才能够反映所关注的人群的情况。如果总体变了,比如大量住户拆迁、大量人口流入、行政区划更改等,都会导致总体发生变化,这些情况在设计多波横断面调查时,都要予以考虑。

虽然总体随时间变化越小越好,可是多波横断面调查每一波都必须抽取新的调查样本。这也是为什么图2-2里四次重复调查,每次的样本都不相同,但是所反映的总体是一样的,因为这些样本都是从同一个总体里面抽取出来的。即使有误差,也是随机误差,而随机误差是可以通过统计学方法来处理的。每一波都抽取新样本,是为了避免不同波之间的相互干扰,破坏每一波调查数据的独立性。

多波横断面调查的时间间隔,要根据实际情况来决定。根据信息论原理,要想捕捉事物随时间的变化,首先必须了解事物变化的周期。比如日出日落每24小时重复一次,即周期=24,因此想要得到日出日落的完整数据,至少每隔12小时就要进行一次观察,才可能收集到反映日出日落的数据;个人年收入变化以两年为一个周期,包括连续两年增加,连续两年下降,第一年下降第二年增加,第一年增加第二年下降。因此调查收入至少要每年进行一次,才能够获得完整的数据来评估收入的变化。在调查研究中要通过事物的变化周期来确定两次调查的时间间隔。

这里有一些通过实际工作总结出来的指导性原则。一般而言,对于变化很快的事物,时间间隔要短些,以免错过重要的变化趋势。比如几个星期、几个月或者半年一次。典型的例子包括新鲜事物的调查、新的改革措施的调查、儿童生长发育的调查等。相反,对于相对稳定的现象,调查间隔的时间可以长一些,比如一年一次或者几年一次,从而避免人力、物力和财力浪费。典型的例子包括开展调查研究来把握职业、收入、升学、获得感、幸福感、生命质量的时间趋势。

理论基础

多波横断面调查的理论基础与横断面调查直接相关。运用微积分的概念,一次性横断面调查是在时间轴上选择一个点(如一天、一周、一年等),然后在给定的时间内完成调查。最后对调查所得到的数据进行统计学分析,通过分析得到的信息来反映当时的情况。

正如在本节一开始就讨论过的,既然横断面调查可以很好地反映当时的情况,那么重复多次就可以反映事物随时间的发展变化。从理论上讲,这里所说的发展变化,并不是绝对的,也不是连续的,而是把时间分解成一段一段之后测量出来的变化。如果多波重复调查是每年一次,那么得到的就是以一年为单位的变化;如果是每五年一次,每次调查在一年内完成,那么得到的就是以五年为间隔的变化趋势。

从纯理论的角度看,多波横断面调查等同于微积分里把一个连续的过程分解成不同的时间段之后再求解。因此,多波横断面调查设计也是符合科学的。

多波横断面调查的例子

由于能够用来把握时间趋势,多波横断面调查设计应用同样广泛。这一类调查往往由政府或者大型科研机构组织完成,大多每年一次,也有间隔一年或多年一次。多波横断面调查设计的例子很多,其中最典型的包括:一般社会调查(General Social Survey,GSS)、健康危险行为调查(Behavioral Risk Factor Survey,BRFS)和青少年烟草调查(Youth Tobacco Survey,YTS)。这几项调查最早都是在美国开展,通常由政府提出研究问题并出资,通过竞标或是委托给大学、专门的研究机构执行,每年或者隔年进行一次,并立法保证持续的经费来源。

多波横断面调查研究的结果不仅能够帮助国家把握事物的现况和发展趋势,对于科学管理决策、基础研究和应用研究都是难得的资料。许多国家做的多波横断面调查研究的结果是对全世界的科研人员和机构免费开放使用的,这是此类大数据的一个重要优势。世界上许多国家也引进了这些调查设计。比如中国社会综合调查(CGSS)就是参考美国的GSS而设计的。全球青少年烟草调查(Global Youth Tobacco Survey,GYTS)也是在美国YTS的基础上建立起来的。这方面的例子很多,这里不再一一赘述。

应用多波横断面调查设计的注意事项

多波横断面调查在实际工作中被经常采用,在决定开展这一类调查研究时,必须注意以下几个问题。

第一,要注意保持基本调查内容的稳定。由于多波横断面调查的任务之一是为了把握事物的状态和趋势,因此调查的核心内容在不同年份要尽量保持不变。这就要求在第一次设计调查的时候就要认真分析考虑,选择好核心内容,编写好调查问卷里的相关问题。不到万不得已,尽量不要在后续调查做任何更改。

第二,在保持核心内容不变的情况下,进行多波横断面调查的后续调查时,往往要根据每年的实际情况和需要增补相关的内容。这样一来,就使得多波横断面调查的方法在保持核心内容不变的条件下,具有了很好的灵活性。

第三,进行多波横断面调查时,要保证每一次调查的相对独立性。尽管每次调查的样本可以不同,但是每一次调查,都必须重新抽样,还应注意样本覆盖问题,尽量使前后调查的样本没有重叠。通过重新抽样,保证每次调查数据之间的独立性。这一点对多波横断面调查研究非常重要,因为横断面调查的主要目的是用来描述事物的现状和随时间的发展变化,评价工作政策措施的效果,支持基础研究,等等。

2.4 病例对照调查设计

病例对照设计（case-control design）是20世纪50年代在研究吸烟与肺癌的关系时由流行病学家建立的一种调查设计方法（Doll & Hill，1950）。病例对照设计方法简单易行，投入产出比高，而且特别有利于探索事物之间的因果联系。因此，但凡想研究因果关系的项目，即使不在医学领域，都可以采用病例对照设计。

设计方法

经典的病例对照设计方法如图2-3所示。为了研究某种疾病的病因或者影响因素，病例对照设计首先找到一组有病的人，比如冠心病作为病例（case），然后再找一组没有这种病，而其他方面的情况相同的人作为对照（control）。病例组和对照组选择好之后，就可以进行调查来收集数据，开展研究。使用病例对照设计时，除了人口学、社会经济状况等基本情况之外，调查的核心内容是要让调查对象回忆过去暴露与影响因素的情况。以冠心病为例，调查收集的数据集中在以往暴露与冠心病有关的因素，比如体育活动情况、饮食习惯、超重肥胖、吸烟、酗酒、压力、家族病史等。利用病例对照设计，只需要做一次调查来收集数据。

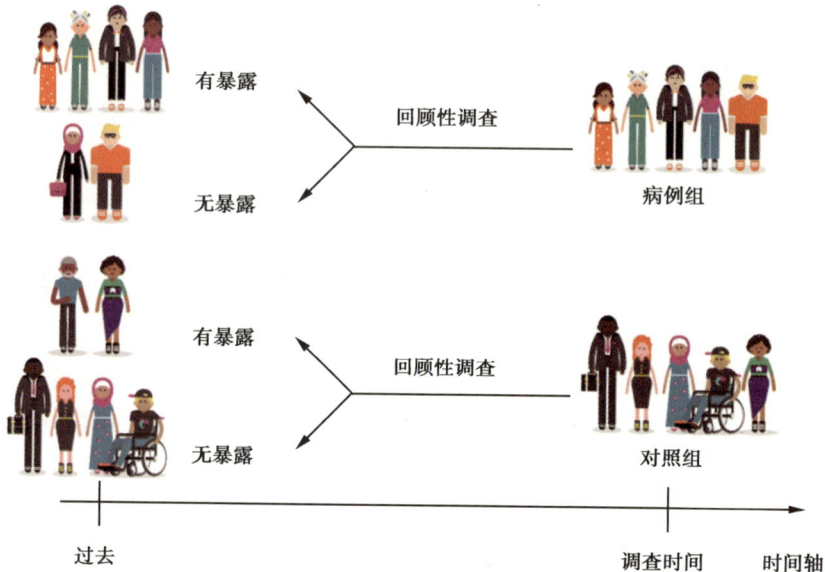

图2-3 病例对照调查设计示意图

在选择病例组的同时，也要注意选择对照组的人。对照组的条件是：除了没有研究的那种病，其他的条件与病例组的人越相近越好。因此对照组的人往往是按照事先确定的标准，通过与病例组的人一一配对（match）来进行挑选的。比如，对照组与病例组必须性别相同、年龄相差不大于2岁、族别相同、教育水平基本一致等。考虑到研究疾病时往往病例不会太多，因此设计的时候会把所有的病人都囊括进来。为了便于科学推断研究结果,选择病例时要排除那些患有多种疾病的人。

设计原理和基本特点

病例对照调查实质上是横断面调查的一个巧妙运用。尽管调查只进行一次,但从搜集数据的角度来讲,病例对照除了当前的情况外,还着眼于调查过去与结果相关的影响因素(暴露)。然后根据调查数据,计算病例组和对照组暴露于某个因素的比率,再通过统计学手段比较(方法见第七章)两组暴露率的差异(Chen, 2021;Rothman et al., 2012)。如果一个因素在病例组的暴露率(比如吸烟率)显著高于对照组,那么这个因素就是危险因素(risk factor);反之,就是保护因素(protective factor)。

相对于横断面调查,病例对照调查有一些特殊的地方。首先,病例对照调查没有用到随机抽样,因为调查的目的不是反映研究总体的情况,而是要了解事物发生的原因。当然,没有随机抽样并不表示样本的代表性问题不需要考虑。由于病例对照调查所涉及的病人在人口中总是少数,而且在做病例对照研究时几乎会把所有的病人都包括在内。所以,在这种情况下,样本代表性不会成为一个重大的问题。如果研究的问题涉及的不是少数人(比如10%以上),选择病例时必须考虑代表性,比如可以通过随机的办法从全部的病例中选择参加研究的病例。

病例与对照的可比性

由于病例对照设计的特殊性,病例组几乎包括了所有符合条件的病人,因此不存在抽样问题,当然也就没有样本代表性的问题了。与横断面调查设计不同的是,病例对照设计非常强调病例组与对照组之间的可比性,即两组除是否患病外其他都齐同可比。前面已经列举了一些例子,比如病例组必须与对照组性别结构相同、年龄相近、教育程度相似等。这是因为,病例对照的目的是探索暴露因素与疾病的关系,凡是有可能影响这一关系的因素都要通过配比来控制,尽量提高两个组之间的可比性。在使用病例对照设计时,病例与对照组的可比性越高,所得到的结果越可靠。

病例对照设计超越医学领域

病例对照虽然是为医学和公共卫生研究建立起来的一种调查设计,但是这种方法在其他领域也得到了广泛的应用。原因之一就是,它能够让科研人员快速有效地开展调查来探索事物之间的因果联系。病例对照研究方法简单易行,很多研究在短时间内(比如一周、一个月)就可以完成,而得到的结果可以为更深入的研究奠定良好的基础。比如研究影响找好工作的因素;研究提高个人信誉的因素;研究影响销售的因素;等等。

调查研究中使用病例对照设计的关键在于理解病例的含义。病例(case)在医学领域指的是患病的人,但是在社会学里可以用来表示研究者关心的人群,比如低收入的人、无家可归的人、缺乏幸福感的人、找不到对象的人、不愿意结婚的人、不想生小孩的人、吸毒的人、想到大城市里发展的人等。取得了病例之后,再配以对照,就可以做因果关系调查研究了。例如,用病例对照设计来研究影响生育意愿的因素,缺乏生育意愿的人就是病例。具体做法是先在一个地方招募缺乏生育意愿的对象作为病例,然后根据这些病例的人口学特征,用1:1或者1:2的比例进行匹配对照。如果招募到100个缺乏生育意愿的病例,则匹配100~200个有意愿的对照。匹配好之后再进行调查,得到数据之后就进行统计学分析,用来推断影响生育意愿的因素,包括阻碍和促进生育意愿的因素。

2.5 纵向调查设计

纵向调查设计是针对横断面调查设计提出来的。如果用河流来形容所研究的事物,横断面调查就是在河流的不同时间里截取一个断面进行调查,而纵向调查是跟随河流进行调查。横断面调查每次调查的人都不相同,而纵向调查每次参加调查的人都是一样的。因此,纵向调查设计也非常适用于研究事物之间的因果联系。

设计原理和方法

纵向调查(longitudinal survey)设计又称为纵向队列调查(longitudinal cohort survey)设计。如图2-4所示,开展纵向调查,首先要通过一定的技术和方法(比如随机抽样)确定一组样本,又叫作一个队列。调查队列确定之后,再利用调查问卷(第四章专门介绍)或者其他方法开展第一次调查。第一次调查又称为基线调查(baseline survey),主要是用来掌握研究对象的基本情况。考虑到基线调查的重要性,后面还将进行专门的讨论。

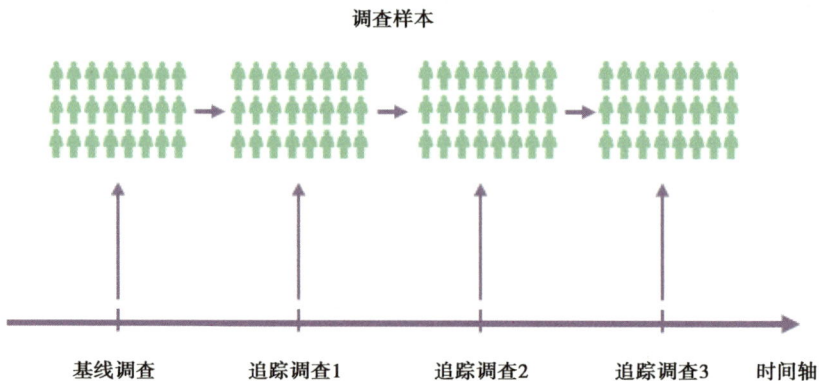

图2-4 纵向调查设计示意图

基线调查完成之后,在规定的时间里需要再邀请调查对象继续参加追踪调查。追踪调查间隔的时间要根据研究的问题而定,这方面可以参考2.3节多波横断面调查的时间间隔,这里不再赘述。一般追踪调查的间隔在早期比较短一些,比如1个月、3个月、半年等。到后期大多数都是一年或隔年一次,最长的最后一次追踪可以是基线调查的15到20年之后。追踪调查的任务和注意事项,后面会专门讨论。

每完成一次追踪调查之后,都可以进行统计学分析。统计学分析的任务就是,计算和对比有暴露因素和没有暴露因素的调查对象在结果变量上的变化水平或者发生率。例如研究教育水平与收入的关系,便可以计算不同教育水平的受访者在追踪期间收入的变化。如果发现教育水平越高,收入增加得越多,就可以证明教育水平与收入有关系。

如果研究的是收入和离婚的关系,就要计算不同收入水平人群的离婚率,然后对比分析离婚率与收入是否有关。收入越高离婚率越高,和收入越低离婚率越高,都表明二者之间有关系。

基线调查及其作用

在追踪调查中,基线调查非常重要。从收集数据的过程来看,基线调查与一次横断面调查没有什么区别。但是与横断面调查相比,纵向调查设计的基线调查还是有其特殊性的。第一,纵向调查的基线调查必须包括所有感兴趣的暴露因素。比如,如果研究教育水平与收入的关系,基线调查便必须要包括教育水平这个变量的数据。除此之外,其他与收入有关的变量也要进行收集。

第二,基线调查的任务之一就是收集调查对象的社会经济和人口学特征。在设计纵向调查时,要花时间来确定社会经济和人口学变量,在具体变量的选取方面可参考已经发表的文献资料、以往的经验和课题研究的需要。选择恰当的社会经济和人口学资料,有利于研究人员在分析和报告研究结果时有充分的数据来描述研究对象的特征。

第三,基线调查的另一个作用就是排除一些不符合条件的调查对象。比如,要研究个人收入与离婚的关系时,只有已经结婚且在完成基线调查时还没有离婚的个体才符合条件。如果在基线调查时已经离婚了,这些人就无须再纳入后续的追踪调查,而且其基线调查的数据也不能用于统计学分析。再比如研究缺乏运动与疾病的关系时,参加调查的人在开始时都必须是健康的,没有任何疾病。如果通过基线调查发现个体已经患病,他们便无须再参与后续追踪调查,他们的数据也不能再用于统计学分析。

还有一点必须指出:与横断面调查不同,基线调查必须同时收集每个调查对象的联络信息,包括地址、电话号码、电子邮件、微信号等。除了这些信息外,还要询问调查对象经常通过哪种方式联系。另外,收集的联络信息要分开由专人保管,除了课题负责人,其他人都不能擅用,以充分保护调查对象的隐私。联络信息仅仅只用于联络调查对象,督促其按时参与追踪调查,调查项目完成之后,联络信息须尽快销毁。

追踪调查及其任务

如果说基线调查的目的是摸清基本情况,那么追踪调查就是要掌握在追踪期间调查对象发生了什么。因此追踪调查的主要任务是观察研究结果发生、发展的情况。如果要研究教育水平与收入的关系,每次追踪调查的任务就是了解在追踪期间调查对象的收入变化。如果要研究离婚原因,那么任务就是要搞清楚在追踪期间调查对象的婚姻情况,以及相关变量的变化情况。如果研究超重和肥胖,那么任务就是要发现在追踪期间每个人的体重增加了多少,是否达到超重或者肥胖的标准等。如果要研究疾病或者死亡,那么任务就是要搞清楚在追踪期间调查对象的患病情况,以及是否有人死亡。

由于追踪调查与基线调查的目标和任务不同,追踪调查的问题数量会相对少一些,这是因为许多调查对象的基本特征不需要重复调查了,比如性别和族别等,因为这些特征是不变的。其他变量如年龄等虽然会变化,也没有必要再调查,因为年龄可以通过基线调查的结果和追踪调查的时间点进行推算;成年人的教育水平也没有必要再调查,因为一般来讲,成年人工作以后再通过读书来提高教育水平的人口占比可以小到忽略不计,即使不更新,对结果的影响也很小。

多波横断面调查不是纵向调查

注意多波横断面调查不等于多次纵向追踪调查(见图2-5)。多波横断面调查的研究总体虽然从定义上没有改变,但是每次调查时总体因为时间的变化其构成成分会有改变。例如调查全国的情况,全国人口就一直是研究的总体,但会有新的人加入了(如新生儿出生、外地人移入),也会有人离开(比如死亡、迁出等)。总体的构成变了,抽取的样本当然也变了,但每次进行抽样的总体仍然不变。例如,在进行全国流动人口幸福感调查时,尽管每年流动人口的总体构成一直在变(不断有本地人移出或外地人流入),但只要能保证每年选取的样本都符合流动人口的定义,即能确保抽样框是一直在"流动人口"这个总体中的,便可以认为是合格的多波横断面调查。

而纵向调查在随机抽取一组研究样本之后,便把该样本当作一个队列,然后定期或不定期地对这个队列进行追踪随访调查。显而易见,纵向调查的调查样本从头到尾都没有变。这样一来就克服了多波横断面调查的缺点,从而保证研究对象在追踪期间的内在一致性。纵向调查就是要追踪相同的调查对象在不变的暴露因素的影响下结局的改变,只有这样得到的结论才是科学的。

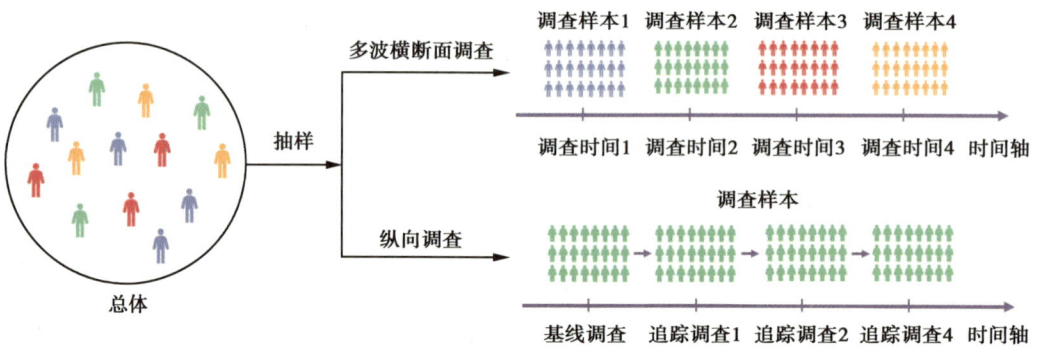

图2-5 多波横断面与纵向调查抽样对比图

由于纵向调查设计能直接跟踪每个调查对象随时间的变化,因此这一方法多用来进行基础性研究。最典型的就是通过纵向调查设计来研究事物之间的因果联系。原因必须在前,结果必须在后,这是因果推断里的一个必要条件,而纵向调查(队列)从设计上满足了这一要求(Pearl et al., 2016;Chen, 2021)。越来越多高影响力的学术刊物趋向于只发表根据纵向调查数据撰写的科研论文。

纵向调查还存在调查对象的样本流失问题。虽然纵向调查的调查样本从基线调查开始就决定了,但是在追踪调查时由于各种原因(如失访、死亡等),往往有很多调查对象不能持续参加,这是进行追踪调查的一个严峻挑战,下面将专门讨论。相比之下,多波横断面调查就不存在样本流失的问题,因为每一次调查都会重新抽取样本。

纵向调查设计的困难和挑战

虽然纵向调查具有很好的科学价值,但是开展纵向调查研究面临许多挑战。下面介绍几种常见的困难和挑战。

第一,纵向调查的实施成本较高。纵向研究常常持续几年甚至几十年,因而需要大量的人力、物力和财力才能完成。另外,在招募研究对象时,需获得研究对象的许可和同意,包括获取联络方式以及继续参与后续追踪调查。

第二,纵向调查的技术难度较高。横断面调查每次都是不同的调查对象,且调查持续时间较短,因此各方面的设计都会简单得多。而纵向调查要考虑的问题会更加复杂:如何能够保证在追踪期调查对象不流失?这是关乎纵向调查能否成功的关键点;如何做到在保留调查对象的联系方式时不泄露他们的隐私;如何避免因为反复问同一个调查对象相同的问题而导致出现数据误差;如何保证每一个调查对象每次调查的数据都能够准确无误地连在一起,这些都是开展纵向调查需要解决的问题。因此开展纵向调查要有强有力的科研团队,并做好充分的准备,尤其是人员培训和大量的预实验(pilot tests)。

第三,纵向调查的具体实施过程较为困难。根据前面的讨论不难看出,实施纵向调查要比横断面调查难得多。每次追踪调查找到原来参加过调查的人就是一个极大的挑战。有时候要找十几次甚至几十次才能找到。开展纵向调查研究,必须进行强有力的团队管理,制定严格的管理措施和详细的实施细则,保障追踪调查的质量。追踪调查还要给予充足的后勤保障,让调查员能够全力以赴开展调查。只有这样,才能使研究按照设计要求进行,并保证收集的数据符合科学要求。

第四,纵向调查得到的数据虽然能直接反映调查队列随时间的变化,但在分析纵向研究的数据时必须考虑外界环境与时间的干扰。如果在纵向研究进行的整个期间,外界环境没有发生明显的变化,那么纵向研究的结果就非常可靠。可是实际情况往往是,一个纵向研究要持续几年、十几年,更长的可以达到几十年,没有人能够保证在这么长的时间里环境条件没有发生重大变化。现有的统计学方法如年龄-期间-队列(Age-Period-Cohort,APC)模型,能够帮助克服这方面的影响(Yang & Land,2013;陈心广,王培刚,2014)。

第五,纵向调查中的随访和失访问题。在纵向调查中,一旦调查对象被纳入研究,就会变成固定调查对象,需要进行至少一次随访(follow-up assessment)调查,直到项目完成为止。因此,纵向调查设计的一个重要任务,就是要采取多种措施来减少失访(lost to follow-up)。然而在实际中,失访是很难避免的。失访的原因很多,下面的几种最为常见:1)联络信息有误,2)搬迁后无法找到,3)年龄增长而自然淘汰,4)生病去世,5)拒绝参与而中途退出。

在纵向调查的进行过程中,根据需要可以加入新的对象。比如在对一个中学生队列进行追踪调查时,每年可以把新入校的初一年级学生纳入。因为从初中升高中后还容易追踪,但是高中毕业后就很难继续开展追踪调查了。

2.6 随机对照设计

到目前为止,我们一共介绍了四种常用的调查设计,包括横断面调查设计、多波横断面调查设计、病例对照设计和纵向追踪调查设计。这些调查设计中除了病例对照设计,另外三种均属于典型的观察性研究。病例对照设计虽然也是观察研究设计,但是已经引入了实验性研究的思路。因为在病例对照设计调查中,对照组的个体必须满足特定的条件,即要与病例组个体的情况基本相同,这实际上就是一种实验控制。

本节要介绍的随机对照设计(randomized controlled design,RCT)是现场调查各种设计中最具有实验性的一种。与其他调查设计相比,随机对照设计在科学上更严谨,在操作上更复杂,在具体实施时更严格。因此,利用随机对照设计进行调查研究时,遇到的挑战和困难会更多。然而,随机对照设计是探索解决重大问题的最佳手段,必须学习掌握。

设计的概念和方法

在实验室开展动物实验探讨因果关系(如高温与中暑的关系)或者验证一项干预(如某种药物)是否有效,可以在严格控制干扰因素的条件下完成。但是在调查研究中验证因果关系或者某项干预措施的效果,就很难通过实验来进行,因为调查研究以人群为对象,而伦理道德不容许在人身上轻易开展实验,但随机对照设计给我们提供了一个可能的选项。随机对照研究既可以克服混杂因素的影响,又能够避免伦理道德问题。因此,随机对照设计在社会研究中也越来越受到重视(Kaufman et al.,2003),已有学者提出了随机实验设计的规范化方法(Montgomery et al.,2018),有利于开展相应的调查研究。

随机对照设计的步骤如下。首先是选择调查样本,完成抽样之后先开展基线调查。随后,根据基线调查的数据和预先制定的纳入和排除标准(inclusion and exclusion criteria)筛选符合条件的对象参加研究。参与对象选择好之后,再运用随机的方法(详细见第三章)把研究对象分为两个独立的组,一组称为干预组,接受干预措施,例如参加专业知识培训、进行体育锻炼、接种疫苗、服用药物等;另一组作为对照组不接受干预(空白对照),或作为安慰剂对照(例如,进行药物效果实验时,对照组可服用与实验药物外形、味道极其相似,但没有实际药效的药物,称之为安慰剂)。由于研究对象是随机分配到干预组或者对照组的,因此除干预因素不同外,两组的其余所有条件都是相同的,随机对照设计可看作一种现场实验设计。

待干预完成后,应继续按照预先设计的时间开展追踪调查。有了追踪调查的数据,就可以进行统计学分析,对比两个组在结果变量上的差异,进而得出科学结论。如果是评价专业知识培训的效果,可以通过比较两组考试成绩的变化大小来衡量干预效果;如果是研究体育锻炼的影响,可以通过体重或健康状况的改变来反映;如果是探究提高生育意愿的措施是否有效,可以观察受访者生育意愿是否发生变化,也可以同时调查对象怀孕情况的变化;如果是探究疫苗的效果,就可以观察比较两组的发病情况。

随机对照设计举例

图2-6是一个随机对照设计的示例。为了验证戴口罩对于预防新冠肺炎病毒感染的效果,我们首先要找到研究样本,即随机选取一组新冠病毒检查阴性,但是有可能暴露于新冠病毒的人群。在完成基线调查确定所有人都没有感染之后,把样本随机分成两组,一组按照规定戴口罩,以带箭头的绿色线条表示,即所谓的接受干预;而另外一组则完全按照研究对象平时的习惯行事,不强制性戴口罩,以带箭头的蓝色线条表示,也就是所谓的空白对照。

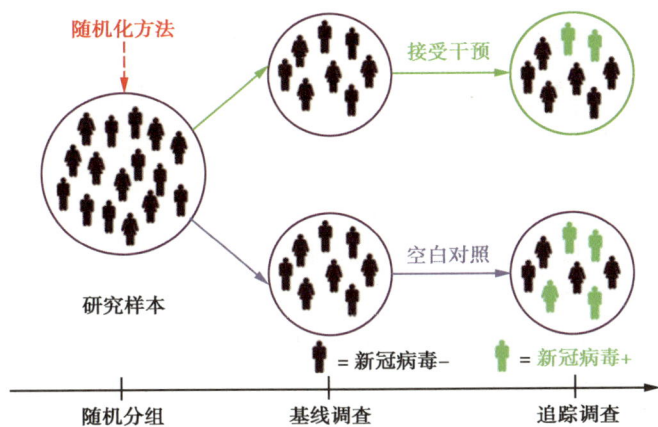

图2-6　随机空白对照设计示意图

按照设计要求,一段时间后(比如每1个星期或者2个星期)进行追踪调查,收集戴口罩的数据,并且进行核酸检测来确定新冠病毒的感染情况。阴性(−)表示没有感染,阳性(+)表示已经感染。有了追踪数据之后再进行统计学对比分析,查看两组戴口罩的比例(干预)和新冠病毒感染的比率,然后根据下面的原则来判断结果。

第一,两个组在戴口罩和新冠病毒感染方面都没有差异。这样的结果表明:干预措施并没有促进人们多戴口罩,也没有降低他们新冠病毒感染的风险。

第二,干预组戴口罩的比例高于对照组,但是新冠病毒感染率在两组之间没有差异。这样的结果表明:戴口罩并不能降低新冠病毒感染的风险,必须寻找其他原因。

第三,干预组与对照组在戴口罩方面没有差异,可是干预组新冠病毒的感染率却显著低于对照组。这样的结果表明:干预措施虽然能够降低新冠病毒感染的风险,但其作用机制并不是通过戴口罩来实现的,需要考虑其他因素。

第四,干预组戴口罩的比例显著高于对照组,新冠病毒的感染率显著低于对照组。这样的结果表明:干预措施能够保护人群避免新冠病毒的感染,而且预防效果的机制之一就是戴口罩。

随机对照设计、纵向设计和病例对照设计之间的区别与联系

第一,随机对照设计与前面介绍的纵向设计密切相关,两者都有基线调查和追踪调查。从调查数据收集的过程来看,随机对照设计实际上是纵向追踪设计的一种特殊形

式。特殊在于,纵向设计不必将调查对象进行随机分组,而随机对照设计必须将调查对象进行分组。

第二,虽然随机对照调查和纵向调查都需要通过追踪来收集数据,可是追踪的目的不同。纵向设计追踪调查的目的是把握事物的动态变化,而随机对照设计的追踪调查着眼于比较干预组和对照组之间的差异,以便于因果推断。虽然通过纵向设计收集的数据也常常用来分析事物之间的相互关系,但由于对比组之间缺乏可比性,所得到的结果没有通过随机对照设计得到的结果可靠。

第三,随机对照设计依靠追踪数据对结果变量的对比来下结论,这一点与病例对照设计比较相似。但是病例对照与随机对照是两种完全不同的设计,病例对照是知道结果之后再去找原因,而随机对照是先知道原因(暴露),再探寻结果。前者简单、速度快,但是得到的结果需要进一步验证。后者复杂,时间长,困难多,但得到的结论更可靠。

随机对照设计的实际应用

由于随机对照设计的科学性、严谨性和权威性,在科学研究中应用广泛,尤其是在医药卫生领域。社会调查也在逐步引入随机对照设计,以提高调查研究的水平,尤其是量化研究。现代化社会治理需要大量的以事实为依据的循证干预措施,而循证干预措施必须通过随机对照实验来证明。

开展最多且与社会和行为调查研究紧密相关的随机对照实验,包括多种社会和行为问题干预措施的开发和评价,比如预防暴力、减轻贫困、预防毒品滥用、预防传染病、促进体育活动等。在众多的随机对照实验中,芝加哥大学与芝加哥市政府进行的一项类实验(Quasi-experiment)研究具有很大的影响力。该实验通过抽签的方法,把贫困户随机分配到由政府出资修建的位于不同社区环境的住房,以来验证社区邻里环境与多种社会指标的关系,包括职业、收入、小孩入学、吸毒、酗酒、社区暴力、艾滋病感染等(Nebbitt, 2015; Chyn, 2018)。

随机对照研究已经发展成为一个专门的学科。新的具有更强功能的随机对照设计方法经常见诸报道。最典型的且与调查研究有关的一个例子,就是逐步阶梯式成组随机对照设计(stepped wedge cluster randomized controlled design),该设计适用于以社区为单位来开展随机对照研究(Hemming et al., 2015)。因为篇幅限制,这里不再展开,有兴趣的读者可以参考相关文献。

思考题

1.调查对象有哪些类别？请举例说明。明确调查对象的类别有哪些实际意义？
2.横断面调查设计的思想是什么？在现场调查中如何使用横断面调查设计？
3.使用多波横断面调查设计进行调查时要注意哪些问题？为什么？
4.病例对照设计在调查研究中主要用来解决什么问题？

5. 为什么说病例对照设计是横断面调查设计的一种特殊形式？

6. 追踪调查与横断面调查有什么区别和联系？请举例说明。

7. 随机对照设计有什么特点和用途？

练习题

1. 设计一个横断面调查，来探究大学生生活起居和社会交往情况的关系。

2. 查找一两篇用追踪研究数据发表的文章，学习和评价作者所用的追踪调查设计的长处，指出需要改进的地方。

3. 设计一个纵向调查，了解中国农村居民的家庭构成、生活方式和健康水平的变化。

4. 设计一个病例对照研究，来探索一个你感兴趣的因果关系研究。

5. 设计一个随机对照实验来证明青少年沉迷网游是学习成绩下降的主要因素之一。

6. 查找几篇在调查研究方面用随机对照设计的文献，学习并总结如何在调查研究领域使用随机对照设计。

主要参考文献

陈心广, 王培刚. (2014). 中国社会变迁与国民健康动态变化. *中国人口科学*(2), 63–73.

Chen, X. (2020). *Statistical Methods for Global Health and Epidemiology: Principles, Methods and Applications*. Springer Nature.

Chen, X. (2021). Causal Exploration with Bivariate Analysis. In *Quantitative Epidemiology* (pp. 91–124). Springer International Publishing. https://doi.org/10.1007/978–3–030–83852–2_4

Chyn, E. (2018). Moved to Opportunity: The Long–Run Effects of Public Housing Demolition on Children. *American Economic Review*, *108*(10), 3028–3056. https://doi.org/10.1257/aer.20161352

Doll, R., & Hill, A. B. (1950). Smoking and carcinoma of the lung. *British medical journal*, *2*(4682), 739.

Hemming, K., Haines, T. P., Chilton, P. J., Girling, A. J., & Lilford, R. J. (2015). The stepped wedge cluster randomised trial: rationale, design, analysis, and reporting. *BMJ*, *350*. https://doi.org/10.1136/bmj.h391

Kaufman, J., Kaufman, S., & C, P. (2003). Causal inference from randomized trials in social epidemiology. *Social Science & Medicine*, *57*(12), 2397–2409. https://doi.org/10.1016/S0277–9536(03)00135–7

Montgomery, P., Grant, S., Mayo–Wilson, E., Macdonald, G., Michie, S., Hopewell, S., Moher, D., Montgomery, P., Grant, S., Mayo–Wilson, E., Macdonald, G., Michie, S., Hopewell, S., & Moher, D. (2018). Reporting randomised trials of social and psychological interventions: the CONSORT–SPI 2018 Extension. *Trials*, *19*, 1–14. https://doi.org/10.1186/s13063–018–2733–1

Nebbitt, V. E. (2015). *Adolescents in public housing: Addressing psychological and behavioral health*. Columbia University Press.

Pearl, J., Glymour, M., & Jewell, N. P. (2016). *Causal inference in statistics: A primer*. John Wiley & Sons.

Rothman, K. J., Greenland, S., & Lash, T. L. (2008). *Modern epidemiology* (Vol. 3). Wolters Kluwer Health/Lippincott Williams & Wilkins Philadelphia.

Yang, Y., & Land, K. C. (2013). *Age-period-cohort analysis: New models, methods, and empirical applications*. Taylor & Francis.

第三章 调查研究常用抽样技术和方法

从云缝里透出一丝亮光，也包含着太阳的七彩斑斓

调查研究的妙处就在于，它能够利用从有限的调查对象（即样本）中得到的数据，来推断全人群的情况。就像一丝亮光就可以解析出太阳完整的光谱一样。其实抽样的概念对我们并不陌生。节假日回家看到爸爸妈妈做了一道新菜，忍不住先尝一口，就是对菜的味道的抽样。旅游到一个新地方，为了了解情况，下车后先到处走一走，看一看，就是对当地情况的抽样。与一个初次相识的人一起聊聊，喝一杯咖啡或者一杯茶，以便了解这个人，也可以看作一次抽样。从调查的角度，一个领导到基层走一走看一看，找几个人谈一谈，也是对基层情况的抽样。

显然，在以上举例中，抽样的结果一定程度上存在运气成分，因此很难避免偏差。现代抽样技术则能够解决这样的问题。现代抽样技术的经典著作是由 Cochran 编写的《抽样技术》（Cochran, 2002），以 2002 年第三版为优。抽样技术是现代调查研究不可或缺的工具。利用抽样技术，在像中国、印度、美国等几亿甚至十几亿人口的大国里，只需要调查数千人就能够得到关于全国总体情况的数据。世界上许多国家做民调时一般只选取 1000~2000 人的样本，就可以对舆情做出非常准确的判断。

虽然调查研究的许多经典著作都介绍了常用的抽样方法（Groves et al., 2004），但却没有包括最新的技术和方法，比如卫星辅助抽样（Chen et al., 2018）。本章着重介绍现代调查研究必备的抽样技术和方法，首先讨论与抽样有关的基本概念，紧接着介绍非随机抽样方法，然后是随机抽样方法，包括简单随机抽样、整群抽样、分层整群抽样等。每一种方法，都用实际例子进行说明。本章最后将介绍两种新的抽样技术，即卫星辅助抽样和调查对象驱动抽样。

3.1 研究总体、研究对象和样本

研究总体、研究对象和研究样本是调查抽样经常遇到的三个基本概念，弄清楚这些概念十分重要。并且，有些概念缺乏直接对等的中英文翻译，容易造成混淆。了解这些差异，有利于阅读文献和报道自己的研究成果。

研究总体是研究对象组成的群体

我们把研究总体定义为研究对象组成的群体。比如调查中学生的体重和视力，所有

在读的中学生就是研究的总体;调查老年人保健需求,根据不同的定义,可能所有60岁以上的人就是研究总体,也可能所有65岁以上的人才是研究总体;调查妇女生育状况时,所有的育龄妇女就是研究总体;调查国有企业职工的健康状况,所有在职国有企业职工就是研究总体。

英文里没有与中文等同的"总体"一词。与总体最接近的词是population,即人群或者人口的总称。不难理解,所谓人口就是由单个个人组成的群体。不过,英文的population一词,主要用于表示有生命的对象的集合。而中文的总体一词,有点类似于英文的totality,概念更抽象,含义更广泛,可以用来表示任何单个个体组成的集合,包括有生命的和没有生命的。

在实际工作中,研究总体和研究对象这两个词有时候可以互换使用。根据上下文,当把人群作为抽象的概念来使用时,习惯称之为总体;当聚焦总体中的每个个体时,就是我们常说的研究对象。

研究总体的理论定义和操作定义

调查研究的实践表明,**理论上定义的研究总体和实际用于研究的总体常常有一定的差异**。比如把在校中学生定义为总体,这在概念上非常清楚。但是,在实际开展调查研究时,那些因为各种原因不能参加的学生就被排除在外了,比如搬家了、度假去了、出国了、生病了等。再比如,西方国家进行全国性调查时,过去常常依靠家庭座机电话进行。虽然调查是以全国人口为总体,可是其中5%~10%的家庭没有电话,就无法被包括在内。另外,大范围的调查往往不包括一些特殊的群体,比如军人、服刑人员等。这里就引出了研究总体的理论定义和操作定义。

理论上的总体(theoretical population),就是在没有考虑实际情况的背景下抽象出来的定义,比如经常说的青少年、学生、成年人、育龄妇女、老年人、工人、农民等。但是,当开始实际调查工作时,就必须考虑可以接触到的(reachable)人群,即所谓的可操作总体(operational population)。下面就是一些可操作性总体:中国常住居民、年龄12~17岁的常住人群、目前在读的中学学生、15~49岁育龄妇女、在职国家公务员。因此,操作性总体都会使用专门的修饰词语来定义。比如:加上"常住",就排除了军人、服刑人员等;给出具体的年龄(如12~17岁)就比抽象概念(青少年)更具有可操作性;用"在校学生"就排除了那些目前不在学校的学生。

区别理论总体与操作总体,对保证调查研究的质量非常重要。调查研究的目的是了解总体的情况,而这里所说的总体,往往被理解为理论上的总体,但是实际的调查研究却是在操作总体中进行的。如图3-1所示,操作总体和理论总体不总是完全重合的。理论总体与操作总体之间的差异,是调查研究中第一个误差的来源。比如,虽然定义了15~49岁为育龄妇女,可是有的妇女49岁之后仍然能够生育,但是因为人数少,不至于影响结果,就不必纳入总体。当然,操作总体与理论总体之间的差异应该越小越好。在报告结果时,一定要指出这一差异对研究结果可能产生的影响。

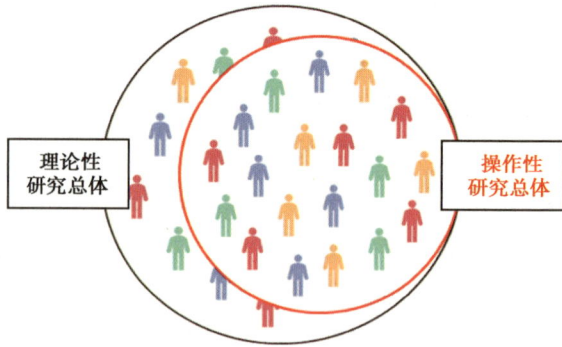

图3-1   理论性总体与操作性总体

研究样本和抽样

研究样本（study sample），是从定义的操作性总体中，通过专门的技术和方法选出的一小部分。研究者从这一小部分的个体里收集数据，来推断总体的情况。这里有三层含义。首先，样本只是总体中很小的一部分。因为是一小部分，所以就能够把工作做得更细、更好，来保质保量。其次，这一小部分并不是随便决定的，必须通过专门的方法选取。这就是所谓的抽样方法（sampling method），以保证这一小部分能够反映总体的情况。再次，只有通过样本获得的数据经过统计学分析之后，才能够得到反映总体的信息。图3-2展示了理论总体、操作总体和研究样本之间的包含关系与比例关系。

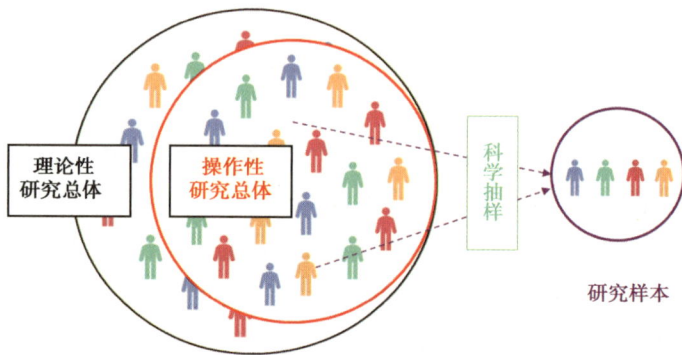

图3-2   理论总体，操作总体和研究样本

两大类抽样方法

为了从（操作性）总体中选择所需的样本，在大量调查研究实践的基础上已经形成了很多行之有效的抽样方法。这些方法大体上可以概括为两大类，第一类是概率抽样，第二类是非概率抽样。非概率抽样方法最常用的有两种，即有目的抽样和方便抽样。概率抽样方法很多，可分为等概率和非等概率两大类，前者有简单随机抽样，后者有随机整群抽样、分层整群抽样、系统抽样等，不同的抽样方法适用于不同的情况。本书将介绍七种最典型、最常用的抽样方法。

3.2 非概率抽样方法

非概率抽样(non-probability sampling)方法有两种,包括(1)有目的抽样和(2)方便抽样。这两种方法常常用于预实验。

有目的抽样

有目的抽样(purposefully sampling)是最简单的抽样方法。具体操作就是按照研究的目的和要求来选取调查对象。由于样本的选择完全取决于主观判断,因此不能用来推断总体,但是这种抽样方法在研究中却有着不可替代的作用。由于可以按照研究人员的主观愿望来挑选样本,这种抽样常常用于预调查,来进行可行性(feasibility)评估和调查问卷修订。

调查研究往往涉及面很广。由于地区城乡等各种差异,在开展大规模调查之前,必须事先在不同的地方选取各种不同的典型个人,进行摸底调查。比如,为了摸清情况,样本必须包括不同性别、不同族别、不同教育水平、说不同方言的人,以及居住在城市、农村、平原、山区和边远地区的人。有这样的样本,就可以获得相应的数据,用于计划和安排现场调查工作。

除了可行性评估之外,通过有目的抽样获得的样本,还是修订、完善调查表的重要途径。调查问卷编写得好不好,必须在不同的人群里进行测试。有目的的抽样正好能够选择样本来评估不同的人群对调查表的可能反应,据此修改和调整问卷的内容范围、合理性、问题表达方式和问题难度等。

方便抽样

方便抽样(convenience sampling)也是一种非概率抽样方法。这种方法容易操作,常常用于健康医疗、经济、商业、社会心理行为等方面的调查,一般通过三个步骤完成。

第一步,编写调查对象招募广告(一般不超过一页)。写明参与调查的条件,如年龄、性别、专业等,以及调查的目的和内容,并指明招募的时间(研究对象的空闲时间)和地点(研究对象经常出没的地方)。然后把招募广告提前张贴在相关的地方,或在网络上发布。

第二步,抽样。就是按照广告指明的时间地点,放置桌子和凳子,调查人员坐在那里等待调查对象。常见的方便抽样场所列举如下。

1. 医院的候诊室:这里常常有很多病人坐着等待看医生,无事可做。不过在这里进行现场调查需要获得医院同意。

2. 学生食堂门口:这里是学生必定会出没的场所,而且有一定的时间规律。许多关于心理、行为和与健康相关的调查常常会在这里开展。

3. 大商场门口:这里是购物者的必经之地。由于购物人口的多样性,并且有特定的时间规律,在这类地方抽样适合研究多种社会、经济和消费行为问题。

4. 美食街和大型饭店:这里是人们吃饭的地方,人口出没也有一定的时间规律,特别适合开展人群膳食习惯、营养健康等方面的研究。

第三步，招募人员。发出广告后，一般都有人来询问。在和他们沟通的过程中如果发现符合条件的，就按照编制好的调查人员招募程序，邀请其参加调查。如果对方同意参加，就要填写知情同意书（informed consent form），并签字确认。如果没有人来询问，则当有人经过的时候，如果调查员认为是符合条件的，就上去自我介绍，邀请对方参加。

方便抽样方法简单易行，而且往往抽样和调查同时进行，效率高。同时，样本从定性的角度来看具有一定的代表性，只是定量角度的代表性要差一些。因此，方便抽样一般用在调查研究的准备阶段，帮助发现问题、提供基本统计学参数，为正式调查打基础。

3.3 简单随机抽样

简单随机抽样（simple random sampling，SRS）属于概率抽样（probability sampling），是多种抽样方法中最简单的一种。前面介绍的两种非概率抽样方法也很简单，但用它们获得的数据不能用来推断研究总体的情况。简单随机抽样方法从理论和技术上解决了这个问题，既能够排除主观偏见，也不用考虑是否方便，一个对象是否被抽中，完全看运气（chance），即概率。

抽样原理

图3-3显示了简单随机抽样的原理。为了从总体中选取一个随机样本，保证每个个体都有相同的机会（equal probability）被选中，首先必须把总体里面所有个体按照一定的规则列成表，这个排列的表就叫抽样框（sampling frame，SF）。有了抽样框，就可以设法让抽样框里的每个个体都有相同被抽中的机会。最常用的方法就是给抽样框中每个人都配一个随机数，然后根据随机数的特点来决定抽中哪一个。

图3-3 简单随机抽样原理示意图

假设是由20人组成的研究总体，即图3-3中，左边。中间第一个表是抽样框，框里面列举了全部20个个体。抽样框的右边是给20个个体配置的随机数字。比如，1号个体的随机数是8,2号个体的随机数是1,以此类推。图的右边,是按照随机数字从大到小从研究总体里面抽出的9个样本。因为用的是简单随机法,该样本称为简单随机样本。

操作步骤

简单随机抽样有四个步骤:编制抽样框、匹配随机数字、选取样本、样本评估。下面用一个例子来介绍。

某个幼儿园一共有36个小孩,男孩女孩各一半,研究者想知道他们的身高和体重情况。根据方法学,只要从36个小孩里随机挑选12个小孩进行测量就可以了。

第一步,编制抽样框。所谓编制抽样框,就是按照某个自然特征(比如入园的时间先后、座位的顺序等)把幼儿园全体儿童列成一个表。表3-1中的编号、性别和年龄,就是根据假设的数据编制的一个抽样框。在编制抽样框时,个人的名字必须用编号代表,以保护隐私。

表3-1 简单随机抽样方法示意

ID	sex	age	randomN	ID	sex	age	randomN
1	M	1	0.090	19	F	3	0.119
2	M	3	0.764	20	F	5	0.795
3	F	3	0.211	21	F	5	0.891
4	F	2	0.421	22	M	2	0.527
5	F	5	0.320	23	M	3	0.789
6	M	5	0.905	24	F	5	0.672
7	M	5	0.847	25	M	2	0.318
8	M	5	0.227	26	M	2	0.206
9	F	3	0.629	27	F	3	0.805
10	F	2	0.293	28	M	2	0.732
11	F	3	0.464	29	M	2	0.663
12	F	5	0.179	30	F	2	0.369
13	M	3	0.427	31	F	5	0.252
14	M	2	0.322	32	M	2	0.444
15	F	5	0.585	33	M	5	0.643
16	F	3	0.337	34	M	5	0.892
17	M	2	0.155	35	F	5	0.757
18	M	5	0.363	36	F	3	0.426

备注:表中的随机数字(randomN)一列是抽样时加入的,编写抽样框时这一列要空出来。

第二步,匹配随机数字。抽样框编好之后,接下来就是给框里的每一个个体匹配随机数字(random digits)。随机数字序列可以用计算机软件生成。以Excel软件为例,打开Excel在第一行第一列里输入:=RAND(),然后回车,你就可以看到第一个随机数字。然后把它复制到2-36行,就得到36个随机数字了。随机数字产生之后,复制、粘贴(注意:选择"值(V)"的方式粘贴)存放到另一列里,避免这些随机数因为其他操作而自动改变。

有了随机数字序列，就把这些数字按照它们本身的顺序，逐一地配放到前面编辑好的抽样框里。表3-1的随机数字就是通过Excel生成之后，再按照顺序手工输入的。比如，Excel生成的第一个随机数字是0.090，这个数字就配给了编号为1的儿童；Excel生成的第22个随机数字是0.527，这个数字就配给了编号为22的儿童。

第三步，随机抽样。编好抽样框和匹配好随机数字后，即可进行简单随机抽样。这里介绍两种实用的抽样方法。

方法一，按照抽样比例抽取样本。从36个儿童中抽取12个儿童，抽样比为12/36=1/3。根据抽样比，凡是配到的随机数字能够被3整除的儿童就被抽中。具体做法，先把随机数字由小数转换为整数，再用3除，没有余数的即抽中。计算结果显示一共有13个被选中，编号为1，2，10，15，18，19，22，24，25，26，30，31，32。由于多了一个，必须从头再来，直到获得12个样本为止。

方法二，按照随机数字大小排序进行抽样。先把表3-1的数据导入Excel，并且将所有36个小孩的数据编排为1–36的纵向系列。然后利用Excel数据排序的功能，按照随机数字的大小对所有数据从小到大排序。排序以后，选取最小或者最大的12个随机数字相对应的儿童作为样本。

图3-4演示了两种不同方法的抽样结果。左边是把随机数字按照从小到大的顺序排列进行抽样的，抽中的前12个儿童的编号分别为1，19，17，…，14。右边是把随机数字按照从大到小的顺序排列后进行抽样的，抽中的前12个儿童的编号分别为6，34，21，…，29。

	A	B	C	D
1	1	M	1	0.090
2	19	F	3	0.119
3	17	M	2	0.155
4	12	F	5	0.179
5	26	M	2	0.206
6	3	F	3	0.211
7	8	M	5	0.227
8	31	F	5	0.252
9	10	F	2	0.293
10	25	M	2	0.318
11	5	F	5	0.320
12	14	M	2	0.322
13	16	F	3	0.337
14	18	M	5	0.363
15	30	F	2	0.369
16	4	F	2	0.421
17	36	F	3	0.426
18	13	M	3	0.427
19	32	M	2	0.444

	A	B	C	D
1	6	M	5	0.905
2	34	M	5	0.892
3	21	F	5	0.891
4	7	M	5	0.847
5	27	F	3	0.805
6	20	F	5	0.795
7	23	M	3	0.789
8	2	M	3	0.764
9	35	F	5	0.757
10	28	M	2	0.732
11	24	F	5	0.672
12	29	M	2	0.663
13	33	M	5	0.643
14	9	F	3	0.629
15	15	F	5	0.585
16	22	M	2	0.527
17	11	F	3	0.464
18	32	M	2	0.444
19	13	M	3	0.427

图3-4　两种不同的方法抽出的简单随机样本

第四步，样本结果初步评价。样本选定之后，必须把样本与总体的基本指标进行对比，以此评价样本的好坏。因为是随机抽样，总体里的个体的任何组合，都可能成为一个样本。比如根据抽样框的资料，全体儿童里面男孩女孩各占一半。从理论上讲，抽取的12个样本中，男女比例也应该接近50%，如果有差异，那就是所谓的抽样误差。相同的原理，还可以用年龄来评估，12个样本的平均年龄应该与总体36个小孩的平均年龄相近。

R程序简单随机抽样

学习手工操作方法,有利于理解掌握随机抽样的原理。但是在实际工作中,研究的总体往往非常大,手工操作不仅费时费力,有时候还几乎不可能完成。我们编写的R程序3-1,可以通过计算机来完成简单随机抽样。关于R的详细介绍见本书第六章。

使用R程序3-1,要先把表3-1里的数据输入到Excel,然后以csv(comma-separated values)格式存放在电脑里。程序的第一部分(第5行)把数据读入电脑,存放在一个叫作pop的数据库里。程序的第二部分先按照性别统计儿童的数量,然后计算所有儿童的平均年龄。这些总体指标将在后面用于评价随机抽取的样本。

R程序3-1 简单随机抽样的R程序示例

```
1  ## R Program 3.1 Drawing simple random samples
2  setwd("D:/")
3
4  # 1 read population data for sampling
5  pop <- read.csv(file="popdata.csv",header=T)
6
7  # 2 compute population statistics
8  table(pop$sex)# sex distribution
9  mean(pop$age)# mean age
10
11 # 3 random sampling
12 set.seed(1231)
13 sample1 <- pop[sample(row(pop),size=12,replace=F),]
14
15 # 4 check who are sampled
16 sample1
17
18 # 5 compute sample statistics for comparison purpose
19 table(sample1$sex)
20 mean(sample1$age)
```

程序的第三部分进行随机抽样。这行命令有些复杂,其核心部分是sample()。括号里的size=子命令可用来定义样本大小,我们这里的size=12,与前面的手工操作一致;括号里replace=F子命令是在告诉计算机,在抽样的时候,已经抽出来的不要再放回。最后。把随机抽取的样本存放在sample1里。这里,用sample1表示第一个抽出的样本。如果需要改变条件后再抽几个样本,就可以分别存放在sample2、sample3……里。程序的第四部分查看抽出的样本。最后,第五部分检查样本的性别构成与平均年龄,并与总体的指标进行比较。

图3-5是执行R程序后计算机输出的结果。其中第四部分中 sample1 展示了随机从

```
> # 2 compute population statistics
> table(pop$sex)# sex distribution

 F  M
18 18
> mean(pop$age)# mean age
[1] 3.416667
> # 4 check who are sampled
> sample1
   id sex age randomN
34 34   M   5   0.892
12 12   F   5   0.179
36 36   F   3   0.426
24 24   F   5   0.672
4   4   F   2   0.421
25 25   M   2   0.318
10 10   F   2   0.293
26 26   M   2   0.206
5   5   F   5   0.320
29 29   M   2   0.663
20 20   F   5   0.795
11 11   F   3   0.464
> # 5 compute sample statistics for comparison purpose
> table(sample1$sex)

F M
8 4
> mean(sample1$age)
[1] 3.416667
```

图3-5 执行示例R程序3-1后的抽样结果和评价

全部 36 个儿童里选取的 12 个样本。结果中第二部分是执行程序第 8 和第 9 行后,计算出全部儿童中男生和女生数量分别为 18 人,全部儿童的平均年龄=3.4 岁。第五部分是执行了程序的第 19 和 20 行后,计算出的随机样本中儿童的性别比例和平均年龄。这里,样本的性别比例与总体完全相同(男女各一半),样本的平均年龄=3 岁,小于总体的年龄。这种差异,就是我们常说的抽样误差。

熟悉了 R 程序 3-1 的方法之后,就可以用它从数量较大的总体里抽取随机样本。除此之外,R 程序 3-1 还可以用于后面要介绍的其他概率抽样方法。

简单随机抽样方法的意义

简单随机抽样在调查研究中具有重要意义。第一,简单随机抽样保证抽样框里的每一个个体都有被抽中的机会,谁被抽中完全靠运气。第二,每个个体被抽中的机会是相同的,满足等概率抽样的条件。第三,每个对象被抽中的机会是已知的。比如在前面的例子里,每一个儿童被抽中的机会都是 12/36=1/3。正因为如此,简单随机样本有个非常特别的性质,即独立同分布(independent identical distribution, IID)。

简单随机抽样获得的样本能够客观地反映总体的情况,虽然有误差,但完全是随机抽样导致的。由于随机抽样误差有特定的规律,因而可以通过统计学方法来估计,确保对总体情况的推断符合事实。另外,随机抽样还是统计学分析的基础,因为绝大多数统计学方法,都是以简单随机抽样为基础建立起来的。可以说,没有随机抽样,就没有现代统计学。

3.4 随机整群抽样

简单随机抽样方法虽然简单,也很重要,但却很少使用。这是因为,许多调查研究涉及的总体往往很大,比如一个县、一个省、一个地区和一个国家的全部人口,或者某一个、某几个年龄段的全部人口(如老年人、育龄妇女等),或者一个地区所有的学生。在这种情况下,编制抽样框就成了一个大问题。随机整群抽样就是为了克服这个难题而设计的。

概念和步骤

随机整群抽样(random cluster sampling),简称为整群抽样(cluster sampling)。顾名思义,所谓整群抽样,就是以同质的群体(homogenous cluster),而不是单个个体作为抽样的基本单位。比如班级、车间、学校、乡镇、县、省等,都可以作为一个同质的群体。定义了群体,就可以以群为单位,用简单随机抽样方法进行抽样。整群抽样通过四个步骤完成:准备每个群的资料,编辑抽样框,随机抽取群作为样本,计算抽样概率和样本权重。

第一步,准备工作:收集每一个群的资料。整群抽样所需的资料包括每个群的名称、大小(群里的人员数)和基本人口学特征,如性别和族别、平均年龄、家庭状况、健康状况等。所有这些资料中,群的大小,即每个群的人口数是必须清楚的。这些数据可以通过调查人员到现场收集,有时也可以先找到官方记录,然后到现场核实。

　　第二步,建立抽样框:把所有的群按照一定的自然顺序排列成表。这一步与简单随机抽样相似,所不同的是,简单随机抽样的抽样框里排列的是单个个体,而这里排列的是群。如果以一个学校的班级为群,抽样框里列出的就是该校所有的班级;如果以一个工厂的车间为群,抽样框里排列的就是该厂全部的车间;如果是以一个省的县为群,抽样框里排列的就是该省所辖的所有县。排列好之后,先给每个群编号,再把群的实际名称从抽样框里删除。同时,必须把每个群的名称和编号对应表单独保存,等抽样完成之后,找到单位来开展调查工作。

　　第三步,随机抽取群作为样本:这一步与简单随机抽样完全相同。先匹配随机数字,然后根据调查设计时的样本大小(具体计算方法第八章介绍)进行随机抽样。常用的方法是,先把抽样框里所有的群根据匹配的随机数字从大到小或者从小到大排列,然后选取相应的群数。与简单随机抽样不同的是,整群抽样无法在抽样完成之前就确定样本的大小。因此,只有先抽样,然后把抽出的群里的人数加起来,才能计算抽到的样本总数。如果抽到的样本数量不够或者过多,就必须改变群的个数,重新再抽,直到达到或接近预期的样本量为止。这一步也可以用 R 程序 3.1 在计算机上完成。

　　第四步,计算抽样概率和权重:整群抽样保证抽样框中每个群被抽中的概率相同,但是,如果群的大小不同,不同群里单个个体被抽中的机会就不同了。因此,在完成抽样后,必须计算每个群里单个个体被抽中的概率和相应的样本权重(sample weights)。

抽样实例

　　假设研究者想了解某个乡镇农民的健康需求。根据政府部门提供的资料,这个乡镇一共有 15 个行政村,共 15000 余人。由于时间和经费的限制,打算用整群抽样方法抽样。根据现有数据,该乡镇的人口分散居住在 15 个行政村里。初步估算,每个村 1000 人左右。预估现有时间和经费大概可以完成 3000 人左右的调查,因此至少要随机抽取三个村。表 3-2 中第二列就是这 15 个村的人口数量。

　　表中第三列是匹配的随机数,这一点跟简单随机抽样完全相同。"抽中村人口"这一大栏目包括两个部分,一个是以最大的三个随机数抽取的三个村,分别是 A 村(人口 = 922)、D 村(人口 = 809)和 M 村(人口 = 768),因此总计抽中样本为 $n = 2499$。第二个是以最小的三个随机数字抽取的三个村,分别是 B 村(人口 = 898)、C 村(人口 = 1558)和 G 村(人口 = 1703),因此总计抽中样本为 $n = 4159$。

　　尽管两种方法抽取的样本大小有很大差异,可是这两个样本都是随机样本,符合科学要求。因此,整群抽样会给科研人员提供一个选择的机会。如果经费的确有限,最好选择小一点的样本,比如,本例中的 $n = 2499$ 的样本。如果时间和经费充裕,最好选择 $n = 4159$ 的样本。大的样本可以提供更多的信息和更高的统计检验效率。关于样本大小和统计检验效率的介绍详见第九章。

表 3-2　随机整群抽样举例

单个村按自然顺序排列	核实人口数	随机数	抽中村人口					
			最大随机数			最小随机数		
			样本	概率	权重	样本	概率	权重
A	922	18	922	0.06276	15.93492			
B	898	3				898	0.06112	16.3608
C	1558	2				1558	0.10604	9.430039
D	809	18	809	0.05506	18.16069			
E	469	11						
F	703	9						
G	1703	3				1703	0.11591	8.627129
H	782	4						
I	568	10						
J	475	8						
K	696	7						
L	1421	16						
M	768	17	768	0.05227	19.13021			
N	1127	10						
O	1973	7						
累计	14692	–	2499	0.17009	5.879152	4159	0.28308	3.53258

在"抽中村人口"这一栏里,列出了抽样概率和样本权重。一个群里的每个村民被抽中的概率是相同的,这个概率等于该群的人数除以 15 个村核实的总人口数。比如 A 村村民的抽样概率 = 922/14692 = 0.06276,表示 A 村里的村民每个都有 0.06276 的机会被抽中。同理,计算的 D 村抽样概率 = 0.05506,计算的 M 村的抽样概率 = 0.05277。

有了抽样概率,就可以计算样本权重。抽样权重=抽样概率的倒数。比如 A 村的抽样概率 = 0.06276,那么抽样权重 = 1/0.06276 = 15.93492。这个数字表明,A 村一个村民的情况,要用来代表该乡镇全部人口中近 16 个人的情况。通过检查结果来描述该村的情况时,必须把权重加进去,否则计算的结果就会偏向人口较多的村。

整群抽样的样本特征和意义

整群抽样简单易行,属于概率性样本(probability sample)。这种抽样方法能够发挥简单随机抽样的优点,同时克服其缺点,被广泛应用于较大规模的现场调查研究。但是,该方法也有局限性。首先,每个群内的单个样本相互不独立,一旦一个群被抽中,群里所有的个体就都被抽中了。样本之间缺乏独立性所带来的问题就是会低估第一类错误,让统计学上不显著的结果变为显著(即 p 值膨胀,p value inflation)。其次,该方法无法预先确定样本的大小,需要在抽样完成之后才知道。再次,样本里每个个体被抽中的概率不同。

3.5　两阶段和多阶段整群抽样

两阶段整群抽样

两阶段整群抽样（two-stage cluster sampling），是为了克服整群抽样的局限性而创立的。整群抽样时，群越大，样本的独立性就越小。解决办法之一，就是在第一阶段抽样的基础上，再抽样一次。具体来说，第一阶段用整群抽样方法抽取群为样本，然后再从抽取的群里，用简单随机抽样的方法抽取个体。

这里用一个例子来说明这个方法。比如开展在校学生调查时，可以先用整群抽样方法抽取一定数量的班级，然后再从每个抽取的班级里面用简单随机抽样方法抽取预先确定的学生人数。比如一个学校共有60个班，每个班的人数在20人到50人不等，需要的调查样本为100人左右。用两阶段随机整群抽样，先从60个班里按照整群抽样，随机抽取10个班；然后再从每个班用简单随机抽样方法抽取10个学生。这样一来，10个班，每个班10个学生，刚好100人。

多阶段整群抽样

有时候因为调查研究的范围很大，或者工作要做得更细致，通过前面介绍的两阶段抽样不能满足需要，这时就可以选用多阶段整群抽样（multi-stage cluster sampling）。比如开展大规模学校调查，第一阶段可以先随机选择学校，然后从选中的学校里再随机选择班级，最后从选中的班级里随机选学生。

在进行多阶段整群抽样时有一点特别重要：**抽取的群越多，每个群中抽取的个体越少，样本的独立性就越高**。经验表明，当随机抽取的群达到20个以上，而每个群的样本在20个以下时，通过两阶段整群抽样得到的样本，已经非常接近简单随机样本。

3.6　系统抽样

系统抽样（systematic sampling）又叫系统整群抽样（systematic cluster sampling）。它是一种简化的整群抽样方法，其核心思想是把群先按照大小而不是自然顺序排列，然后只用一个随机数字就可以完成概率抽样。不仅操作简单，而且所得到的样本的代表性会更好。

操作方法

系统抽样开始的部分与整群抽样相同：收集基本数据、编制抽样框。所不同的是，在建立好抽样框之后，把框里的群按照大小，而不是某种自然特征进行排列。排列好之后，根据抽样比例确定抽样间隔（sampling interval）。比如，计划抽取1/7的群作为样本，抽样间隔就是7个群。有了抽样间隔，就按这个间隔等距离选取群作为样本。唯一需要确定的就是，从哪一个群开始抽样。如果从3号群开始，以7为单位，则抽中的群依次为第10群、第17

群、第24群……第一个群的选择可以通过随机数字、扔骰子甚至抓阄的办法来确定。

应用举例

表3-3的数据选取自3.4节随机整群抽样里的表3-2。在随机整群抽样时，每个群都是随机选择的，但是得到的样本并不是十分满意。尤其是样本大小差异太大，会给实际工作带来困难。如果用系统抽样，情况会有改善。

本例中，在进行系统整群抽样时，编制好抽样框之后不匹配随机数字，而是直接将该乡镇里的15个村按照人口多少从小到大排列。由于计划从十五个村抽取三个，因此抽样比为1/5，那么，抽样间隔=5，也就是每隔5个村要抽取一个村。有了抽样间隔后，就按照这个间隔，把15个村划分为三个组。第一组的村包括E、J、I、K和F，第二组的村包括M、H、D、B和A，第三组的村包括N、L、C、G和O。

表3-3　系统整群抽样实例

单个村按人口多少排列	核实人口数	按人口数排序	按抽样比分组	随机抽取第一组一个村后的样本	
				第一个村为4	第一个村为2
E	469	1	1		
J	475	2	1		475
I	568	3	1		
K	696	4	1	696	
F	703	5	1		
M	768	6	2		
H	782	7	2		782
D	809	8	2		
B	898	9	2	898	
A	922	10	2		
N	1127	11	3		
L	1421	12	3		1421
C	1558	13	3		
G	1703	14	3	1703	
O	1973	15	3		
累计	14692		–	3297	2678

分好组之后，用随机数字的方法，确定从第1组的哪一个开始抽样。为了演示这种抽样方法，我们在1~5的范围之内随机选取了两个数字。纯粹随机，第一个随机数字是4，第二个随机数字是2，两个随机数字就可以产生两个随机样本。

根据第一个随机数字4，排第4的K村(人口 = 696)第一个被抽中。由于抽样间隔=5，按照等间隔每5个群中抽取一个，下面抽取的村分别为排在第9的B村(人口 = 898)和排在第14的G村(人口 = 1703)。因此，最后的样本数为 $n = 696 + 898 + 1703 = 3297$。这个样本与预期的3000左右比较接近，比简单随机抽样的结果要好。

运用相同的方法，按照第二个随机数字=2，抽中的分别是排第2的群J村(人口=

475），第7的H村（人口为782)和第12的L村（人口=1421)。最后的样本数为 n = 475 + 782 + 1421 = 2678。

系统抽样方法的特点和需要注意的问题

与整群抽样相比，系统抽样能够显著地减少抽样误差。因此，与随机整群抽样方法相比，系统抽样得到的样本的总体代表性更好。另外，系统抽样得到的样本的变化范围往往要比随机整群抽样小。比如，如果计划抽取总体的1/3作为样本，随机整群抽样得到的样本可能远远大于或小于1/3，而系统抽样获得的样本大多数都会在1/3左右。

然而，系统抽样也有一个缺点，那就是它往往会错过一个总体中具有某个特别特征的群体，比如非常小和非常大的群体。因为属于概率整群抽样，所以每个群体被抽中的概率是相同的。整群抽样特别适合群与群之间差别比较小的总体，比如学校里同一个年级里不同的班级，同一个城市里不同的街区，同一个乡镇里不同的非自然村，等等。

另外，与随机整群抽样方法一样，系统整群抽样也可以是多阶段的。比如要在中国选择一个代表全国县市情况的样本，可以先通过系统抽样选择省、自治区、直辖市，然后在选中的省、自治区、直辖市里通过系统抽样选择县市，以此类推。

3.7 分层整群抽样

随机整群抽样，尤其是多阶段抽样，克服了整群抽样的许多缺点，因此得到广泛的使用。但是，整群抽样的抽样误差比较大。虽然多层次整群抽样提高了样本质量，但是该方法没有充分利用已知的信息来提高样本质量，减少抽样误差。分层整群抽样（stratified cluster sampling）就是因此而提出的一种抽样方法。了解整群抽样之后，分层整群抽样就十分简单了。分层整群抽样可以分为下面几个步骤。

把研究对象按照特征分层

分层整群抽样的第一件事就是把研究对象（总体）按照已知的特征划分为不同的层次。比如可以按照城乡，地理区域（平原、丘陵和山区)，以及研究对象的特征（如性别、族别、年龄、职业)等进行分层，再进行抽样。调查学生还可以按照年级分层后进行抽样。

分层的目的就是提高同一个层里每个个体的同质性。比如由于明显的城乡差异，按照农村/城市分层抽样，就可以极大地提高城市和农村样本内部的同质性。按照性别分层之后，男性层里就只有男性，没有女性；而女性层里只有女性，没有男性。这样一来，由于性别差异而影响样本质量的问题就避免了。至于抽样概率问题，可以通过计算权重，在分析时加权来解决。

从每个层里随机抽取样本

一旦完成了对研究对象的分层，抽样就变得相对容易。根据实际情况，有多种方法可供选择。(1)运用简单随机抽样方法在每个层里抽取单个个体作为样本。(2)如果每个层里包含有很多群,则可以通过随机整群抽样方法,从每一层里抽取群。典型的例子如:把一个县的学生按照年级分层,然后每一层里随机抽取班级,再从班级里随机抽取学生。(3)使用多阶段随机整群抽样来抽取群里的个体,适合大范围的调查,如一个县,一个省,乃至全国的调查。抽样完成之后,详细计算抽样概率和样本权重,供统计学分析时使用。

3.8　卫星辅助概率抽样

在传统的调查研究中,通过家里的座机电话号码进行抽样曾经广泛地应用于大范围的调查研究,尤其是国家级和省市级的抽样调查。然而,现代通信技术的发展使家庭座机电话退出了历史舞台。为了解决这个问题,本书作者提出了**卫星辅助概率抽样技术**(GIS/GPS-Assisted Probability Sampling)(Chen, 2021a; Chen et al., 2018; Chen, 2021b)。因为 GIS 和 GPS 都和卫星相关,中文简称为卫星辅助概率抽样。

基本原理

卫星辅助概率抽样,在原理上属于前面介绍的多阶段分层整群抽样。该方法首先利用地球信息系统(GIS)的数据和技术,把研究对象所在的地理区域划分为相对独立的小片。然后把有人居住的小片作为**初级抽样框**(primary sampling frame, PSF),从中随机抽取一定数目的小片,完成**地理抽样**(geographic sampling)。

地理抽样完成后,统计抽取的地理单元里的住户,形成**次级抽样框**(secondary sampling frame, SSF)。利用次级抽样框,对住户进行抽样。在每个抽取的地理区域里,一般只随机抽取 10~20 户。住户抽取好之后,再从住户里随机抽取单个个人作为样本。最终实现**人群抽样**(population sampling)。

抽样方法的优势

卫星辅助概率抽样有多种优势。

第一,所需的基本资料最少。在进行地理抽样的时候,地理数据可以免费从地球信息系统里面获得,而且准确可靠。

第二,效率高。抽样工作中绝大多数步骤都可以在计算机上完成。

第三,计划性强。抽样之前,能够按照事先确定的样本大小进行抽样,提高研究设计的计划性。

第四,抽样方法具有普适性。无论在发达的城市地区、相对不太发达的农村还是遥远的边远地区,都可以使用,尤其是边远农牧民地区或者资料缺乏的地区。

第五,样本代表性好,收集的数据适用于普通的统计学方法分析。

抽样实例

某项课题,需要通过城乡对比来研究农民工的健康行为和健康状态。因此,需要同时在城市和农村地区抽取农民工进行调查。可是,研究者遇到了无法找到数据为农民工编制抽样框的难题——农民工一般居无定所,而关于农民工的统计数据又较为滞后。卫星辅助概率抽样正好可以解决这个难题。根据测算,分别要在城市和农村抽取1200个样本,且男女各半。下面以城区农民工抽样为例,介绍操作步骤:

第一步,把武汉地图载入电脑,把城乡标记出来(见图3-6上面部分)。

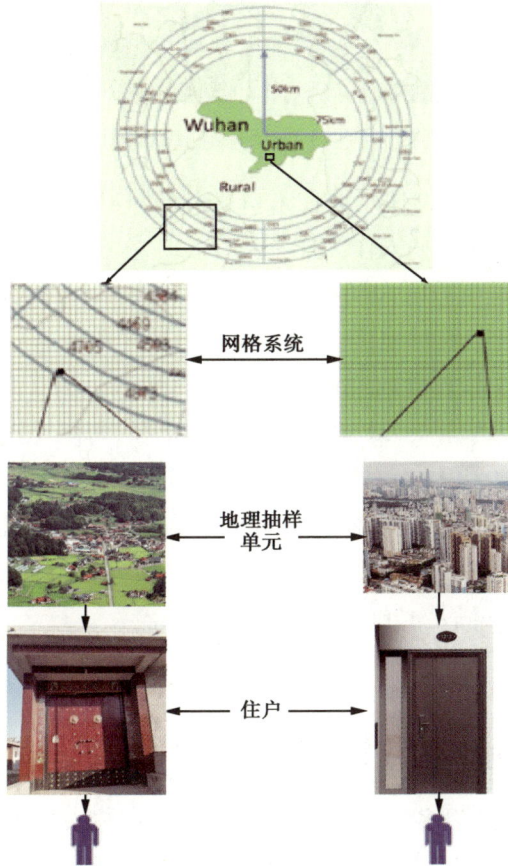

图3-6　卫星辅助概率抽样武汉市城乡随机样本实例

注:左边显示农村抽样过程,右边显示城市抽样过程

第二步,把武汉市城区以100米为边长,构建一个网格(grid)系统。然后利用网格系统,把武汉市城区划分为相互独立的小区域,每一个小区域称为一个地理抽样单元(geounit,见图3-6右上第二排绿色方块部分)。

第三步,检查每一个网格,排除所有非居民居住地的网格,比如公路、桥梁、河流、公园、工厂、车站、学校等。把非居住网格去除之后,将剩余的网格编制为PSF,即初级抽样框。从初级抽样框里随机抽取60个地理抽样单元。

第四步,通过GPS接收器,找到每个抽取的地理抽样单元。图3-7是一个典型的城市地理抽样单元。对单元里的全部住户进行列表,编制SSF,即次级抽样框。然后再用简单随机抽样方法,从SSF里抽取20户,进行最后一步抽样。

图 3-7 典型的地理抽样单元

第五步,统计每个被抽取的住户居住人口,编制建构 TSF,即第三级抽样框。按性别在 TSF 中每户随机抽取男女各一人作为样本。

农村地区的抽样过程与城区大同小异。图 3-6 左边显示的就是对农村居民的抽样过程。首先,用类似的方法把农村地区分割为独立的抽样单元(sample unit)。资料显示,武汉市的农民工,绝大多数都来自围绕武汉市的农村地区。为了反映武汉市农民工的情况,以武汉市的地理中心为原点,以 50 公里为最小半径,每隔 5 公里画一个同心圆,形成一个 50~75 公里的环形地带,作为农村抽样的地理区域。地理区域确定之后,以 1 公里为边长,构建一个网格系统,把框定的农村地区分割为相互独立的地理抽样单元。去除没有人居住的地理单元后,剩余的就是 PSF。由于农村人口密度小,决定只抽取 40 个地理单元,每个单元抽取 30 人,满足 1200 人的样本量要求。

3.9　滚雪球抽样和调查对象驱动抽样

在调查研究时,会碰到很多无法用前面介绍的方法来完成抽样的情况。比如有些研究人群虽然在理论上可以定义,但在操作上却无法进行,因此不能编制抽样框。典型的有性工作者、同性恋人群、自杀未遂人群、强奸受害人群、吸毒贩毒人群,以及西方社会普遍存在的非法移民(illegal immigrants)和流浪汉人群(homeless population)。这些人常常被称为隐形人群(hidden populations)。对这样的人群进行概率抽样,需要特殊的技术和方法。本节介绍的滚雪球抽样和通过调查对象驱动抽样,就是已知方法和技术中最有代表性的两种。

滚雪球抽样方法

对于隐形人群,由于种种原因,往往没有可靠的数据来建构抽样框,因此就没有办法进行概率抽样。即使研究者知道这些人的存在,通常也无法直接找到他们。究其原因,一是很难获得他们的信任,二是要保护他们的隐私。然而,这类人群往往是调查研究最重要的对象。滚雪球抽样方法(snowball sampling)就是为了解决这个问题而提出的(Biernacki and Waldorf,1981)。

滚雪球抽样的做法如下:先从定义的研究人群里找到一个或几个个体,把他们当作种子样本（seeds）；让这些人先完成调查，然后培训他们去招募那些自己认识的、符合条件的人参加调查；新招募的对象，有的可以作为种子样本，用相同的方法继续招募调查对象。就这样一圈一圈地"滚动"扩大，直到达到所需的样本大小为止（见图3-8）。

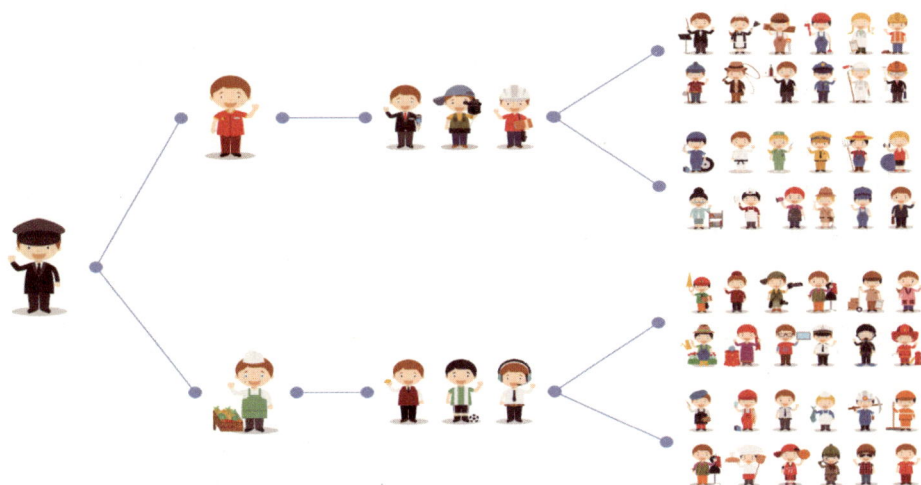

图3-8　滚雪球抽样原理示意图

从滚雪球抽样到调查对象驱动抽样

滚雪球抽样看起来是一种方便抽样，常常用于预实验研究。这是因为滚雪球抽样无法计算抽样概率和估计样本的代表性。后来相关学科的发展，特别是小世界理论（small world theory）的发现，让滚雪球这种方法上升为一个具有概率抽样特点的方法。根据小世界理论，最多只要6步链接，就能够通过人际关系网络，联系到在全世界任何地方的任何个人（Heckathorn & Douglas，1997；Watts & Strogatz，1998；Heckathorn & Douglas，2002）。调查对象驱动抽样法（respondent driven sampling，RDS），是滚雪球抽样方法的高级版，因为有了人际关系网络为基础，因此可以用来估计抽样概率。

如图3-9所示，RDS与滚雪球抽样在操作过程上大致相同。不同之处在于，每个种子样本，除了招募一定人数（一般3个左右）的参与者之外，还要做以下几件事。

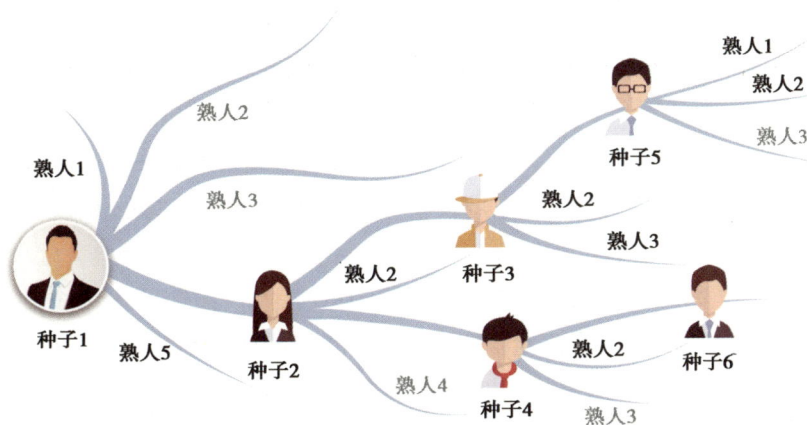

图3-9　调查对象驱动抽样（RDS）——五群四波RDS抽样示意图

第一,在招募之前,要先统计自己熟悉并符合条件的人数。如图3-9所示,第一个种子样本列出了5个符合条件的熟人。这表明,1号种子样本的社会网络大小D=5。

第二,1号种子必须从这5个人中招募调查对象。图3-10显示,1号种子样本成功地招募了熟人1号、4号和5号。

第三,1号种子必须从招募的人中,动员一人作为下一轮的种子样本。图中显示,熟人4号被说服,成为2号种子样本,她要重复1号种子样本的工作,以此类推。

根据小世界理论,上述三步操作只要重复6~7波,所得到的样本就基本上反映了调查研究对象的总体。RDS方法广泛运用于隐形人群和敏感问题的调查研究,比如艾滋病和性病的预防、同性恋的精神健康问题等。

种子样本的挑选

选择好种子样本是调查对象驱动抽样的关键。什么样的人适合做种子样本?按照RDS的理论,种子样本不一定是最能代表研究人群的人。图3-10所示的是一项实验研究的结果。整个RDS开始只选了一个黑人作为种子样本,随着抽样波次的增加,样本族别的构成越来越接近总体。到第6、7波时,样本的族别构成已经逼近于总体的族别构成。

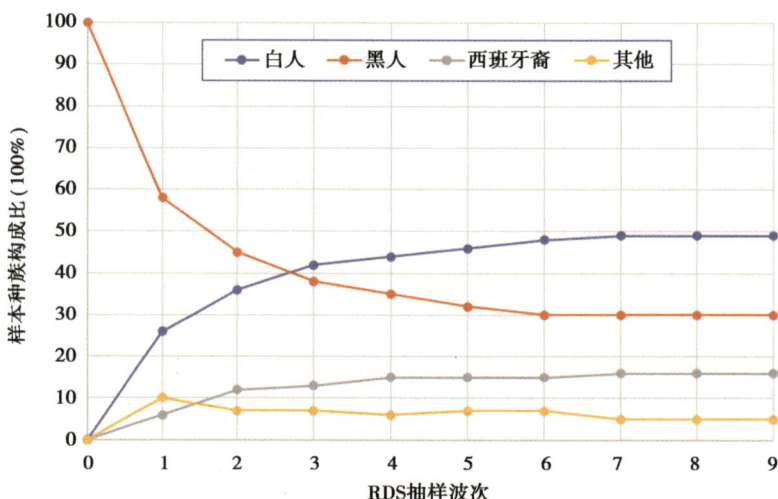

图3-10　调查对象驱动抽样(RDS)波次与样本构成的关系

注:整个抽样过程由一个黑人种子样本开始,到第6~7波时,样本构成与美国人口统计结果相近

资料来源:Heckathorn, 1997

尽管种子样本不一定要是总体中最典型的人,但是成功的RDS需要种子样本有如下特征:人际关系好、个性活泼、乐于助人、社交能力强、语言能力强、在人群里享有一定威望。

确定了种子样本的标准后,还要知道开始RDS时,第一波需要多少个种子样本。这个问题主要由时间和样本大小决定。显然,第一波种子样本越多,获得所需样本的速度越快,所需的时间越短。但如果第一波种子样本太多,抽样的波次就会不够,影响样本的代表性。如果是小课题,1个种子样本就可以了。比较大的课题,最多3~5个种子样本。

种子样本的培训

种子样本的培训是抽样成功的关键。除了负责调查的人培训第一波种子样本外,前一波的种子样本还要培训后一波。因此,培训内容必须要编写成册,供种子样本培训其他种子样本时使用。培训内容必须包括以下几个方面。

1. 对研究课题的理解,包括为什么要做调查,调查的好处,调查对象可能得到的益处以及对社会的益处。

2. 完成种子样本的六大具体任务,包括自我调查、熟人圈子列表、招募调查对象、挑选种子样本、记录结果、向负责调查的人员准确及时地汇报结果。

3. 保护调查对象的隐私,对数据采取保密措施。

4. 质量管理和报酬发放。

抽样概率和样本权重计算

调查对象驱动抽样的基础是调查对象之间的联系。社会联系越广泛的人,社会网络 D 就越大,被抽中的概率也就越高。另外,当一个种子样本在招募其他人的时候,相同特征的人(比如同性别、同族别、同乡等)被选中的概率又大于不同的人。为了克服这些偏差,RDS建立了抽样概率和样本权重的计算方法(Wejnert & Heckathorn,2008)。

设 P_x 为矫正后一个种子样本的群被抽中的概率,在完成抽样调查工作之后,P_x 可以用公式3.1来计算:

$$P_x = \left(\frac{n_x}{n}\right)\left(\frac{D}{D_x}\right) \tag{3.1}$$

式中,n =样本总数,n_x =从每个种子样本的社会联系网络中抽取的样本个数,D =全部种子样本的平均社会网络大小,D_x =每个种子样本的社会网络大小。

以图3-10为例,种子1号从5个人里招募了3人,种子2号从4人里招募了3人,种子3号从9人中招募了3人,种子4号只有3个熟人,且都招募了,种子5号只有2个熟人,招募了其中的1人。

根据招募结果,先计算招募样本量 $n = 3 + 3 + 3 + 3 + 1 = 13$

再计算平均社会联系网络大小 $D = \dfrac{5 + 4 + 9 + 3 + 2}{5} = 4.6$

有了 n 和 D,根据公式3.1就可以计算 P_x,即第 x 个群被选中的机会。比如,种子样本1号所在的群被选中的机会为:

$$P_1 = \left(\frac{3}{13}\right)\left(\frac{4.6}{5}\right) = 0.2123$$

有了 P_x,样本权重就是 $1/P_x$。例如,1号种子样本所在的群的权重为:1/0.2123=4.7103。

思考题

1. 为什么说准确理解总体和样本这两个最基本的概念对科学的调查研究非常重要？

2. 概率抽样和非概率抽样的根本区别在哪里？

3. 调查研究中常用的两种非概率抽样方法是什么？它们各有哪些用途？

4. 简单随机抽样方法是如何进行的？为什么说这种方法在抽样调查中有重要的意义？

5. 如果给你一项任务来调查一个县的人口经济状况，你会首先想到用哪一种方法进行抽样？为什么？

6. 滚雪球抽样与调查对象驱动抽样有什么区别和联系？在哪些情况下最好用调查对象驱动法来进行抽样？

练习题

1. 简单随机抽样：下面是一个班级54名学生的性别资料。学生的姓名用三个字母替代，性别 M = 男，F = 女。请用两种简单随机抽样方法，从中分别抽出12名学生作为调查研究的样本，然后对比样本和全班的性别比例。如果性别比例出现不同，如何解释？

姓名代码	性别	姓名代码	性别	姓名代码	性别	姓名代码	性别	姓名代码	性别
AAA	F	DAC	M	MMI	M	EAK	F	LNP	M
ABC	M	DDD	M	DMJ	F	KMN	M	SJK	F
ACB	F	BBB	F	AKJ	F	FAG	M	LJQ	F
ADC	M	BCA	M	MNI	F	HAK	F	SMF	M
ADD	F	DAD	F	BNK	M	SMN	F	CXG	M
BAC	M	CBD	F	KBA	M	CDG	F	ZMS	M
CAD	M	CCD	M	CKA	M	DGF	M	LZW	F
BDA	M	EAC	F	FFF	M	HCG	F	CJH	F
CAB	F	FGE	F	FED	F	HHA	F	XJH	M
DAB	M	CCC	M	CEF	F	GHA	M	ZKM	F
LJM	M	CJH	F	CGQ	M	ZXX	M		

备注：表中的数据是作者用随机的方法产生的，仅供学生练习抽样方法使用。

2. 用R程序3.1的方法，重做上题，然后对比两次结果的异同。

3. 自己找几套数据，练习整群抽样和多阶段整群抽样。

主要参考文献

Biernacki, P., & Waldorf, D. (1981). Snowball Sampling: Problems and Techniques of Chain Referral Sampling. *Sociological Methods & Research*, 10(2), 141–163. https://doi.org/10.1177/004912418101000205

Chen, X., Hu, H., Xu, X., Gong, J., Yan, Y., & Li, F. (2018). Probability Sampling by Connecting Space with Households Using GIS/GPS Technologies. *Journal of Survey Statistics and Methodology*, *6*(2). https://doi.org/10.1093/jssam/smx032

Chen, X. (2021a). *Quantitative Epidemiology*. Springer International Publishing.

Chen, X. (2021b). Causal Exploration with Bivariate Analysis. In *Quantitative Epidemiology* (pp. 91–124). Springer International Publishing. https://doi.org/10.1007/978–3–030–83852–2_4

Cochran, W. G. (2002). *Sampling Techniques* (3rd ed.). John Wiley & Sons.

Groves, R. M., Fowler Jr, F. J., Couper, M. P., Lepkowski, J. M., Singer, E., & Tourangeau, R. (2009). *Survey methodology* (Vol. 561). John Wiley & Sons.

Heckathorn, D. D. (1997). Respondent–Driven Sampling: A New Approach to the Study of Hidden Populations*. *Social Problems*, *44*(2), 174–199. https://doi.org/10.2307/3096941

Heckathorn, D. D. (2002). Respondent–Driven Sampling Ⅱ: Deriving Valid Population Estimates from Chain–Referral Samples of Hidden Populations. *Social Problems*, *49*(1), 11–34. https://doi.org/10.1525/sp.2002.49.1.11

Watts, D. J., & Strogatz, S. H. (1998). Collective dynamics of 'small–world' networks. *nature*, *393*(6684), 440–442.

Wejnert, C., & Heckathorn, D. D. (2008). Web–Based Network Sampling. *Sociological Methods & Research*, *37*(1), 105–134. https://doi.org/10.1177/0049124108318333

第四章　调查问卷的编辑方法和技术

提出一个问题往往比解决一个问题更难

一个调查表里全都是给调查对象提出的问题,如何编写这些问题往往要比提出一个研究项目更难。生活里说的"调查表",就是现代调查研究中的调查问卷(questionnaire)。设计编写调查问卷需要经历明确目的、设计问卷、预调查、修订问卷的过程。首先,根据研究目的,确定计划收集哪些数据,然后根据现场调查的要求,将调查内容分为不同的类别来建构出调查问卷。最后,对每方面的内容,编列出一系列陈述(statement)或提问(questions)。在每个题目后面加上相应的答题选项,就构成了调查问卷的最基本的元素,又被称为调查的条目(item)。

把所有的调查条目按照预先设计的结构,科学地组合在一起,就形成了所谓的调查问卷的初稿(draft)。在调查问卷初稿基础上进行预调查,再根据预调查的结果进行修订,才能形成一个以问答形式为主的技术文件:调查问卷。一份高设计水准的调查问卷,不仅能够保证数据质量,而且也不太受调查员和调查对象自身的影响,同时能够降低调查对象的答题负荷。

本章首先介绍编写调查问卷的理论基础——答题心理学,然后介绍调查问卷的编辑技术与方法。在调查问卷的编辑技术与方法部分,先讲调查问卷的结构和基本内容构成,然后逐步阐述调查题目、题目的类别和不同类别问题的基本编写技术。接着,进一步讨论如何根据调查研究的要求,选择和编写相应的调查题。最后,介绍调查问卷内容的编排、预实验和修订。

4.1　答题心理学

制定一个好的调查问卷,必须具备一些基本的答题心理学知识(Tourangeau & Rips,2012;Groves et al., 2004)。一个调查问卷是一系列问题的集合。尽管问题不相同,但答题的心理过程大同小异。如图4-1所示,回答一个调查问题包含五个基本步骤:提出问题、理解问题、回忆思考、形成答案和报告答案。

向调查对象呈现问题
向调查对象呈现问题就是让他们知道要回答的问题是什么。传统做法是把问题印在纸上,让调查对象阅读;现代调查通过电脑、平板电脑和智能手机等设备来显示调查题,供调查对象阅读;另一种做法是,由调查员或相关智能设备读出调查题,然后让调查对象回答问题。

为了便于调查对象理解,呈现问题要注意几个方面。如果是把问题印在纸上,字体大小要适宜,对老年人字体要尽可能大一些。其次,题与题之间要留出足够的空间,避免在阅读时造成混淆。如果是电子屏显示,一般每一页画面只显示一个问题,这样能够从物理上克服题与题之间的干扰。当调查员读出问题让调查对象答题时,阅读者发音要标准,速度要恰当,读题的时候不能带感情倾向,以免造成调查对象答题出现偏差。

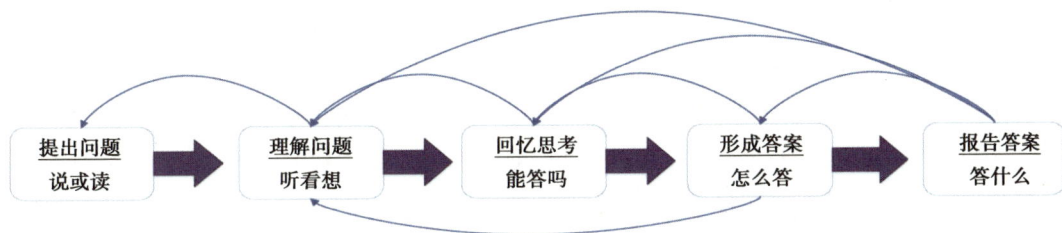

图4-1 调查对象答题心理过程示意图

理解问题

调查对象对调查题的准确理解是获得可靠数据的关键。比如,在调查吸烟行为时,一个常规的问题是:"请回忆过去一个月,即从30天前开始到现在为止,包括今天在内。在这段时间里,你是否抽过烟?"(是,否)。不同的人对这个问题的理解可能不同。有的人可能认为这题目好回答:不就是抽烟吗? 有的人可能觉得很难,因为这里涉及太多的信息,要考虑过去一个月里是否抽烟,尤其是不经常吸烟的人,往往不会记得很清楚。

回忆思考提取资料

一旦调查对象理解了调查问题,就会通过回忆(retrieval)来提取(recall)资料,寻找问题的答案。以上面的问题的另一种常规表述为例:"请回忆过去一个月,即从30天前开始到今天为止是否抽过烟?"(是,否)。在理解了问题之后,调查对象首先会考虑:"我过去抽过烟吗?"如果不太确定,调查对象会根据问题的要求,进一步思考:"这个问题是问在过去一个月即30天内有没有抽烟。"调查对象会根据现在的时间往前回忆自己30天内有没有抽过烟。

因此,给出一个时间范围,可以帮助调查对象回忆和提取相关信息来回答问题。因为数据里面包含了时间这个成分,比简单地只问是否抽烟所得到的数据更有科学价值。自然地,在回忆思考阶段,调查对象遇到不确定的情况时,也会返回去进一步理解问题,帮助回忆思考,提取足够的信息,准备形成答案。这样一来,不仅能够提高调查数据质量,同时让得到的数据更有价值。

形成对调查题目的答案

当对一个调查问题有了充分的理解,同时通过回忆思考提取了足够的资料信息后,接下来调查对象就要考虑形成自己的答案。

如图 4-1 所示,在形成答案的时候,调查对象经常会回过头来重新阅读和理解问题,以形成准确的答案。在回答比较复杂的问题时,这种返回阅读理解思考的心理认知过程(cognitive process)尤为普遍。

报告答案填写调查问卷

一旦有了答案,绝大多数调查对象就会填上自己的答案。可是在很多情况下,调查对象可能会出于各种各样的原因,对已经形成的答案进行编辑修饰(answer editing)。比如,如果关于吸烟问题的例子是在医院里开展的调查,很多有吸烟习惯的病人,虽然完全理解调查题目的意思,也知道自己在过去 30 天里吸过烟,可是填写调查问卷时却会填没吸过烟。因为,医生总是嘱咐病人不要吸烟,调查对象担心医生知道自己还在吸烟会使自己面子受损或遭到训斥。又如该问题属于医疗保险费公司的调查的一部分,为了省钱,一些吸烟的人也说自己没有吸烟,因为吸烟者的医疗保险保费一般要高于不吸烟者。类似的例子还有很多,尤其是涉及个人隐私或者社会敏感性问题(sensitive questions)时更是如此。

4.2 调查问卷的基本结构

答题心理学的第一个用处,就是帮助我们设计调查问卷的结构,以便有效地获取数据。一个好的调查问卷就像一部好的戏剧和电影的剧本,让调查对象感觉参加调查就是在讲述自己的经历,或者围绕一个主题说一段故事。因此,编制调查问卷第一个要考虑的就是问卷的结构。第二个要考虑的是从哪些方面来收集研究所需的信息,即调查问卷的内容。第三个要考虑的是如何安排问题的先后顺序。为了叙述方便,我们先谈调查问卷的结构。

调查问卷的结构组成

图 4-2 是一个标准调查问卷的基本结构,它包括四个部分,分别是调查问卷的封面和题目、问卷介绍、主体内容、结尾。

调查问卷封面和题目

根据调查心理学,调查问卷的题目(title)有如下基本要求:一是要简单明了、用词通俗、切题的同时避免敏感性;二是力求用中性的语言陈述题目,避免将科学研究的术语直接用来作为调查问卷的题目。比如,计划开展一项调查研究来探讨性行为与艾滋病之间的关系,

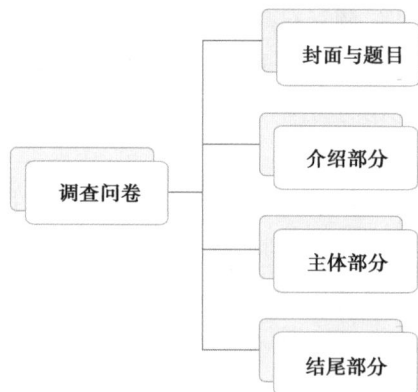

图 4-2 调查问卷的基本结构示意图

根据这两个基本要求,题目名为"行为与健康调查表"就比"艾滋病与性行为的关系调查表"或"性行为与艾滋病调查表"更加合适。它不涉及科学术语(比如艾滋病,与……的关系),没有出现敏感字样(比如性行为),同时又没有偏离调查问卷所需要得到的信息。调查对象看到这样的题目,不太会因反感退出调查,也不会有顾虑,影响到回答问题的真实性。

调查问卷介绍部分

调查问卷题目的下一部分就是问卷介绍(introduction)。该部分一般仅用简短几句话向调查对象介绍调查的目的和意义、调查对象需要完成的任务及时间等。此外,该部分还应指出,调查问题不是考试题,答案没有对错,真实的就是最好的。同时,要强调会依法对调查所获得的数据保密。有时候还可以指出,参与调查是调查对象表达自己的观点和意见的一次机会,也是对科学研究的支持,进一步起到鼓励参与调查的作用。

以下是作者的一项由美国国家卫生研究院(NIH)资助项目的调查问卷的简介。问卷的目的是收集数据研究农民工的行为和健康状况,包括与HIV相关的行为,并与常住居民的情况进行对比。

调查问卷简介部分实例

您好,欢迎参加我们的调查研究!调查是匿名的,因此您的回答都是保密的。您所提供的数据,是为了让我们能够更好地了解城乡居民和进城务工人员的工作、生活和身心健康情况。当然,这也是一次表达您意见的机会,希望您尽可能回答所有的问题。这些问题不是考题,不存在对错之分,不需要反复考虑。您只需要根据自己的感觉或理解,实事求是地回答就行。

调查问卷主体部分

调查问卷的主体部分是调查问卷的实质内容,常常按照内容分为多个模块。典型的有人口学模块、基本情况和社会经济状况模块、暴露因素模块、结果变量模块、其他相关因素模块等。这一部分的结构和要求,在下一节有更详细的介绍。

结尾部分实例

最后,请您根据完成此次调查的体会回答下面的问题。您的回答将帮助我们提高科研质量,请尽量如实回答。

1. 您做到问卷的哪个地方开始感到累了?(a.四分之一;b.一半;c.四分之三;d.从头至尾都不累。)

2. 您觉得此问卷的问题好不好回答?(a.所有的都好回答;b.大多数好回答;c.一半好回答;d.大多数难回答;e.所有的都难回答。)

3. 总的来说,您在多大程度上如实地回答了所有的问题?(a.完全真实;b.80%真实;c.50%真实;d.20%真实;e.完全不真实。)

您已经完成了所有的问卷,谢谢参与!

调查问卷结尾部分

最后一部分就是调查结尾部分。该部分告诉调查对象调查问卷填写已经完成,并表示感谢。有些情况下,还可以收集调查对象对调查问卷的反馈,包括在填写过程中可能遇到的问题。这一点在开展预实验时尤为重要。这里给出了一个例子,是作者在进行调查问卷预实验时的结尾部分,可供参考。

4.3 调查问卷主体结构和单个调查模块

本节系统介绍调查问卷的主体部分。这一部分是调查问卷内容最多,信息量最大,并且最具有挑战性的部分。本节首先介绍调查主体内容的结构,然后对构成主体的单个模块进行介绍。

调查问卷的主体结构

如图 4-3 左侧所示,一个调查问卷的主体部分由多个功能性的调查模块(survey module)组成。每一个模块都具有针对性,模块数量取决于研究的规模和目的。一般而言,小范围的调查只有 5~8 个模块;而大规模的调查可能有十几个甚至几十个模块。常见的功能模块,有人口学模块、基本情况模块、社会经济状况模块、暴露因素模块、结果变量模块等。其他的还有家庭模块、工作模块、就医模块、饮食模块、体育活动模块等。

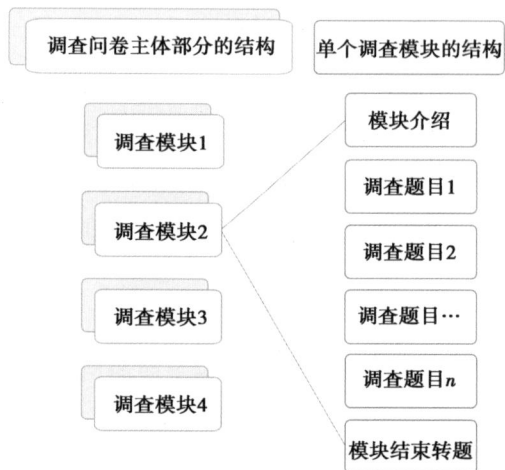

图 4-3 调查问卷的主体和调查模块的结构示意图

建立调查模块的思维非常重要。首先,它能够帮助科研人员根据研究目的和任务,来思考、挑选和决定调查内容,有的放矢、多快好省地完成问卷编写任务。第二,它能够帮助课题负责人比较准确地确立调查的任务和工作量,避免陷入发散性思考、无限规划调查研究课题、无法合理把控调查内容数量的窘境。

单个调查模块的结构

如图4-3所示,一般而言,一个调查模块由三个基本功能性单位组成:(1)模块介绍,(2)模块内多个调查题目,(3)模块结尾和转换陈述。下面分别对其进行介绍。

(1)模块导语

每一个模块以一段介绍本模块的导语开始。导语往往非常简单,最常用的句子是:

欢迎您参与本次调查,首先,开始的几个简单问题是关于您的基本情况,请您逐一回答。

如果是关于日常生活习惯和行为的,比如睡眠习惯、吸烟、饮酒等,可以参考下面的导语:

下面的问题是与日常生活有关的,请您根据您的实际情况逐一回答所有的问题。答案没有对错之分,真实的答案就是最好的。

(2)单个模块内的多个调查题

紧接着是按照一定逻辑排列的多个调查题,需要调查对象尽可能回答所有问题。如何编写调查问题是本章的核心内容,后面会有具体的介绍。这里仅介绍每一个模块里的问题的要求。

一个好的调查问卷,要求每个模块里的问题只围绕一个中心展开。比如,收集人口学数据的模块,就只包含有关于人口学特征的问题;收集婚恋数据的模块,就只包含有关婚姻恋爱的内容。从答题心理学的角度,一个模块只围绕一个问题,有利于调查对象快速准确理解问题,帮助回忆相关情况,更快形成答案,迅速果断答题,提高调查数据的质量。这是因为,人的大脑常常把相关的问题存放在一起。如果把不同的问题同时放在一个调查模块里,调查对象答题时要在短时间内启动不同的脑区,不仅不利于调查对象理解和回答问题,也增加出错的机会。

(3)模块结束和转换陈述

每完成一个模块,应该安排一个模块结束句,告诉调查对象答题的进展。同时,也可以让调查对象稍微休息一下。下面是一个调查模块结尾的陈述语的例子:

您已经完成了社会经济状况方面的调查题。到目前为止,您一共填写完成了25道题,差不多是总数的三分之一,还剩下50道题。

紧接着模块结束语的是模块转换陈述。模块转换陈述告诉调查对象下一步该做什么。下面的转题句可供参考。

如果没有什么问题,请您继续回答下一部分关于体育活动的问题。

模块里避免有暗示性的内容

调查问题应答心理学表明,调查对象在回答问题时,很容易受到暗示影响。比如,在设计调查问卷时,有意或无意加入了"吸烟是不良行为"的暗示,那么在回答与吸烟有关的问题时,有吸烟嗜好的人可能不会如实回答,以避免社会歧视。如果知道吸烟者的医疗保险费用要高于不吸烟者,吸烟的人有可能会隐瞒自己的吸烟行为,以避免多交保险费。

容易受暗示影响的问题,往往属于比较敏感的问题,诚实回答这类问题有可能会带来社会和经济方面的后果,这就导致很难得到可靠数据。到目前为止这个问题还没有得到根本解决。4.6节将具体介绍作者在这方面做过的一些探索性研究。

4.4 调查题的编写技术

直接提问

直接提问是调查研究中最常见的问题形式。这类问题最简单,开门见山,直接询问调查对象,期望得到回答。下面的两个例子就是这一类的问题。

> 1. 你今天有没有头痛?
> 2. 周末和节假日时你一般每天上网_____小时?

直接陈述

与直接发问不同,用直接陈述(直陈)的方式编写调查题目时,需先陈述一个事实、情况或结论,然后询问调查对象的反应。陈述性问题常常用来测量个人的价值取向、观点、态度、情绪和心理健康状况。下面是CESD-10心理问卷中的3个陈述题,调查对象只需选择符合自身情况的答案。

> 下面的问题是一些每个人都可能经历过的事情或者感受到的情况,请你告诉我们在过去一个周里你是否经历过?(0=很少或没有,平均达不到每天1次;1=不多或有点,平均1~2次;2=偶尔或中等,平均3~4天;3=大多数时候有,平均4~5天)
> 1. 被平常不影响自己心情的事情影响(0,1,2,3)
> 2. 无法集中注意力做事(0,1,2,3)
> 3. 感到忧郁(0,1,2,3)

封闭式提问

所谓的封闭式提问(close questioning)是指答案范围已经确定的问题。前面介绍的两种类型的例子,都属于封闭式提问。对于封闭式提问,调查对象只能够在预先给定的答案选项里选择自己的答案,因此这类问题又被称为闭尾问题(close question)。

封闭式问题的典型例子也不少,比如:

1. 你是否支持国家的低碳环保能源政策(1=支持,2=还没确定/不知道,3=不支持)

2. 你今年几岁了? _____(只填实足年龄,不填虚岁)

闭尾问题的好处在于获得的数据非常整齐,符合标准,统计分析时十分方便。但是闭尾问题往往不能准确反映每个调查对象的情况。从前面举出的例子就可以看出,一个人在一星期内的负面情绪是不能够用0,1,2,3四个数值准确反映出来的。为了让调查更符合实际,闭尾问题一般先要通过反复试验验证,才能使用。

开放式提问

与封闭式提问相反,开放式提问(open questioning)就是在提出问题之后,让调查对象完全根据自己的情况回答。比如:

"每天上班之前,你在做什么?"请在下面的空格里填写回答,越具体越好:____
_____。

由于这一类问题在调查之前无法确定答案选项,遂采用开放式提问法。用开放式方法编写的问题又称为开尾问题(open question)。

开放式提问也是社会调查中编写调查问卷经常用到的方法。尤其是在开展正式调查之前,往往运用开放式问题进行预调查来获得更多的讯息,以便于编写正式的调查表。但开尾问题获得的数据不像闭尾问题那样规整,必须先经过手工处理才能够输入计算机进行统计学分析。具体的方法详细见本书第六章关于调查数据处理和数据库建立部分。

选择题

选择题(choice question),顾名思义,就是先提问,再让调查对象从给出的选项中选择。选择题已经成为现代社会调查的主流,其格式有利于调查对象理解问题、建构答案和回答问题。不仅能够减轻答题负荷,还能减少答题时出现的社会预期性偏差(socially desirable bias)。并且,根据选择题调查结果建立的数据库符合标准格式,无须专门处理就可以进行统计学分析。

以答案选择数目分类,选择题可以分为单选题(single choice question)和多选题(multiple-choice question)。单选题是指在多个给出的备选答案中只容许选择一个,而多选题表示对一个问题可以有多个不同的选项来回答。

通过多选题得到的数据需要进行专门处理后才能分析。这是因为一个人对一个问题会有多个答案,彼此互相不独立。最常用的解决方法就是把多选的每一个选项,通过数据处理变成一道0,1型的题。比如,前面这个关于业余活动的问题,可以把每一类活动用一个二分类题来处理。

4.5 提高数据质量的调查题设计编写技术

调查数据质量不可靠的问题常常被人诟病。为解决这个问题,在大量的调查研究实践中,科研人员创立了很多技术和方法来指导调查题目的设计和编写,以提高数据的质量。在这一节里,我们介绍几种最常用的技术。

调查题越简练越好

设计好了调查问卷的结构,认真细致地编写好每一道调查题目是提高调查数据质量最根本的一步。从答题心理学的角度来评估,调查题的语言表达越简洁、越口语,现场调查的效率和调查数据的质量越高。

比如,询问年龄时问:"你的年龄是多大?"这里,年龄就是一个较正式的表述,日常生活里我们都说几岁了。因此更简单更有效的提问方法可以是:"你今年满____岁?"或者"您今年有____岁?"(实足年龄)

询问职业时也有类似的问题,虽然像"您现在从事的是什么职业?"这样的问法也无可厚非,但"从事"和"职业"用语都比较正式,换成日常用语会更好。比如,"您现在在做什么工作?",后面直接列出不同职业的名字,让调查对象选择一个最符合的。

再比如,问一个人是不是党员、团员等政治面貌方面的题,由于"政治面貌"是一个较正式的表述,而且还带有一定的社会敏感性,编写问卷应该避免使用。一个替代性的方法就是只用两个字"你是:",后面列出答题选项,如群众、共青团员、共产党员、民主党派、无党派人士等。

回溯技术和调查题目编写

无论是横断面还是纵向调查,理论上讲,针对具体调查对象,所收集的数据应该在很短的时间里(比如一天)完成。这样的结果才是符合科学事实的,但是开展一项调查往往非常不容易,涉及多方面的机构和人员,花费大量的人力物力。因此,希望每一次调查都能够获得尽可能多的信息。

另外,在科学研究中,因果推断有一项非常重要的条件就是,原因必须在结果之前,以避免结果对原因的反向影响。因此,在设计调查问题时,往往利用回溯技术(tracing back),对调查对象进行回顾性调查(图4-4)。以肥胖的危险因素调查研究为例,在调查问卷里除了问调查对象的身高体重用来计算BMI作为肥胖的测量指标外,还可以问调查对象过去参加体育活动的情况。肥胖是通过调查的时点计算的BMI来确定的,而关于体育锻炼是调查以前的情况。如果参加体育锻炼与肥胖间存在显著的统计学关联,那么这种

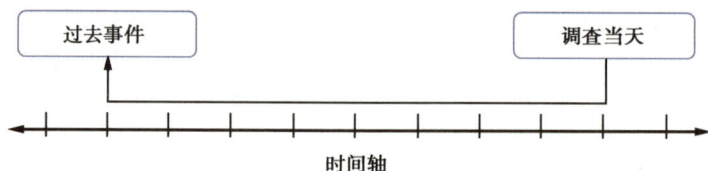

图4-4 利用回溯技术设计调查问题

关联有很大的可能性是因果关系。

时间轴回溯技术

图 4-5 显示用时间轴回溯（Timelines follow-back，TLFB）技术（Robinson et al.，2014）来指导调查题目编写。TLFB 要求编写调查问题时，仔细询问调查事件在过去发生的时间，通过时间点作为参考，帮助调查对象回忆，从而提高调查数据的质量。

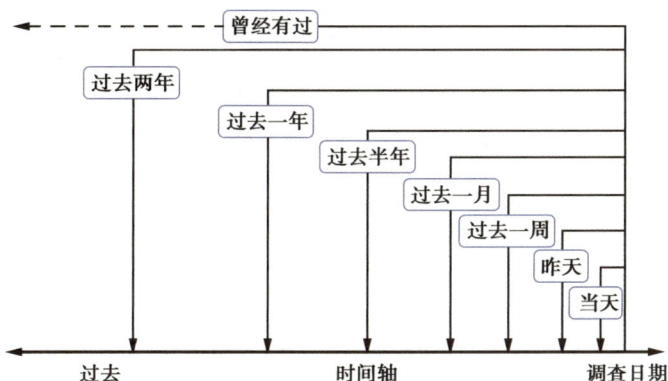

图 4-5　利用时间轴回溯技术设计调查题

运用 TLFB 技术最典型、最成功的例子包括调查生活中发生的重要事件，如升学、毕业、结婚、工作、失业，意外等；不健康行为如抽烟、饮酒、吸毒等。这类问题的调查往往涉及两个紧密相关的方面，一是事件发生，二是发生的时间。下面以调查饮酒行为的问题为例，说明时间轴回溯技术的运用。

请你仔细回顾从小到大，包括今天在内。至今为止你是否喝过酒？包括含有酒精的饮料，品尝一两口也算（是，否）。（对那些回答"是"的调查对象继续询问）最近一次饮酒是在什么时候？

1）今天

2）昨天

3）昨天以前，但是一周以内

4）一周以前，但是在一月以内

5）一月以前，但是在 6 个月以内

6）6 个月以前，但是在一年以内

7）一年以前，但是不超过 2 两年

8）两年以前

除了健康行为，这种编写问卷技术可以用来收集更多与健康有关的数据，比如发病的时间、就医的时间、参加各种健康相关活动的时间、与传染源接触的时间等。

线索回溯技术

事件发生时间点在科学研究中有重要的意义，可调查对象可能本来就没有记住（没有记忆编码），或者记住了后来却想不起来（记忆提取有困难），如何更精准地确定事件发生的时间点(或时间段)呢?在时间回溯技术的启发下,线索回溯技术(cue tracing)得以发展,以帮助调查对象回忆过去事件的发生时间点。

线索回溯技术在现场调查方法里,也被称为**认知访谈**(cognitive interview)。它通过提供一定的线索,帮助调查对象回忆过去发生的事情和相应的时间。线索回溯技术最早在刑事侦查方面使用,后来被引入到社会学和医疗卫生领域,来降低现场调查时出现缺失值的机会,提高调查数据的质量(Fischer et al., 2000)。

记忆心理学认为现实生活中能够清楚记忆的很多事件可以作为线索,帮助人们回忆起其他相关事件发生的时间。即,当一个人无法记起某一事件发生时间的时候,提供一个与该事件有时间关联而且能够记住的事件,来帮助回忆该事件的时间。比如,当你看一张自己很久以前的照片时,你可能一下子说不出来是什么时候拍的。但是,如果有人提醒你这好像是你结婚前与你的闺蜜在某地方拍摄的,你可能一下子就记起来了拍摄的年份、季节、月份,甚至具体的日子。图4-6列出了10种在社会调查问询中常用的事件,可以作为线索(cue)帮助调查对象回忆事件发生的时间。

例如,当一个人记不起来最后一次喝酒是什么时候,我们可以问他:

1)你的生日是什么时候?过生日的时候喝过酒吗?

2)你周末喝酒吗?如果喝过,最近一次周末喝酒是什么时候?

3)你最近参加过朋友聚会吗?是什么时候?聚会时有人喝酒吗?你是否也喝了酒?

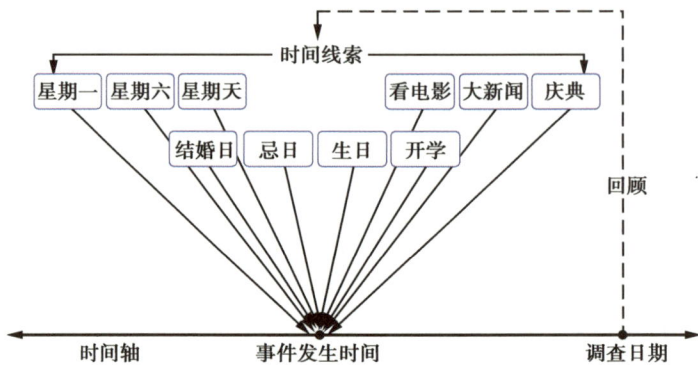

图4-6 利用重要事件作为参照点帮助调查对象回忆事件发生的时间

无法直接观察现象的调查技术

前面介绍的方法和技术,绝大多数都用来帮助研究可以直接观察的内容,包括调查对象的基本特征,如身高、体重、性别、年龄、族别、受教育情况、职业、收入、住房、婚姻状态等;个人行为和生活方式,如社交行为、饮食行为、锻炼行为、抽烟行为、性行为等;生活经历,比如上学、婚礼、休假、小孩出生、上班、下班、升职、生病、就医、生日等。

除了可以直接观察和测量的内容,现代社会调查常常还涉及大量的无法直接观察和测量的内容,又称为**潜变量**(latent variable)。典型的例子包括,人的性格特点、知识水平、

量表名称	测量内容	作者和文献
Global Stress Scale	心理压力	Cohen et al., *J Health Social Behav.* 1983；24(4):385-96
CESD-20	心理抑郁	Radloff LS, *Appl Psychol Meas.* 1977；1(3):385-401
The Essential Resilience Scale	心理韧性	Chen et al., *Stress & Health*, 2106；32(5):533-542
Brief Sensation Seeking Scale	寻求刺激	Chen et al., *Pers Individ Dif.* 2013；54(5):604-609.
MacMaster Family Assessment Device	家庭功能	Epstein et al., *J Marital Family Therap.* 1983.
Perceived Social Support	社会支持	Zimet et al., J. *Person Ass.* 1988；52(1): 30-41
Personal Social Capital Scale	社会资本	Chen et al., *Health Educat Res*, 2009；24(2): 306-17.
Health Literacy Questionnaire	医疗卫生知识	Hawkins et al., *BMC Health Serv Res*, 2017；17(1),309
Quality of Life Scale	生命质量	Flanaga, *Arch Phys Med Rehabil*, 1982；63,56-59

智商、对事物的态度、对生活和健康的满意程度、做每一件事的动机、是否感到焦虑忧郁或无望无助等心理情绪,是否想过自杀等。对于这一类无法直接观察和测量的内容,就必须借助一种特殊的工具——心理测评(psychological assessment)。心理测评方法有不同的名称,有的称为测评工具(instrument)、有的称为测量量表(scale),有的称为问题集合(inventory),也有的直接叫问卷(questionnaire)。这里列出的就是几种常用的量表名称和参考文献。

敏感问题的调查技术

敏感问题常常具有重要的价值,可是调查所获得的关于敏感问题的数据往往存在很大偏倚(bias)。出于个人隐私的考虑,很多调查对象在回答问题时不一定如实报告。这类例子不胜枚举。如研究艾滋病预防、健康性行为和性犯罪,必须收集与性有关的信息,而性有关的问题往往具有高度敏感性。人们或是不愿意回答,或是回答了其答案也未必可靠。

关于敏感问题数据的质量,主要受到社会期望偏倚(social desirability bias)的影响。如果感觉到真实的回答可以得到社会奖励(social rewards),调查对象往往倾向于超报调查结果,因为这种结果是社会所期望的(socially desirable)。比如在回答是否参加体育锻炼的问题时,由于社会目前推崇锻炼,这类调查得到的结果往往高于事实,出现高估(over-report)。相反,如果感觉到真实的回答可能是社会所不期望的(socially undesirable),因此真实回答会影响个人在他人心目中的形象,调查对象往往倾向于隐瞒不报,导致数据缺失(missing data),或者少报,导致数据低估(under-report)。

提高敏感问题调查数据质量的技巧有:在调查前强调调查的重要性,鼓励调查对象回答所有问题,同时还要告诉调查对象,他们提供的数据只作为研究使用,不会泄露个人的资料,所提供的答案按照法律要求保密,泄露数据要负法律责任。在调查实施过程中,充分保证调查对象的隐私,让他们放心地答题。这些调查实施的措施能够起到一定的作用。这里作者介绍一种自己设计的新方法(Chen et al.,2015),称为大脑概念结构层次理论的敏感问题调查技术（construal-level theory-based survey method for sensitive questions）。

如图 4-7 所示，我们的大脑通过各种各样的概念来建构外部世界。在这个概念中，关于自我的概念常常来自自己的第一手体验，处于大脑的最深层次，因此非常具体。但是这类记忆稳定性差，涉及这方面的调查内容往往敏感性高，导致调查结果缺乏可信度，可是偏差（即与事实之间的差异）不一定会很大，因为是根据自己的直接经验回答的。

相反地，关于他人的概念则分布在大脑的最边缘层次。这方面的概念往往是通过第二手资料来建立的。除了大众传媒、书报杂志等，还包括道听途说。然而，关于他人的记忆多为抽样性的，因此记忆的稳定性很高；且敏感性很低。比如，问一个人自己是否有嫖娼经历，是一个十分敏感的问题；如果问一个人的朋友是否有嫖娼经历的话，敏感性就会降低，尽管所给的答案不一定正确（偏差大），但是答案有很高的信度（reliability），记得清楚，因此不管什么时候问，结果都比较一致。

根据这一理论，有两种设计方法可以用来提高敏感问题调查数据的质量。方法一是在询问调查对象本人情况前，增加一个询问他人情况的问题以降低调查对象对该问题的敏感性。比如，在调查吸烟行为之前，为了降低调查对象对吸烟这个问题的敏感性，可以先问，"在你的朋友和熟人圈子里，有没有人吸烟？"一般情况下，大多数人的朋友圈里都有人抽烟。这样一来，当调查对象回答关于自己抽烟的行为时，就不太会认为抽烟是一个非常敏感的问题了，因为他的社交圈里也有人抽烟。当调查对象对问题"脱敏"之后，回答的真实性就会提高。

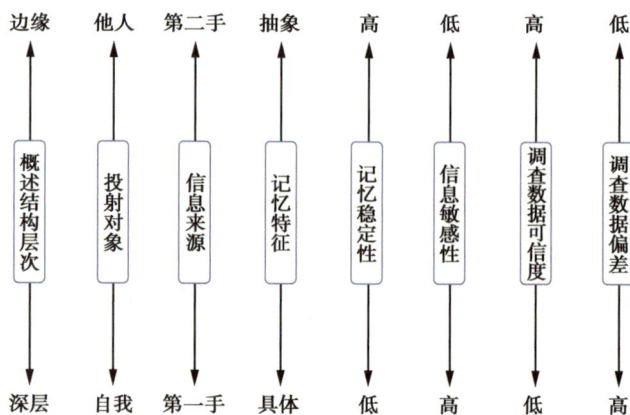

图 4-7　大脑概念结构层次理论的与敏感问题调查技术

第二个方法就是敏感问题量表。按照心理测度学理论，一个人对同一个问题从不同的角度给出答案是由大脑概念**结构**决定。比如，一个人自己的**性开放程度**（sexual openness），决定或者直接影响他/她对自己，对朋友，和对社会上一般人的性开放程度评价。如果只问调查对象本人，所得到的数据往往具有很大的偏差。如果同时用下面的方法问调查对象：

1）你觉得目前社会上人们的性开放程度如何？
2）你觉得你的朋友中多少人在性方面很开放？

3)你觉得你自己呢?

然后把这三个问题合起来当作一个心理测量量表,计算总分来测量调查对象的性开放程度,既可以保证调查数据的信度,也能够保证数据的效度。这是因为,通过调查对象对他人的评价能够获得高信度的数据;而通过调查对象对自己的评价,则能够提供高效度的数据。二者结合,优势互补。具体可参照作者发表的研究(Chen et al., 2009;Wang & Chen, 2020),这种方法可以推广到很多敏感问题的调查。

4.6 调查问卷主体内容的设计

掌握了调查问卷的主体结构、调查模块以及每个调查模块里调查题的编写技术之后,剩下的就是确定调查问卷的主体内容了。调查研究的主体内容根据调查研究的目的不同而有所不同。下面以最常见的因果关系调查研究为例,其他的研究可以参照设计。因果关系在医疗卫生领域又称为病因学(etiology)。这一类的调查研究,其内容一般包括如下几个部分:1)人口学资料;2)背景资料;3结果变量;4)影响因素;5)混杂因素或协变量;6)其他辅助内容,比如调查反馈,追踪调查的安排等。本节主要介绍前面五个部分的内容。

人口学资料的调查题设计

人口学资料基本上是所有调查研究必不可少的部分。这些资料主要用来描述研究对象的特征。帮助研究人员了解研究对象,并让调查报告的读者知道研究结果针对的是什么样的人群。人口学的基本内容包括年龄、性别、族别等。年龄一般以1岁为单位进行调查。如果是婴幼儿,需要以月甚至天和小时为单位。如果是全人口,也可以用2岁、5岁或10岁一个年龄组为单位。按照年龄组为单位进行调查,符合保护隐私的要求,缺点是不能够对单个年龄进行分析,也不能直接计算年龄的平均数(mean)和标准差(standard deviation)。

性别,除了生物学上的性别(sex)之外,很多社会行为学研究往往必须考虑社会学意义的性别(gender)。生物学上的性别只有男女两类,而社会学意义的性别还包括其他的性取向,如男同(gay)、女同(lesbian)、异性恋(heterosexual)、双性恋(bisexual)等。

族别包括反映生物学特征的种(race)和社会文化特征的族(ethnicity)。在中国一般不区分种和族,在欧美国家,种和族常常是分开的。比如在美国,种族有白人、黑人、墨西哥裔、亚太裔等。美国人口中同一个种的人有不同的族裔。比如有西班牙裔的白人黑人。如果再按西班牙裔来划分,就不是单一的种(race)而是族别(ethnicity)。因此在文献里常可以看到用race/ethnicity,字面上与中文的族别一致。

收集人口学资料往往可以直接采用通用型调查问卷问题。用这种方法有很多好处。一方面用这种方法收集的数据可以跟他人的结果直接进行对比研究。另一方面即使是人口学这么简单的问题,询问的方法和答案的选用也有技巧。用通用调查题,可以保证调查数据的质量。

典型的人口学资料调查问题示例:

模块介绍部分:谢谢您参加这项调查研究。下面的一些问题是关于您自己的,请如实回答。

问题和备选答题部分:

1)您今年的年龄_____(周岁)

2)您出生于_____年____月。您填写的是____阳历 ____阴历

3)您是(1.男性,2.女性)

4)您是(1.少数民族,2.汉族)

5)您认为自己是:1.女的,2.男的

6)您接受教育的情况:1.没有上过学,2.小学或相当于小学,3.中学毕业,4.大学毕业,5.研究生毕业,6.其他

7)您现在每月的收入:1.没有收入或者不到500元,2.每月500~999元,3.每月1000~2499元,4.每月2500~4999元,5.每月5000~9999元,6.每月1万~1.9万元,7.每月2万元以上

8)您目前是:1.单身,2.在婚(已婚,配偶健在),3.离婚,4.丧偶,5.其他

背景资料的调查题设计

背景资料是指与研究目的直接相关的背景内容。前面的人口学内容是所有调查研究都需要的背景资料,而这里的背景资料必须根据不同的研究内容决定。以工人作为研究对象,背景资料包括参加工作年份、现在的职业、有没有改换工作,以及换工作的时间、收入水平、是否失业等。以学生为研究对象,背景资料包括入学年份、在读年级、所学专业、居住和生活安排等。

除了一般人群,特殊人群的调查也十分重要。如果是以病人作为对象来研究某一种疾病,除了人口学资料之外,背景资料还要包括平时的健康状况、其他疾病患病情况、就医的情况、医疗保险情况等。如果研究农民工的课题,必须掌握有关农民工生活的各种背景资料,比如开始流动的时间、就业过的城市、工作是自己找的还是别人介绍的、工作和收入如何、是否经常回农村的老家、家里还有什么人等农民工特有的情况。下面是本书作者进行农民工调查时用于背景资料调查的部分问题。

结果变量的调查题设计

结果变量完全由研究的目的决定。例如,研究影响收入的影响因素时,收入就是结果变量。研究影响生活质量的因素时,生活质量就是结果变量。研究如何提高获得感时,获得感就是结果变量。研究一种疫苗对新冠病毒的保护效果时,血液里的新冠病毒、

血清里的抗病毒抗体、新冠肺炎的临床诊断、住院和死亡等都可以作为结果变量。研究影响参加健康保险的因素时,投保时间、投保金额和保险公司的选择就是结果变量。

调查农民工的背景资料调查题实例

<u>模块介绍部分</u>:下面是一些与您进城打工有关的问题,请您先想一想,然后逐一回答。

<u>问题和备选答案部分</u>:

1)您人生第一次进城打工是在:_____年____月

2)到目前为止,您一共去过多少个城市打工? ____个

3)您第一次到这个城市打工是在_____年____月?

4)您是与什么人一起到这个城市来的?(1.独自一人,2.与配偶一起,3.与亲戚一起,4.与朋友或老乡一起,5.其他)

5)您到城里来的主要目的是什么?(1.自我发展,2.自我发展为主,兼顾养家,3.二者同等重要,4.赚钱养家为主,同时谋求自我发展,5.主要为了赚钱养家)

6)您出来后,还有什么人留在家里?(选择所有符合的)(1.小孩,2.配偶,3.父亲,4.母亲,5.祖父母,6.其他)

7)您出来之后,家里是否感到种地的人手不够?(1.是,2.否)

8)您出来之后,家里的事主要由谁做主?(1.配偶,2.父母,3.兄弟姐妹,4.其他)

在设计结果变量时必须注意以下两个问题。第一个就是结果变量必须具有可测性;第二个是,一个研究结果往往可以用多个变量进行测量,在设计要充分考虑选择合适的测量变量。虽然科学研究本身就要求所有的变量都能够准确测量,让误差越小越好,但是在因果联系的研究中,结果变量的准确性尤为重要(Chen,2021)。因果联系研究的结果变量就像打靶时的靶标,如果结果变量有错,其他的变量无论如何多可靠多准确都没有意义。因此,结果变量尽可能用客观指标进行测量,比如测量身高体重计算BMI,根据离婚证确定离婚与否等。用客观指标测量,即使测量结果有误差,也可以事先知道或者事后计算出来。而对于主观指标,比如生活质量、获得感、离婚意愿、心理情绪问题,最好用公认的量表。

结果变量的重要性还在于它对一项社会调查的研究价值起决定性作用。有时候一个结果变量就是一篇文章,如果选择不当,会导致前功尽弃。为了避免类似的问题,结果变量选择之前,要阅读大量的参考文献,在学习别人成功的经验之后,再根据实际情况做出决断。

还有一点需要指出的是,一个研究结果经常可以用多个变量测量。比如,研究把肥胖作为结果,可以用体重、标准体重、体重指数BMI等,也可以用腰围表示。近年来很多对比研究发现,用腰围来衡量一个人是否肥胖,要比BMI合适。除了简单的体重和体型测量指标,目前还可以采用简单电子仪器测量身体电阻,来计算身体的脂肪百分比。

当然如果客观条件允许,一个课题可以同时包括多个结果变量,既可以评估研究的

内在一致性(internal validity),又可以增加科研产出。对于相同的研究假设,如果用不同的结果变量所得到的结果是相同的,则证明研究的内在一致性高,而且每一个结果变量都有可能写一篇文章发表。

影响(暴露)因素调查题的设计

发生于结果变量之前或者与其同时发生的,理论、预实验或者文献资料认为与结果有关的因素,统统可以称为影响因素。按照作者的研究(Chen, 2021),影响因素可以分为三大类,包括增加负面结果风险的危险因素(risk factor),保护个体免受外界不良因素影响的保护因素(protection factor),和提高保护能力的促进因素(promotion factor)。在医疗卫生领域,这三类被分别称为健康危险因素(health risk factor)、健康保护因素(health protection factor)和健康促进因素(health promotion factor)。

结果变量选定之后,影响因素就好选择了。如果研究的结果是正面的,比如关于生活质量(QOL)方面的研究,则凡是能够提高生活质量的因素都是关注的对象。典型的例子包括良好的教育、中等以上的收入、完整的家庭结构、比较丰富的娱乐和社会活动、没有明显的身体疾病、很强的生活自理能力等。这些因素都能够促进生活质量的提高。

相反地,如果结果变量是负面的,如吸毒、超重、肥胖、疾病、死亡等,影响因素大都集中在危险因素范畴。但凡增加这类负面结果发生的机会的因素都可以考虑。以青少年超重和肥胖为例,凡是能够引起体重增加的因素都应该被考虑。典型的例子包括家族史、不健康饮食习惯、长时间上网或者打游戏、缺乏活动、个性内向、长期忧郁等。这些都与青少年超重和肥胖有关。

如果研究传染病(如艾滋病、新冠病、结核病等),保护性因素就成了主要内容。典型的例子包括个人卫生习惯、营养状况、居住环境、预防接种、与相同病人的接触、是否采取防护行为措施等。因为这些因素与传染病的发病和死亡都密切相关。

必须指出的是,通过社会调查来研究事物之间的因果联系具有很强的探索性。虽然一个研究课题往往只能以一两个危险因素作为课题的中心。但是,由于开展一次社会调查不容易,不少科研人员也会加入多个危险因素,或者一组相关的危险因素。

调查混杂因素和协变量调查题的设计

除了主要的危险因素,调查设计还要考虑混杂因素和协变量。在现实情况下,除了我们想研究的因素在发挥作用,其他我们没有关注的因素同时也在发挥作用。在开展社会调查研究时,我们把这些因素统称为混杂因素(confounder)。

混杂因素可以分为两大类,第一类专指那些除主要因素之外,对结果变量也有影响的因素。这类混杂因素又称为协变量(co-var)。第二类就是同时与影响因素和结果变量都有关系的混杂因素。在流行病学里,混杂因素专指这一类因素。在设计调查问卷时,这两类变量都必须考虑到,虽然不一定严格区分哪些是混杂因素,哪些是协变量。

根据前面的讨论不难看出,只有危险因素和结果变量确定了,才能够确定混杂因素或协变量。以体力活动与高血压关系的研究为例,首先,凡是同时影响体力活动和高血压的因素都要考虑,如性别和体重(体力活动有明显的性别差异,高血压也有性别差异;体重过重既影响体力活动,又与高血压有关)。有了这些变量,在进行统计学分析的时候,就能够通过多元统计分析模型来控制这些混杂因素的影响,准确评估体力活动与高血压的关系。其次,那些不一定影响体力活动,但是与高血压有关的因素也要考虑。比如直系亲属高血压和心血管疾病史,热量摄入过多,钠盐摄入过多,工作生活中的压力等。在进行统计学分析时就可以运用多变量分析方法消除这些协变量的影响,从而更准确地评估体力活动与高血压之间的关系。

4.7 调查问卷内容的编排指南

调查问题拟定之后,还要进行技术性编排,然后才能成为所谓的调查问卷。调查题目编排时要以前面介绍的问卷结构作为指导,但是又要避免和僵化地遵循,调查题的安排要保证一定的灵活性。

问题编排的基本要求

编排调查问题的第一个要求就是,宏观结构上必须具备良好的逻辑性和连贯性,要慎重考虑问题的编排顺序。因此宏观安排主要涉及如何安排调查模块的顺序。

而在微观层次上,问卷的安排则需要保证每个问题条目间的高独立性。信息学和统计学研究表明,只有独立的题目,才能提供新信息。因此,调查题目的独立性,能够直接影响调查数据所包含的信息量。科学编排每个调查模块中调查题目的顺序,既可以保持调查内容之间的连贯性,又能够提高题目之间的独立性。

一个编排良好的调查问卷,具有很高的完整性。安排得好的调查题目就像一个剧本在讲故事一样。这样能够让调查对象在回答问题时,感觉好像在与一个人对话。因此,一个调查问卷里面各个调查题目之间不独立是绝对的,而独立是相对的。问题编排的总体要求,就是尽可能地处理问题间关联性带来的副作用。如果处理得当,即使是调查问题之间存在联系,也能够让它们不但不互相干扰,还可能互相促进,得到更准确的数据。

按照逻辑层次编排

编排问题需要一定的逻辑顺序,比如先安排与人口学情况有关的内容,再安排其他内容;危险因素、混杂因素、协变量等可以混合在一起。从轻松话题开始,逐步过渡到比较严肃、比较敏感的话题,最后留几个比较轻松的问题结尾。这样做,一来可以提高调查数据的质量;二来,在完成调查后调查对象会觉得比较轻松,不易产生心理顾虑。

按照叙事艺术编排

编排调查问题,就像导演编排一个剧本的各个情节一样,不能机械呆板地拘泥于自己设定的条条框框。因为涉及具体问题时,常常会碰到不合乎逻辑的情况。这时候就要看我们科研人员的素养和经验积累。比如,漏报是研究青少年吸烟行为的一个大问题。为了解决这个问题,作者在调查青少年吸烟行为时,测试了两种方法。

第一种就是按照事情发生的顺序,把今天是否吸过烟作为第一个问题。询问当天发生的行为遗忘的可能性小,因此漏报的概率应该会少一些。然后从今天起,再问昨天、过去一个星期、过去一个月、过去半年、过去一年……

第二种就是科研文献里主流的方法。这种方法先问从小至今,你是否吸过烟,哪怕一两口也算。然后再进一步询问最近一两天、一周、一月或一年的吸烟情况。

可是用这两种调查的数据计算的吸烟流行率,结果完全出乎意料:用第二种方法收集的数据计算的流行率要高于第一种方法。一个可能的解释就是:问一个人从出生至今是否做过什么事,回答这种问题需要认真仔细地回忆,而从开始就问一个必须要太多思考才可以回答的问题,会导致忘记当天和近来发生的事。

按照随机方法编排

有一个经常被人忽略的方法,就是随机编排调查问卷里的条目(调查题)。这个方法经常用于编排心理问卷里的条目。这是因为,当调查对象填写问卷时,回答后面的问题常常会受到前面问题的影响,这样,就可能降低数据的质量。

第一是破坏了数据的独立性;第二是会降低后答问题的可靠性。如果一个调查对象在填写忧郁量表时,先回答的几道题都是问的一些负面的问题,常常会把随后属于正面陈述的问题也当做负面的,导致错误填写。从测度学的角度和作者本人的研究体会出发,在一个心理问卷里不宜同时用正面和负面两种相反的问题。因为调查是在很短的时间里完成的,调查对象往往会凭习惯答题,而不是花很多时间去斟酌每一道题。

当把一个问卷里的所有的条目,利用随机的方法行编排之后,就从技术上打乱了条目之间的先后逻辑关系。这样做直接降低调查条目之间的关联性,提高了数据点的独立性。作者在研究中国农民工的行为和健康问题时,就用了这个方法。调查结果中所有的心理量表的信度(Cronbach's alpha)都达到0.8,不少甚至达到0.95,数据质量很高。

纸笔自答问卷编排注意

传统的纸笔调查问卷尽管用得越来越少,但有时候还是非常重要的,比如小型课题、探索性课题等。纸笔问卷编排最忌讳的就是,为了节省纸张把问题编排得密密麻麻,徒增调查对象答题时的困难,增加漏题和错题的机会,严重影响数据的质量。

编排好的纸笔调查问卷,不仅要让人看起来有专业水准,而且视觉效果要好,便于阅读理解题目并答题。在已经发表的问卷里有很多很好的例子可以参考。如果是线上回答或者是计算机音频辅助自我调查(ACASI),就没有这方面的顾虑。

4.8　调查问卷初稿、预实验和订正

编制一份科学的调查问卷,必须经过四个基本步骤:收集信息编写问卷初稿;后根据

同行反馈修改形成预调查问卷；对问卷进行预实验测试；最后修改定稿。

编写调查问卷初稿

调查问卷初稿一般由课题负责人直接编写，或者至少是在课题负责人的指导下，由文笔较好、有一定经验的人员执笔编写。编写调查问卷首先定好调查问卷的结构和每一个部分的内容，然后按照每一个部分的要求编写调查题目。

编写调查问卷时，千万不要认为所有的调查题目都要自己编写。大量的社会调查已经积累了许多被实践验证了的优质调查问卷，可以从这些问卷里挑选题目作为自己的调查题目库。这样做至少有两个好处。第一，这些问题已经被广泛采用过，质量可靠；第二，根据已经发表的问卷里的问题收集的数据，可以直接用来进行比较分析。本书后面附有一些公开问卷可供参考。

调查问卷初稿完成之后，应先与其他研究人员交流，让他们评价并提出修改意见，或是召开会议，集体讨论分析进行修改，形成**调查问卷预定稿**。有了预定稿之后，邀请更多研究人员进行意见反馈和模拟答题，来收集意见，以做进一步修改。经修改后形成**预实验调查问卷**。

预实验的目的和任务

有了预实验调查问卷后，就可以进行预实验了。调查问卷的预实验就像舞台演出的彩排一样，是设计调查问卷不可或缺的环节。坐在办公室里搞出来的调查问卷，一定要通过现场预实验测试、修订之后，才能够正式使用。预实验不但要测试调查问卷，还要测试调查员培训、现场管理和实施等任务。预实验可以完成多项任务，达到多个目的。

第一，发现调查问卷里可能存在的问题。典型的内容包括文字运用是否恰当，问题陈述是否通畅、容易理解，问题的"难度"是否过大（很少人正面回答）或过小（很多人正面回答），调查题目编排的逻辑顺序是否通畅，每个模块里的问题和模块与模块之间的关联性是否顺畅，问卷的长短是否合适。

第二，检验填写调查问卷合适的环境条件。一个调查问卷只有在合适的环境里完成，才能够保证调查数据的质量。比如，虽然 ACASI 可以在不同的环境里进行，但究竟哪种效果最好，需要通过实验来确定。运用纸笔填写调查问卷往往必须在专门的地点进行，如学校的教室、单位的会议室或者调查对象的家里。究竟选择哪一种，也要通过预实验来确定。

第三，检验填写调查问卷的方法有哪些。除了传统的纸笔填写方法之外，还包括线上填写、智能手机、平板电脑和台式电脑等。如何针对不同的研究对象和客观条件选择恰当的方法，也需要通过预实验来完成。

第四，测试完成调查问卷的后勤保障。绝大多数调查研究到现场开展，因此涉及后勤保障、人员安全、调查问卷和调查数据的管理、物资转运、信息保密工作等。这些也要在预实验中得到解决。

第五，通过预实验，估计完成调查工作所需的配置资源。包括人力、设备、交通工具以及完成现场调查的成本(人员工资、生活开支等)。

预实验的样本

预实验的第一个任务,就是确定样本。与正式调查不同,预实验的目的之一是评估调查对象对调查问卷的反应,因此一般采用非随机抽样方法,如本书第三章介绍的"有目的抽样法"。比如为了测试不同教育水平的调查对象,尤其是教育水平比较低的人在填写调查问卷时的反应,样本中不但应该包括不同教育水平的人,而且教育水平较低的人的比例应该高些。

除了教育水平,还要根据课题研究的大小,考虑相关的人口学和社会经济特征,包括年龄、性别、族别、婚姻状况、职业、收入等。研究特殊人群时还要考虑其他相关因素。比如研究农民工,要考虑农村老家所在地、打工年份的长短、是否与配偶和小孩在一起、目前工作的类别等。样本中每一个特征的人都要有一定的比例。

进行预实验的样本不要太大,一般在100~150人。先从小一点的样本开始,不够时再追加。挑选样本之前,先列出需要考虑的特征,继而按照不同特征的组合,挑选调查对象。比如,可以按性别、年龄和教育水平三个特征来挑选。先考虑性别,决定男女各选50人;再考虑年龄,不同性别的对象里,1/3左右为年轻的、1/3左右中年的和1/3左右为年纪大的;最后考虑教育水平,最好在不同年龄段的对象里,小学、中学、大学等不同教育水平的都要有。

预实验实施

预实验中,调查员培训、调查环境的选择、完成调查问卷的安排等,一切都必须要尽可能在接近于真实的调查条件下进行。如果预实验还要测试不同的调查员、不同的调查环境和不同的调查方式、不同的时间安排,就更需要进行认真细致的安排。

不难看出,开展预实验事实上比实际调查更复杂,更具有挑战性。因此,预实验必须由课题负责人主持,同时尽可能让所有参加现场调查的人员都参加,包括现场联络人员、后勤保障人员等。这样,不仅能够获得充分的信息以帮助课题决策,也能让这些现场调查人员在实践中锻炼现场调查能力。

完整的记录

除了收集完成的调查问卷,预实验中一项非常重要的任务就是做好各种记录。在开始调查之前,必须确定好记录什么内容,然后把要记录的内容列成表。调查开始之后,可以按照表格的要求来记录。重要的内容包括从办公地点到调查现场的距离、交通情况、每天到现场的人员,携带的各种工具和仪器设备、出发时间,从出发到抵达调查现场所花费的时间,从抵达现场到正式开始调查所需要的准备时间等。

预实验调查开始之后,要记录各种与填写调查问卷有关的内容,比如,等待调查对象的时间、每一个调查对象填完一份调查问卷所花的时间、所有调查对象填完调查问卷所花的时间。除了时间之外,还要记录调查对象在填写调查问卷时提出的所有问题。

一天的预实验调查完成之后,要记录完成一天的工作所花费的成本,包括场地租用、交通运输、生活安排、经费补助等。除此之外,还要记录所有参加预实验的工作人员、调查对象、调查对象的家庭成员、社区人员对调查工作安排的意见和建议。

预实验数据的统计学分析

预实验完成之后,就是要对收集的数据进行统计学分析。预实验所获得的数据的统计学分析与一般的统计学分析在方法上没有差异,但更重视以下几个方面。具体的统计学分析方法在第七章专门介绍。

第一是缺失值分析。缺失值对验证调查问卷的质量具有非常重要的意义。出现缺失值,有多种原因。第一种可能,是问题表达得不好,调查对象不知道如何回答;第二种可能,是所提供的答题选项不好,调查对象不知道如何选择;第三种可能,是调查题所涉及内容不符合现实(比如问农民在城里开车的情况),调查对象没法回答;第四种可能,是调查题目所涉及的问题太敏感,调查对象拒绝回答。分析缺失值的方法,本书第八章有专门介绍。

第二是连续变量的统计分布。虽然预实验所用的不是随机样本,但是大多数连续变量的分布都应该是正态的或者是接近正态的。而有一些变量原本虽然是偏态的,但是离散化(categorization)之后应该变为正态。最典型的例子就是个人收入。按照实际数字,个人收入是高度偏态的,但是如果按照比例级数离散化之后,就应该符合正态分布。

第三是等级变量的分布。典型的等级变量主要指用李克特量表评价的变量,比如,"好、比较好、一般、差、很差";"完全同意、基本同意、中立、不太同意、完全不同意"。除了五级评价之外,三级评价也常常用到,比如:"同意、中立、反对"。一般问题和心理学量表中的问题,几乎全部都属于等级变量,对于这一类等级变量,必须做分布频数统计。如果问题问得恰当,频数分布应该接近正态,中间多两边少。如果偏向明显,表明调查问题编写得不好,需要修改。

等级变量的分布对调查问题的调整具有重要的意义,下面是一个典型的例子。作者曾经用"完全同意、基本同意、中立、不太同意、完全不同意"来测量人们对吸烟对健康危害的认知,相应的陈述是:"吸烟太多对健康有害。"频数统计分析,绝大多数调查对象都选了"完全同意"和"同意",而没有一个人选择"完全不同意"。当把问题改为"只要吸烟,就不利于身体健康"后,再进行调查,结果的分布就倾向于正态了。

第四是要分析研究课题的主要假设是否成立。比如,如果要分析青少年上网的时间和自杀行为的关系。有了预实验数据之后,可以进行简单的散点图和相关分析,看一看两者之间有没有关系。虽然是预实验,样本太小而无法检验观察到的关系是否具有统计学上的显著意义,但相应的关系一定要存在。不然就没有必要继续开展研究了。

根据预实验结果修订调查问卷

完成了预实验以及相应的统计学分析,就可以对问卷进行修订了。问卷修订是一项非常复杂和具有高度挑战性的工作,应该由课题负责人主持进行。问卷的修订包括很多方面,下面列举了修订时需要注意的几个重要方面。

第一，文字和标点符号修订。调查问卷的标题、调查问卷介绍、每一个调查模块的介绍、所有的调查题都要进行文字和标点符号的修订。预实验中，问卷的每一个部分，包括每一道调查题，都经过调查对象的认真阅读，如果有语言文字方面的问题，一般都能发现。调查问卷如果包含有语言文字错误，会让调查对象怀疑科研人员的水平，觉得调查工作不严谨，从而降低填写调查问卷的积极性，影响调查数据的质量。

第二，修订调查问题的难度。这方面的修订主要针对用李克特量表评价的变量。这些变量的修订，必须以预实验数据的统计学分析结果为基础。比如，前面的例子，根据预实验结果，把陈述句"吸烟太多对健康有害"改为"只要吸烟，就不利于身体健康"，从而提高了数据的质量。这其实是一个提高问题"难度"的例子。说吸烟太多会影响健康，绝大多数人都会同意；但是，如果说只要吸烟就会对健康产生不利影响，答题人就会仔细想想了。

第三，删除没有用的调查题，增加新的调查题。通过预实验数据的统计分析，对那些无法提供有效数据的问题，必须予以删除。比如一个问题只有一两个人回答的结果有意义，这类调查题目就应该去除。作者曾在20世纪90年代使用追求刺激量表对武汉中学生进行测评，该量表里有一个题目询问是否参加过蹦极。在3000多人的样本里，只有一个人回答参加过。像这样的题目，虽然是标准的量表，但无法提供有效信息，理应剔除。

第四，增补或减少变量。根据预实验时完成调查的时间，可以增加和减少调查题目的。一般来说，一份调查问卷最好能够在一个小时之内完成。如果调查问卷过长，不仅会增加调查对象的负担，还会影响数据质量。相反，如果调查问卷太短，会造成人力、物力和财力的浪费。如果绝大多数人不到15分钟就能完成，则表明调查问卷还有加长空间。

再次预实验

绝大多数情况下，只需做一次预实验。可有时候预实验发现的问题太多，导致修改后的调查问卷变化很大。在这种情况下，必须再次进行预实验。

思考题

1. 在什么情况下称调查问卷，而在什么情况下称调查表？

2. 调查问卷一般包括哪些部分，请举例说明？

3. 回溯（tracing back）、时间轴回溯（TLFB）、线索回溯（cue tracing）是三种用来提高调查数据质量的调查题编写技术。请用实际例子介绍每一种技术。

4. 什么是敏感性问题？为什么调查敏感性问题所得到的数据可靠性往往不高？目前有哪些方法和技术，可以用来帮助提高敏感性问题调查数据的质量？

5. 开发一个调查问卷要有哪些步骤？请举例说明。

6. 为什么说进行因果联系分析时结果变量的选取特别重要？如何选择结果变量来

提高一个调查研究题的效率？

7. 安排调查题目的最高要求是什么？有哪些技术可以帮助编排调查题目顺序，以提高调查数据的质量？

8. 调查问卷初稿是什么意思？如何编写调查问卷初稿？

9. 调查问卷的预实验包括哪些方面的内容？为什么调查问卷的预实验非常重要？

练习题

1. 从不同的调查问卷里收集200~300道调查题，分门别类建构一个自己的调查题库。

2. 选择一个自己感兴趣的研究题，编写一份问卷。

3. 除了本章已经提到的，还有哪些可以用来提高调查数据质量的调查题编写技术？请列举说明。

主要参考文献

Chen, X., Stanton, B., Gong, J., Fang, X., & Li, X. (2009). Personal Social Capital Scale: an instrument for health and behavioral research. *Health Education Research*, *24*(2), 306–317. https://doi.org/10.1093/her/cyn020

Chen, X., Wang, Y., Li, F., Gong, J., & Yan, Y. (2015). Development and Evaluation of the Brief Sexual Openness Scale—A Construal Level Theory Based Approach. *PLOS ONE*, *10*(8). https://doi.org/10.1371/journal.pone.0136683

Chen, X. (2021). *Quantitative Epidemiology*. Springer International Publishing.

Fisher, R. P., Falkner, K. L., Trevisan, M., & McCauley, M. R. (2000). Adapting the cognitive interview to enhance long-term (35 years) recall of physical activities. *Journal of Applied Psychology*, *85*(2), 180.

Groves, R. M., Fowler Jr, F. J., Couper, M. P., Lepkowski, J. M., Singer, E., & Tourangeau, R. (2009). *Survey methodology* (Vol. 561). John Wiley & Sons.

Robinson, S. M., Sobell, L. C., Sobell, M. B., & Leo, G. I. (2014). Reliability of the Timeline Followback for cocaine, cannabis, and cigarette use. *Psychology of addictive behaviors*, *28*(1), 154.

Tourangeau, R., Rips, L. J., & Rasinski, K. (2000). *The Psychology of Survey Response*. Cambridge University Press.

Wang, Y., & Chen, X. (2020). Construal Level Theory Supported Method for Sensitive Topics: Applications in Three Different Populations. In *Statistical Methods for Global Health and Epidemiology: Principles, Methods and Applications* (pp. 87–119). Springer International Publishing. https://doi.org/10.1007/978-3-030-35260-8_4

第五章 现场数据收集方法与技术

工欲善其事,必先利其器

与科研工作的其他环节一样,现场调查必须掌握和应用先进的方法和技术,才能够保证调查数据的质量,为后续统计学分析提供准确可靠的数据支撑。现场调查的过程,就是从调查对象那里获得科学研究所需的数据的过程(风笑天,2014;Groves et al.,2004)。要想获得高质量的数据,就必须理解现场调查的操作模式和数据产生的原理,掌握各种搜集数据的方法和工具,然后才能够有计划、有目的、保质保量地完成现场调查。在现场调查过程中,好的技术和方法能够在获得所需的数据的同时,最小化外界干扰、调查偏倚和调查对象的答卷负担,最大化获取调查对象的真实答案。

本章集中在现场调查的方法和技术,包括三部分11节。第一部分分为3节,第一节介绍现场调查的操作模式,如一对一、一对多和多对多等;第二节介绍数据产生的模式,如访谈、自我调查和电脑辅助调查;第三节介绍现场调查所需设备。第二部分是本章的重点,一共有七节,介绍七种常用的调查方法,包括焦点小组访谈、群体调查、入户调查、邮寄调查、日记调查、单日重构调查和实况取样调查。最后一部分,也是最后的一节,介绍现场调查的实施、管理和质量控制。

5.1 现场调查的操作模式

数据收集,是通过调查员(data collector)和调查对象(respondent)之间的互动来实现的。根据调查员和调查对象之间的关系,现场调查有三种获得数据的基本模式,即一对一、一对多和多对多。不同的模式,有不同的使用场景,也有不同的优点和局限性。了解这些模式对调查研究的设计、计划和安排及现场实施和质量控制都具有重要的意义。

一对一模式

一对一模式就是一个调查员对一个调查对象开展的调查研究。由于每次只有一个调查员和一个调查对象进行互动,一对一调查模式有很多优点。

第一,保证数据质量。一对一调查可以很好地控制外界干扰,有利于调查对象和调查员之间建立互信关系来获得真实的答案。同时,在一对一调查时,调查员有足够的时间和机会回答调查对象的任何问题,帮助调查对象理解和准确回答每道调查题。

第二，保护调查对象的隐私。一对一调查由于没有第三者参与，而且调查往往在封闭的房间里进行，因此能够最大程度地保护调查对象的隐私。这不仅有利于提高数据质量，也可以提高调查对象的满意程度，对追踪调查非常有帮助。

第三，可以用于复杂问题的研究。这是一对一调查非常重要的优点，即对复杂的问题调查方便使用开尾性提问（open questioning）。通过开尾式提问获得数据是调查研究发现新问题、形成新理论、解决新问题的重要手段。

第四，预实验研究。一对一调查是预实验的必备手段。在准备一项新课题之前，必须进行预实验来收集数据，确定调查内容，形成研究假设，编制调查问卷，计划调查实施等工作。这时候，一对一调查就成为首选的方法。

虽然一对一调查有许多优点，但是也有局限性。运用一对一的方法来收集数据，必须注意下面几个方面的问题。

第一，一对一调查花费时间很长。如果开展大规模的调查研究，必须考虑资金、人力和时间问题。如果经费不足，调查员招募培训困难，而时间又紧，就不宜采用这种调查方法。

第二，容易出现调查员偏倚（data-collector bias）。在一对一的情况下，调查员很容易有意或者无意地，根据不同的调查对象而微调访谈方法，导致数据偏差。

第三，调查员之间的偏倚（between-data collector bias）。常常是因为调查员的培训不足，或者调查手册编写不好，让不同的调查员在实际工作中按照自己的理解来进行调查。导致不同的调查员对相同的问题得到不同的数据。

第四，调查对象偏倚（respondent bias）。在一对一的情况下，调查对象很容易受到各方面的暗示而影响答题，包括调查员有意或无意的心理暗示，使得对调查题目的回答偏离实际。

一对多模式

一对多就是一个调查员同时面对多个调查对象开展调查，好像一个老师在监考一个班的学生一样。所不同的是，老师监考时考试题的答案有对错之分，而调查问题的答案却没有对错之分，只有真实和不真实之别。

与一对一模式相比，一对多模式最明显的优势就是极大地提高了工作效率。用一个调查员同时与多个调查对象进行互动来完成调查，工作效率会提高好几倍甚至几十倍。

除了工作效率，一对多模式还能够极大地减少调查员之间的差异。如果只用一个调查员，就完全没有调查员之间的差异，因为所有的调查对象都只与一个调查员互动。即使需要多个调查员，一般也不会太多。这就有利于挑选最合适的，而且背景最相似的人员作为调查员。由于调查员人数少，培训工作也可以做得更好。

虽然一对多数据收集模式有很多优点，但是也要注意下面的问题，才能够扬长避短，发挥这种模式的优点。

第一，环境因素。用一对多的模式收集数据，所有的调查对象都在一起完成调查，因此环境影响特别重要。环境必须要宽敞、安静，而且对外封闭。除了调查员和调查对象，其他任何人都不应该进入。调查员和调查对象的手机也必须关机。

第二，调查对象之间的影响。在一对多的情况下，很多调查对象集中在一个环境里。在调查进行的过程中，调查对象之间的许多互动都会对调查数据的质量产生影响。因此，在安排座位时，调查对象之间要留有充分的间隔，减少互相干扰。

第三，调查员所致的系统误差。在运用一对多的模式时，常常会因为不同的调查员对同一个调查题的理解出现偏差，导致所有的调查对象在回答这些调查题时出现相同的错误，结果表现为一种系统误差（systematic error）。认真做好调查员的培训，是避免这种误差的重要途径。

多对多模式

除了一对一和一对多的模式之外，在实际工作中还常常有多对多的模式，即多个调查员同时与多个调查对象进行互动来收集调查数据。当调查对象比较复杂或者调查对象比较多时，一个调查员往往难以掌控局面。为了高效有序的完成调查，需要增加一两个助手，作为辅助调查员。

除了辅助调查员，当一项调查涉及完全不同的内容时，也会涉及多对多的模式。比如一个现场调查研究包括了问卷调查、体格检查、实验室检查、临床医学检查和诊断，因此需要由不同的人在不同的时间和地点来完成。

多对多模式的挑战在于保证调查内容的内在一致性，包括认真仔细的工作安排，以使不同的调查内容按照相同的顺序完成。认真细致地使用和核对不同调查内容的 ID 编号，避免在后续的数据合并时出现差错。

5.2　调查数据的产生模式

与现场调查操作模式紧密相关的，是调查数据产生的模式（data generation mode）。调查数据就是调查对象对调查问题的回答。根据回答问题的环境和方式，调查数据的产生有两种最基本的模式。一种是被动模式（passive mode），即平常所说的访谈调查；另一种是主动模式（active mode），即平常所说的自我调查。

被动模式-访谈调查

调查研究作为一种科学研究方法，一开始时采取的就是被动数据产生模式。由调查人员提出问题，调查对象只负责回答，也就是我们经常说的访谈（interview）。运用被动模式收集数据的调查方法比较多，典型的包括电话访谈、调查员按照调查提纲提问让调查对象回答、调查员逐题阅读让调查对象回答、入户调查和群体问卷调查等。

无论是通过口头还是书面调查来获得数据，访谈调查遵循的都是被动模式。以问卷调查为例，在调查对象的心目中，调查员是专家，而调查对象的任务就是负责回答。因此，在英文里用 respondent 表示调查对象，即答题人。而与 respondent 对等的也是最常用的中文翻译是"调查对象"或者"受访者"。中文翻译听起来好像更尊重参加调查研究的人,同时也保留了调查对象与调查员之间的被动与主动关系。

调查答题心理学(psychology of survey response)研究表明,被动数据产生模式对调查数据的质量有很大的影响(Tourangeau et al., 2000; Groves et al., 2004)。相对于主动模式,如果调查对象感觉到自己是在被动答题,往往就会缺乏责任感,以应付的心理来完成。因此通过被动模式产生的数据,其质量会差一些。另外,被动模式会让调查对象对调查员形成依赖,即使调查对象在答题时发现问题甚至错误,也会视而不见,置之不理。

主动模式-自我调查

随着计算机和信息技术的发展,自我调查模式(self-interview mode)越来越普及。所谓的主动数据产生模式(active data generation mode),指的就是自我调查模式。进行自我调查时,先把调查问卷电脑化(questionnaire computerization),然后让调查对象通过人机对话的方式,自己来完成调查。用电脑代替了调查员之后,调查对象在回答问题时,就会"感觉"到调查完全是自己独立完成的。

大量的现场调查研究,建立了很多不同的计算机辅助调查技术(Metzger et al., 2000),包括单纯的计算机辅助个人访谈(computer-assisted personal interview, CAPI)、计算机辅助电话访谈(computer-assisted telephone interview, CATI)和计算机辅助自我访谈(computer-assisted self-interview, CASI)等等。在这些方法中,自我访谈属于主动模式。

在诸多的电脑辅助调查方法中,最典型的就是语音计算机辅助自我访谈(audio computer-assisted self-interview, ACASI)。图 5-1 展示 ACASI 调查的显示界面,电脑屏幕按照调查问卷设计的顺序,每次在屏幕上显示一个问题或答题方式。除了文字,根据需要还可以辅有语音、图片、录像等,帮助调查对象理解调查题目。在答题时,调查对象只需用鼠标点击相应的答案。

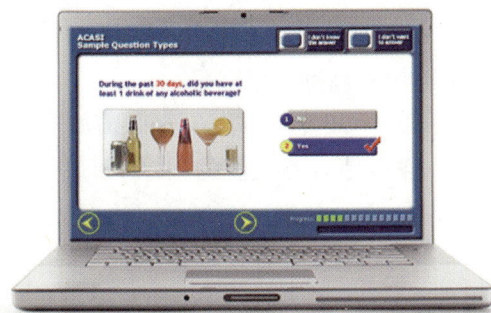

图5-1　语音-计算机辅助自我访谈(ACASI)调查示意图

很多评估研究(包括最严格的随机对照试验)的结果表明,相对于其他方法,ACASI 有多方面的优势,比如调查速度快、数据质量高和可重复性好(Metzger et al., 2000)。

第一,由于整个调查完全是在电脑上完成的,因此每个调查对象接收的信息完全相同,避免了被动调查时调查员之间的差异。用传统的方法调查,调查员和调查员之间的差异在所难免。改用电脑辅助自我调查,这个问题就不存在了。计算机呈现调查题的过程是标准化的,计算机也不会因为调查对象的不同而改变提问的方式、态度、声音和速度等。

第二,计算机辅助调查能极大地提高效率。每一台计算机工作起来就像一个非常认真负责的调查员,能够不折不扣地完成调查。此外,借助电脑还可以提供很多辅助信息,比如语音、图片和小视频,帮助调查对象理解题目和形成答案。电脑也让答题变得简单、快速、准确。而且当调查完成时,数据已经输入到电脑了。

第三,计算机辅助调查提高数据质量。(1)有电脑辅助,调查对象必须回答每一道题,这就避免了漏题;(2)调查时计算机每次只显示一道题,降低答题负担,减少答题错误;(3)答题时能够不受他人的影响,从容地完成调查;(4)文字或语音的电脑化问卷,能够让调查对象感觉是自己要回答问题,而且自己的回答是有价值的,增加责任感从而保证提供的信息真实可靠;(5)调查数据直接输入电脑,完全避免了人工数据输入的错误。

第四,数据的独立性对于高质量的研究非常重要,计算机辅助调查增加了数据的独立性。由于计算机每次只显示一个问题,减少了回答相邻问题的影响。计算机能够随机安排题目顺序,进一步增加变量之间的独立性。用电脑辅助时,每个调查对象单独完成调查,保证了调查对象之间的独立性。

5.3 现场调查所需技术设备和方法

在所有的科学研究中,现场调查研究所用的技术设备是最简单也是最少的。这也是调查研究被广泛采用的原因之一。调查研究所需的基本技术设备,根据不同的课题,可以包括几个方面:如果是传统的调查研究,技术设备主要有调查问卷、印刷所需的纸张和印刷费用、完成问卷调查所需的铅笔;如果利用现代设备开展调查研究,必须有台式电脑、平板电脑、智能手机或随身携带的联网设备等。

印刷调查问卷的纸张和回答调查问卷的笔

纸质问卷和回答问题所用的笔是传统调查研究必需的基本物品。印刷调查问卷需要大量的纸张。一般情况下,这不是需要关注的问题。但是在资源缺乏的地方,比如边远农村地区,或者贫困的国家里,往往会是一个挑战。在计划和实施调查研究时,必须考虑到这些问题。调查问卷所用的纸张,质量一定要好,能够给调查对象一个专业和正面的印象。让他们感觉,所开展的调查是一件非常重要和严肃的事情,不能马虎了事,必须认真完成。

回答调查问卷的笔也要注意挑选。一般使用2号铅笔带有橡皮。当调查对象发现错误后,能够改正。在调查之前,要把所有的铅笔都削好,调查时可以直接使用。同时还准备一些备用铅笔以供不时之需。

台式计算机、手提计算机、平板电脑

现代调查往往需要用上计算机,包括台式、手提式或者平板电脑,这些设备可以直接到市场上购买。购买这些设备时,要考虑下面的因素。第一,用于调查的计算机主要目

的不是计算,而是人机对话和数据输入,因此在购买时要考虑恰当的配置。比如,用于调查的电脑最好有很强的语音和图像录像处理能力。第二,所购买的计算机或平板电脑,必须有很强的联网功能,数据存储、处理、传输和保密功能。高速的联网功能,便于问卷发放和数据传输;一定的数据处理功能和足够的存储空间,是调查研究所必需的;而良好的加密保密功能,可以保护收集的原始数据,免于被黑客攻击。

智能手机

随着信息科学技术的普及,现代调查研究越来越倾向于用智能手机来完成。智能手机本身有很高的联网速度,一定的数据处理和存储功能,也有一定的数据保密功能。除了语音功能,还有很强的显示文字、图像和录像的功能。好的智能手机,都具有数据传输功能。

在比较发达的国家或地区,几乎人手一部智能手机。在这种情况下,可以直接用调查对象本人的手机完成调查。在缺乏或没有智能手机的地方,经费充足的大型研究课题可以考虑送给每个调查对象一部智能手机,不仅可以完成调查,而且也是给调查对象的一种报酬。

随身携带联网设备

运用电脑、平板电脑、智能手机和其他电子设备来收集数据时,往往需要登录互联网。如果是小型短期的课题,比如几个班的学生调查,一两天就可以完成。这时候,可以用公共的互联网;如果是重要的,历时比较长的大型调查研究,则尽可能用专门的商业性付费联网方式,避免使用公共设备登录互联网,防止计算机黑客破坏和数据泄露。

使用付费联网,能够建立专门的账号,保证调查研究的可靠性、稳定性和保密性。利用随身携带的联网设备也是一个常用的方法。随身携带的联网设备选购时要考虑以下因素:覆盖地区、联网速度、数据保密技术、电池使用时间等。

常用现场调查方法

现场调查已经建立起了一系列调查方法和技术,典型的和常用的有:焦点小组研究、结构性访谈、群体调查、入户调查、邮寄调查、记日记调查、单日重构调查,和实况取样调查。这些方法从不同的侧面反映了前面介绍的理论和模式,运用到不同的技术和设备,能够满足不同的要求。接下来在第5.4到5.11节里逐一介绍这些方法和技术。

5.4　焦点小组研究和结构性访谈

焦点小组研究(focus group study)和结构性访谈(structured interview)是开展探索性、创造性研究和准备大型调查研究课题必不可少的一个步骤。焦点小组研究和结构性访谈的本质都是访谈,只不过前者强调的是方式,而后者强调的是方法。在调查研究文献里,这种方法属于定性研究(qualitative study)的范畴,也称为人类学研究(anthropological study）。

目的意义

焦点小组研究对开展一项调查研究项目具有重要意义，可是却常常被科研人员忽略（Nyumba et al., 2018）。焦点小组调查的意义表现在以下几个方面：

形成科学的假设。假设驱动（hypothesis driving）是现代科学研究的一个重要特色。在开展一项创新性研究题时，由于缺乏文献支撑往往很难形成可检验的研究假设。比如，想知道集体主义和个人主义对心理抑郁的影响，查文献却没有相关的内容。在这种情况下就可以开展焦点小组调查进行探索。具体做法：找几个典型的特别在意自己的人为一组，几个典型的非常关心他人的人为另外一组。然后进行深入访谈，看看二组之间在精神卫生，尤其是抑郁症状方面有没有差异。如果有，就可以根据观察到的结果来建构可以检验的研究假设，支持新的课题研究。

作为预实验方法来建构科学理论。比如根据文献，沉迷于网络游戏是影响青少年自杀行为的危险因素。那么，如果计划一个研究项目来探讨沉迷网络游戏与自杀行为之间的关系，就要先有理论。什么样的人更有可能沉迷网游？沉迷网游会让人在哪些方面发生什么样的变化，包括身体、心理和社会联系方面的？在这些变化中，哪些变化强烈到让一个人想结束自己的生命？这些问题不可能坐在办公室里想出来，除了查阅文献，先开展小范围的预实验研究是必需的。只有通过焦点小组进行结构性访谈，才可以形成符合实际的研究假设。

编制和优化调查问卷的重要环节。一般而言，在构思好调查问卷的重要内容之后，就要根据内容来编写一系列的调查问题，再通过焦点小组调查对每一道题提出修改意见，删除多余的调查题，增补遗漏的调查题，形成调查问卷的初稿。在调查问卷初稿确定之后，也可以通过焦点小组调查，进一步推敲问卷中的每一个问题是否得当。比如，调查对象对每一个问题是否能够理解？每个问题的备选答案是否恰当？问题的先后排列顺序是否符合逻辑顺序，便于理解回答？根据预实验的结果最后来订正调查问卷。

开发干预项目必不可少的环节。开发建立一个干预项目要进行多次焦点小组结构访谈，了解干预项目的内容、干预项目实施方案和干预项目的可接受性等。

评估现场调查的可行性。调查方案确定之后，必须用焦点小组结构访谈评估方案是否可行。具体内容包括调查对象的招募、调查场所的选择、完成调查的周期、现场调查的经费、交通运输和后勤生活安排等。

具体操作方法

焦点小组调查，一般由高年资科研人员主持参加，或者由高年资的科研人员组建一个核心团队先进行准备工作，然后由核心团队的其他人员具体实施。（1）焦点小组调查的重要特点就是有很强的探索性和不确定性。很多想解决的问题和研究内容都无法预先确定，往往需要在现场临时决策，由高年资的科研人员出面容易解决；（2）除了及时决断，焦点小组调查的主要任务是发现新问题、建立新的理论、测试新方法，高年资的科研人员在这方面准备充分,容易成功;(3)通过焦点小组调查摸清情况后再开始大规模调查,这方面高年资的科研人员更有经验。

焦点小组调查可以采用多种形式,可以是一对一、一对多的,也可以是多对多的。对于比较敏感的问题,宜采用一对一的形式。在一对一的条件下,调查员与调查对象之间可以建立一定的相互信任,从而有利于进行比较深入的开放式的交流。只有以"解剖麻雀"的方式进行深入和开放式的交流,才能够从典型的调查对象那里获得宝贵的第一手资料。

对于比较一般的问题,可以采用一对多的形式(一个调查员和多个调查对象),甚至多对多(2~3个调查员,多个调查对象)的形式,以讨论的方式开展调查,获得所需资料。调查可以在一种很自然的环境里进行,也可以通过很正式的方式展开(图5-2)。通过自然的方式开展调查时,能够以头脑风暴得到深入的数据。但是这种方法比较费时间,而且需要调查人员有很强的能力来引导和主持调查讨论的过程。因此这一类调查常常由资深科研人员主持。

图 5-2 焦点小组访谈调查的自然和正式两种方式

当然,焦点小组访谈也可以以非常正规的方式进行,调查人员像会议主持人一样,坐在前面;调查对象环绕着调查人员。调查人员可以给每个调查对象发一份调查提纲,让调查对象先围绕提纲里面的问题发言。把提纲里面的问题讨论完之后,再自由发言。这种访谈方法容易协调控制,适合年轻的和缺少经验的科研人员来主持开展。

在进行焦点小组调查时,除了书面记录之外,最好能够在征得所有调查对象的同意之后进行录音,用作数据的处理与分析,防止书面记录的遗漏和失误。

编写调查访谈提纲

由于焦点小组调查访谈的对象往往是多个人,讨论容易离题,为了保证调查工作不偏离主题,又能够在规定的时间内保质保量地完成,在调查之前一定要编写调查访谈提纲,然后根据提纲进行调查。这就是焦点小组调查也是结构性访谈(structured interview)

的原因,因为整个调查过程必须按照事先编写的访谈提纲有条不紊地完成。

编写调查访谈提纲没有明确的规则,要充分发挥每个研究人员的创造性和想象力。总体而言,一个好的访谈提纲首先必须包括需要了解问题的主要方面,还必须包括文字表达得当的开尾问题,引导调查对象头脑风暴。只有这样,才能够通过焦点小组调查发现新问题,或对老问题获得新的认识,达到研究的目的。

下面是一个调查访谈提纲的例子,供参考。

焦点小组结构访谈提纲(示例)

基本情况:访谈对象(姓名、性别、年龄、职业等基本人口学信息)

访谈目的:

访谈地点:(注明具体的地点,要求舒适安静,没有外界干扰,能够保护隐私等)

主要问题:(列出在访谈中准备提出的主要问题,焦点小组访谈以开尾问题为主,能够让调查对象自由地发表意见)

调查小结:(做好记录,总结调查过程中存在的问题,为后续的调查提供参考和借鉴)

5.5 群体(集体)调查

集体/群体调查(group survey)是最常用的一种调查方法。顾名思义,集体/群体调查就是把多个调查对象安排在一个地方,由一到二个调查员组织实施调查,包括安排座位、分发调查问卷、指导问卷填写、检查和收集填写好的问卷等。集体调查可以是传统的纸笔问卷调查,也可以是电脑辅助调查,如ACASI、在线调查等。由于集中所有人在一起完成调查,所以速度快,也能够保证质量。

常用的调查场所

很多公共场所,都可以用来进行集体调查,其中最典型的也是最好的,就是学校里的教室。不同的教室条件基本一致,有座位、采光好、安静,能够排除外来干扰,便于调查的实施和组织管理。同时学校的教室往往都有电力供应,方便使用台式电脑和手提电脑。有些教室还配备有联网设备,方便用电脑和智能手机开展现场调查。

必须注意的是,使用教室来完成调查必须先得到学校方面的许可,有时候还必须支付一定的使用费。其次,学校的教室只有学生不上课时才可以使用,如周末、节假日和夜晚等。有时候即使是放假,也有学生在教室里。如果要用教室,必须预先通知他们。这些事情在计划和安排调查时必须考虑周到。

其他可供集体调查的场所包括不同单位各种各样的会议室、大型办公室,图书馆里的活动室,社区供娱乐活动的房间等。如果经费充足,宾馆会议室是最好的选择,面积大、设备齐全,给调查对象的印象好,有利于获得高质量的调查数据,也可以避免因为借私人的地方,导致不必要的麻烦和可能的纠纷。

调查适用范围

一般而言,集体调查比较适用于以下几类调查:(1)具有普遍意义的同时又不太敏感的调查问题,如一些个人特征(身高、体重等);(2)每天司空见惯的事,如住房类型、邻里和社区环境;(3)个人的习惯,对一般社会问题的态度、观点和看法,很多日常生活和活动,如购物行为、营养膳食、吸烟饮酒、娱乐活动、社会交往、手机使用、上网时间、看电视时间、工作满意度、体育锻炼等。这些内容虽然简单,可是对人的影响却很大,不可以忽略。另外,一些常见疾病和健康问题也可以通过集体调查来完成,比如关于伤风感冒、肠炎痢疾、高血压、心脏病的情况。

相对而言,集体调查不太适合对敏感的和与法律有关的问题的调查,比如个人收入的详细情况、破坏性行为、吸毒、酒后驾驶、离婚和遭受家庭暴力情况等。尤其是与法律相关的问题更加棘手。比如,有国家规定21岁以前买酒和喝酒都是违法的,如果通过调查发现有不满21岁的调查对象买酒喝酒,按照法律必须报告,但是根据与调查对象签订的知情同意书,必须要对调查对象提供的数据保密,这就会让研究人员陷入两难境地。比如,在我国吸毒是违法的,如果调查中发现有人吸毒,按照法律应该直接向公安机关举报,但是根据知情同意书,如果报告就违反了与被调查对象的约定。

调查注意事项

集体/群体调查通过一对多的模式完成,工作效率高,只要一两个调查员就可以同时完成对一批人的调查。但是要保证这类调查的数据的质量,就必须注意以下几个方面的技术问题。

第一,调查员之间的差异。调查员必须经过认真挑选、严格培训、经考试合格,才能够参与调查。要十分重视调查员的个人形象,应当有一定的亲和力,较强的语言沟通能力、组织管理和执行能力,能够坚持原则又善于与他人合作,为人诚实可靠、敢于负责任,有问题及时沟通而不是自作主张。

第二,调查手册的编写和使用。尽管现场调查对一个有经验的调查员来说好像很简单,但为了保证调查数据质量,在进行调查时,调查员必须根据调查手册的规定进行,以避免系统误差。编写的调查手册必须通过预实验验证和有经验的科研人员评审认可。

第三,调查环境问题。调查环境对调查对象回答问题有很大的影响。相同的问题、相同的调查对象在不同的环境里可以给出不同的答案。如果调查不能一次在一个地点完成,应保证每次调查环境尽可能相同。如果第一次是学校教室,那么后续所有的调查地点都应是学校教室。

第四,调查对象的座位安排。调查对象前后左右之间要留有充分的距离(见图5-3)。这样,可以减少和避免调查对象之间相互干扰,包括潜意识的干扰,使他们能够在没有干扰的情况下阅读理解每个问题,从容地、真实地回答每一个问题。同时,也让调查对象感觉到,他们的隐私得到了保护,他们所提供的数据也能够被保密。

5.6 入户调查

相对于集体调查,入户调查(household survey)属于一对一调查范畴,具有很多优势,因此广泛地用于不同规模的调查研究课题(Groves et al., 2004)。入户调查顾名思义就是调查人员直接到调查对象的家里开展调查。入户调查可以有多种形式,对于一般的问题,可以通过传统的纸笔问卷的方法完成。对于比较复杂的研究,比如与政策、法律和法规相关的内容,以及与医学、疾病健康相关的内容,常常通过下面的方法来完成:调查员读调查题,调查对象答题,调查员记录回答结果。在条件许可的情况下,可以用ACASI或者其他电脑辅助技术,也可以通过平板电脑或者智能手机在线上完成。

优点和注意事项

入户调查有很多优点(Groves et al., 2004;风笑天, 2014)。由于调查是在调查对象的家里进行的,调查对象对环境没有陌生感。对调查对象来说,完成调查也很方便。在调查对象的家里,一般都可以找到单独的房间来完成调查,以保证调查对象的隐私不被泄露。西方很多国家的全国性调查,往往都是通过入户调查来完成的。国内很多大型调查,也是入户调查,包括全国死因调查、全国营养调查、吸烟调查等。

入户调查一般都采用随机样本,因此调查员可能碰到各式各样的人和家庭。所有的入户调查必须注意以下几个方面。第一,调查员的个人形象,服饰、发型等要专业、得体,能被绝大多数人接受。第二,调查员要尊重调查对象,无论性别、年龄、族别、健康或生病、健全或伤残等,一定要尊重每个调查对象,以获得他们的信任。第三,调查员要注意语言技巧,不能与调查对象发生争论。第四,调查员要注意个人安全。最好两人为一组做入户调查,一人主持,另一人协助。与调查对象在同一个房间时,门一定不要关死。

5.7 邮寄调查

方法和使用

邮寄调查(mail survey)是一种早期使用的调查方法。具体做法是调查人员首先收集调查对象的家庭住址,然后把设计和印刷好的调查问卷连同填表说明、贴好邮票的回邮信封一起通过邮局寄出。调查对象收到调查问卷后自己完成填写,然后把填好的调查问卷寄回。由于调查成本低、操作简单,邮寄调查方法曾经在调查研究中被广泛地采用。比如著名的哈佛大学护士健康队列研究,就是通过邮寄调查方法建立起来的。该研究培养了一大批科研人员,基于该队列的数据发表了很多篇高质量的论文。

缺点和局限性

然而,邮寄调查有一个致命的缺点就是低回收率(low response rate)。一般只有20%~30%的调查对象会寄回完成的调查问卷。如果调查问卷设计得不好,回收率甚至低到

10%以下。因此邮寄调查得到的结果就会有很大的调查对象偏倚,不能很好地反映总体人群的情况。另外,邮寄调查数据的缺失值也很高,因为调查对象在答题时碰到问题无法向人询问,最简单的应对就是跳过难以回答的题。目前,邮寄调查很少用于对数据质量要求较高的调查研究。

5.8 日记调查方法

具体操作

日记调查(diary survey)是根据人们记日记的习惯而建立起来的一种调查方法。顾名思义,就是要求调查对象以记日记的方法记录下调查想收集的数据。因此,日记调查是一种结构性自我调查。首先,科研人员根据课题要求,给调查对象分发一个记日记的提纲。然后培训调查对象,让他们按照提纲的要求,每天记录下所需要的信息。

日记调查,一般要求调查对象每天"记日记",少则连续一周,长则可达两三个月。日记调查常常只在小样本里进行,一般样本量在20~50。如果记录天数少,样本量可以大一些;如果天数多,样本量就要少一些。日记调查获得的数据量一般都是很大的。如果一个调查招募了30个调查对象,连续进行30天(一个月)的调查,一共就有30×30=900行数据。这相当于一个横断面调查样本为900人的数据量。

使用范围

日记调查方法,早期常常用来做小范围的但是比较深入的定性研究。目前该方法更多地用来做定量追踪研究,探讨因果联系。虽然样本量不大,但是数据量大,又属于追踪数据,所以可以进行复杂的统计学分析。这种方法在发达国家常用,国内目前还没有人介绍,用的人少。本书介绍这种方法,供调查研究者在需要时选用。

5.9 单日重构调查方法

单日重构法(Day Reconstruction Method, or DRM)是由诺贝尔奖获得者 Kahneman (Kahneman et al., 2004)主导建立的一种收集数据的调查方法,在调查研究中有很重要的作用。

方法原理

该方法的基本原理是通过调查对象回忆在过去的一天里按照时间顺序从早晨起床到晚上睡觉为止所进行的各种活动。这种方法属于个人经历抽样方法(experience sampling method)中的一种。尽管同一个人在不同时间的生活和行为都可能有不同,但是每个人的行为和生活方式都具有一定的稳定性。通过一个单位时间里多个调查对象得到的信息,能够有效地推断群体的情况。从原理上与横断面调查类似,尽管一个人群的情况随时都在变化,但是调查研究必须在一个较短的时间单位里完成,目的是通过横断面调查获得信息来推断总体的情况。

具体操作

DRM方法也是一种结构性自我调查法,像日记调查法一样。研究人员根据课题所需要的信息,按照时间段列出想得到的内容,调查对象每天在睡觉之前完成。经典的DRM以一个小时为单位,让调查对象列举所经历的事件(见表5-1)。

表5-1　单日重构调查方法——结构性自我调查示意

上午(从早晨醒来到午餐以前)					
时间	活动	地点	开始	结束	主观感受
1　AM					
2　AM					
……					
12　AM					
下午(从午餐开始到晚餐之前)					
1　PM					
2　PM					
……					
6　PM					
晚上(从晚餐开始到睡觉之前)					
7　PM					
8　PM					
……					
12　PM					

单日重构法的变通

从表5-1可以看出,经典单日重构方法很机械。同时由于每个人每天的活动类别具有很大的多样性,一项调查不可能也没有必要把所有的活动都记录下来。因此在实际工作中,科研人员可以根据研究的需要加以变通,提高获得所需数据的效率。比如,按照研究的目的,把需要评估的活动和主观感觉列举出来,然后让调查对象提供相关的信息。表5-2是作者建议的一种方式,供读者参考。

表5-2　变通后的单日重构调查

活动	地点	与谁在一起	开始时间	结束时间	主观感受
起床					
早餐					
出发上班					
交通工具					
到达单位					
……					
午餐					
……					
晚餐					
洗碗					
看电视					
……					
上床睡觉					

单日重构调查频率

单日重构调查频率最常见的是,每天一次,连续调查一周,从而获得关于调查对象在一周内每天的多种情况和时间规律。现代社会中人们的活动规律是比较稳定的,周一到周五比较相似,而周末两天也比较相似。在进行大规模调查时,可以随机安排一部分人在周一到周五之间进行调查,而另一部分安排在周六和周日调查。虽然每个人只调查一次,获得的数据却可以通过严格的统计学方法推断出研究总体在一周里每天的情况。

当然,单日重构调查也可以长期反复进行。比如,每个月进行一次,来研究一年中随月份和季节的变化;也可以短期重复,获得追踪数据,进行病因学和因果联系研究。

单日重构调查的优点和使用范围

DRM 具有两个重要的优势。第一,由于调查是按照一天中不同时候进行的活动来收集数据,因此可以极大地减少回忆偏倚(recall bias),获得的调查数据质量会比较高。第二,运用 DRM 这种方法,只需要调查对象回忆过去一天在不同的时间段所从事的事情和相应的主观感受。而且这种方法常常是让调查对象自己每天睡觉之前在家里完成,因此对调查对象的负担也不重。正因为如此,运用 DRM 获得的数据缺失值少,拒绝回答率也低。

DRM 方法可以用于研究许多问题。下面列举了几个主要方面的应用。这些是根据作者对文献的分析和个人的理解提出的,供读者在实际工作时参考。

第一,描述每个人一天之中不同的行为和日常生活所花的时间。最早的 DRM 就是用于这方面的研究,探讨每天的时间安排,为建立健康生活方式提供参考数据和科学依据(Kahneman et al., 2004)。

第二,描述跨生命周期,从儿童到老年的不同年龄阶段里,日常生活里的各项主要活动所花费的时间,为建立适合生命历程的不同阶段的健康生活方式提供科学依据。

第三,描述比较不同国家、不同地区、不同性别、不同族别人群的生活方式,研究生活方式与健康的关系等。比如对比中国人和外国人一天中花在工作、娱乐、锻炼、社交等方面所花的时间。

第四,评估从事一种活动后,随后出现的主观反映,以便寻找事物间的因果联系。比如每天起床后有什么感觉?下班之后是否觉得很累?与朋友聚会之后是否非常开心?

5.10 实况取样调查方法

方法、原理和操作

实况取样调查法(experience sampling method)又称为生态瞬时评估法(ecological momentary assessment, EMA)。这一方法的概念很早就提出了,其基本原理就是在事情发生的当时当地获得所需的数据(Shiffman et al.)。

早期的实况取样调查方法是先给每个调查对象配备一个传呼机(BP机)。调查开始后，每天随机选择3~5个时间点，给每个研究对象发送信息。调查对象收到信息之后，通过电话来回答调查问题。由于每个调查对象不知道什么时候会参加调查，因此调查结果具有统计学的独立性。

现代信息技术使得这种调查方法不断地完善。比如使用智能手机，编写好程序之后，调查对象可以按照事先写好的程序随机给定的时间，完成调查。调查结果直接通过网络上传到指定的数据库。这样既提高了工作效率，又保证了调查数据质量。

实际应用

由于巧妙地应用了现代信息技术，实况取样方法越来越多地用于研究复杂的且具有重大价值的课题。基础科学方面经常用这种方法来验证事物之间的因果联系。医学上用这种技术来研究新的治疗技术和方法。从理论上讲，采用实况取样方法会推动全社会的调查研究向更高层次发展，这也是本书介绍这一先进的数据收集技术的目的之一。

与其他方法的异同

实况取样调查、单日重构调查和日记调查三者从原理上有一些共性。第一，调查内容和调查时间选取方式相似：都是通过样本在某一时间点或时间段的数据来推断总体的情况；第二，调查结果类别相同：三种方法都可以获得追踪数据，有利于研究时间趋势和因果关系，同时需要更复杂的统计学方法来进行分析处理。

除了共性之外，每一种方法都具有自己的特点。实况取样方法最先进，数据质量最高，但是需要相应的技术设备；日记方法最简单实用，但记日记对调查对象来说，是一个额外的负担，因此会影响数据质量；单日重构法虽然有些复杂，可是调查的内容取样最完善，因为能够把所有关心的内容都包括进来。

5.11 现场调查的管理与质量控制

一次现场调查就是一个系统工程，开始调查之前要有周密计划，在调查进行的过程中，要按照计划进行严格的管理，保证有序和高质量完成全部预定的调查工作。

现场调查实施步骤

现场调查细致复杂，调查的具体实施可以概括为以下几个步骤：第一，招募和挑选调查员；第二，调查员培训；第三，预实验；第四，调查和质量控制；第五，评估总结(图5-3)。

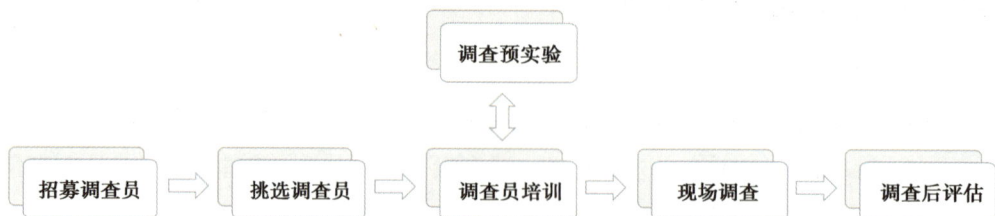

图5-3 现场调查实施过程示意图

第一,招募和挑选调查员。调查员不一定要有很高的文化水平,也不一定是懂专业的人,但是好的调查员一定要性格开朗、乐观、友善、认真细致,既能够坚持原则又能够与人合作。同时,好的调查员具备有很高的人际亲和力和很好的沟通技巧。

第二,调查员培训。一般在招募调查员时要多招募一两个作为备选对象,一是防止招募的人员培训没有过关,可以有替补;二是防止调查任务加重,导致调查员不够。增补调查员重新培训会导致调查员误差,影响数据质量。

第三,开展预实验。预实验是现场调查成功的关键,预实验,包括调查问卷的预实验,常常与调查员培训同时进行。预实验首先能让调查员熟练掌握现场调查的全过程,包括到调查现场的交通,找到调查对象的方法,调查问卷的发放与回收,回答调查对象可能提出的疑问,对完成的调查问卷做质量监测,向完成调查的调查对象发放酬金或礼品,等等;其次,能让调查员参加调查手册的编写和订正,学会按照调查手册的规定进行调查;再次,能让调查员完成培训考试,获得资格证书。

第四,开展现场调查。完成培训之后,就可以开始现场调查了。现场调查包括场地选择,找到调查对象,实施具体调查,收集调查结果。一切都必须按照调查手册的规定不折不扣地完成。在调查过程中,质量控制是关键,千万不能马虎。

第五,调查完成后评估。现场调查完成后,一定要进行工作评估,作为报道调查研究结果的参考;同时总结经验,帮助提升今后的调查研究工作的效率。

计划管理的目的

计划和管理的目的包括两个方面,第一是保证调查工作能够按计划完成,第二是保证调查数据满足科学的要求。在计划和管理现场调查时,必须考虑下面四个方面的因素。

调查对象的独立性:在实施调查时,必须保证每个调查对象能够独立完成调查。除了调查人员,调查对象如果有疑问,不能询问其他的人,包括家人和朋友,只能询问调查人员。如果调查对象因为某种原因不能填写问卷,调查员可以代为填写。调查结果也要避免因调查对象的差异导致结果不同。例如,年龄、性别和文化程度的差异,可能导致调查对象对问题的理解出现偏差,从而影响数据质量。

调查员的独立性:无论派谁去完成调查,所收集的数据都应是相同的。如果换了不同的调查员,结果也变了,就会出现所谓的调查员偏倚(data collector's bias)。提高调查员的独立性有几种方法,第一种是加强培训,第二种是使用调查手册,第三种是使用恰当技术,比如 ACASI。后面的调查员培训会专门讲解这个问题。

调查环境的齐同性:为一个重要科研项目收集数据,往往要经过多次的现场调查才能够完成。为了避免环境干扰,保证数据质量,每次调查都应该在尽可能相同的环境里进行。环境因素对调查数据的质量影响很大,因为环境的不同会增加调查数据的系统误差。恰当的计划和管理,可以减少甚至消除环境因素的影响。大规模调查往往需要由不同的团队在多个地方开展。作为质量管理,每个地方的调查环境最好相同。如果一个地方利用学校的教室开展调查,那么所有的地方都尽量通过教室来完成调查。如果是入户调查,绝不能有的在客厅里完成,而有的在卧室里完成。如果在工厂里进行,工厂里的会议室或者图书馆也是很好的场所。在选择场所时,必须要求每个参与调查的工厂都有相同的场所。如果是会议室,会议室的大小、环境条件、采光、空调等应尽可能相同。

质量管理方法和技术

经济手段和质量管理:事先告诉调查对象,完成调查后会发放礼品、礼券或现金等,表示对调查对象的感谢,既能够鼓励符合条件的对象参加调查,也可以提高调查数据的质量。研究表明,这种方法对青少年和低收入人群非常有效(Afkinich & Blachman-Demner, 2020)。

社会和法律措施:在调查的全过程中强调保护调查对象的权益、隐私,以及对调查数据的保密。研究证明,这一类措施对提高数据质量也有作用(Couper et al., 2008),是目前调查研究最常用的质量控制手段。

心理学技术:如虚假管道(bogus pipeline)技术(Jones & Sigall, 1971)——在开始调查之前告诉调查对象,整个调查过程要录音或录像,在调查完成之后,会对记录的情况进行抽查,来保证质量,减少偏差。研究证明,即使是调查完成之后不做抽样检测,调查的数据质量都会有显著提高,尤其能减少漏报、错报和假报(Roese & Jamieson, 1993)。

现场调查后勤管理

完成一项现场调查,要涉及很多后勤管理,包括与调查对象所在单位的联系工作,调查场所的安排、到调查点来往的交通运输、调查人员生活住宿安排、调查设备的准备和运输、调查对象的报酬现金或礼品,以及简单医疗急救等。调查研究者必须每一项都要考虑到,以保证现场调查工作能够顺利地、保质保量地完成。

思考题

1. 常用的调查方法有哪些? 每一种方法都适用什么类型的问题?

2. 为什么电脑辅助调查比传统的纸笔问卷调查要好?

3. 调查员偏差包括哪两种? 如何减少调查员偏差?

4. 调查对象偏差是什么意思? 如何减少偏差?

5. 租/借用学校教室做现场调查时要注意什么?

6. 实况取样调查、单日重构调查和日记调查这三种方法有哪些相同之处,哪些不同之处?

练习题

1. 设计一个调查来估计超重和肥胖在中学生里面的分布情况。自己选择一所学校和年级,然后确定抽样方法,选择调查类型(横断面、重复横断面或纵断面),最后确定数据收集方法。

2. 选择一个问题，比如体力活动的情况、上网的情况、吃水果的情况、一天的心情等，运用记日记的方法，记录一个星期。把结果以天为单位绘制成曲线。

3. 设计一个焦点小组访谈，来探索一个你感兴趣的，但是却缺乏文献支持的课题。

4. 用单日重构法来评估你自己和另外3个同学一个星期里每天的生活规律，比如起床、上课、用餐、作业、娱乐、上床睡觉、入睡、醒来等。

主要参考文献

风笑天 . (2014). *现代社会调查方法 (第 五 版)*. 华中科技大学出版社 .

Afkinich, J. L., & Blachman-Demner, D. R. (2020). Providing Incentives to Youth Participants in Research: A Literature Review. *Journal of Empirical Research on Human Research Ethics*, *15*(3), 202–215. https://doi.org/10.1177/1556264619892707

Couper, M. P., Singer, E., Conrad, F. G., & Groves, R. M. (2008). Risk of disclosure, perceptions of risk, and concerns about privacy and confidentiality as factors in survey participation. *Journal of official statistics*, *24*(2), 255.

Groves, R. M., Fowler Jr, F. J., Couper, M. P., Lepkowski, J. M., Singer, E., & Tourangeau, R. (2009). *Survey methodology* (Vol. 561). John Wiley & Sons.

Jones, E. E., & Sigall, H. (1971). The bogus pipeline: A new paradigm for measuring affect and attitude. *Psychological bulletin*, *76*(5), 349.

Kahneman, D., Krueger, A. B., Schkade, D. A., Schwarz, N., & Stone, A. A. (2004). A Survey Method for Characterizing Daily Life Experience: The Day Reconstruction Method. *Science*, *306*(5702), 1776–1780. https://doi.org/10.1126/science.1103572

Metzger, D. S., Koblin, B., Turner, C., Navaline, H., Valenti, F., Holte, S., Gross, M., Sheon, A., Miller, H., Cooley, P., & Seage Ⅲ for the HIVNET Vaccine Preparedness Study Protocol Team, G. R. (2000). Randomized Controlled Trial of Audio Computer-assisted Self-Interviewing: Utility and Acceptability in Longitudinal Studies. *American Journal of Epidemiology*, *152*(2), 99–106. https://doi. org/10.1093/aje/152.2.99

O. Nyumba, T., Wilson, K., Derrick, C. J., & Mukherjee, N. (2018). The use of focus group discussion methodology: Insights from two decades of application in conservation. *Methods in Ecology and evolution*, *9*(1), 20–32.

Roese, N. J., & Jamieson, D. W. (1993). Twenty years of bogus pipeline research: A critical review and meta-analysis. *Psychological bulletin*, *114*(2), 363.

Shiffman, S., Stone, A. A., & Hufford, M. R. (2008). Ecological momentary assessment. *Annu. Rev. Clin. Psychol.*, *4*, 1–32.

Tourangeau, R., Rips, L. J., & Rasinski, K. (2000). *The Psychology of Survey Response*. Cambridge University Press.

第六章　调查数据处理和数据库建立的方法和技术

再好的原材料也要经过精心处理，才能烹调出美味佳肴

数据处理与厨师准备各种食材配料一样，要花很大的气力才能完成。完成现场调查后，接下来的任务就是对数据进行恰当的处理，建立数据库，以便进行后续统计分析。在传统的纸质问卷调查研究中，已经形成了成熟的数据处理方法。其中的要点包括已完成调查表的核查，原始变量命名，数据录入和质量控制，编制编码手册，等等。运用现代技术和方法，如电脑和智能手机来收集数据时，可以免去前述问卷核查和数据录入环节。但是收集的数据也需要经过进一步处理，才能构建数据库并用于统计学分析。

本章先从传统问卷调查得到的数据入手，介绍已收集问卷的核查，原始变量的命名和数据录入，缺失数据和开放型问题的处理方法与技巧。随后介绍如何处理通过电脑和智能手机收集的数据。接下来介绍数据库，包括基本概念，与大数据之间的关系，如何运用 R 程序建立和管理数据库（其中包括数据检查，变量重新命名，数据类型的重新定义）。本章最后部分介绍数据库编码手册的编写、应用和数据库管理。

6.1　调查数据整理和录入

通过传统调查方法收集的纸质问卷，必须先经过检查清理，变量名称设定，缺失值与开放型问题处理，方能录入计算机。数据录入是一项重要的任务，需挑选合适的人员，经过专门培训后来承担。录入的过程中还需要进行质量控制，如利用专门的计算机软件和双人录入来检查质量，纠正录入过程中的数据错误。

调查问卷的清理与检查

调查问卷填好和收集之后，必须逐份进行清理。调查问卷的清理，通常可从以下几个方面进行。首先，查看所有的调查问卷，将填写完整的与不完整的问卷分开放置。接着清点、统计两类问卷各自的数量。对于那些填写不完整的问卷，需与课题负责人讨论，视缺失程度、范围来采取处理的措施。

在完成初步清理之后，再对每一份调查问卷逐行逐页进行检查。检查时，首先要看填写的内容是否在指定的位置。如果不在，必须进行修正才方便录入电脑。其次，要认

真检查每一项填写的内容,是否能够清楚识别。如存在字迹潦草、涂画修改、填写模糊等情况,也要设法进行更正。

检查完之后,再把有问题的和没有问题的问卷分开。没有问题的问卷可以直接录入电脑。对那些有问题的问卷,如果问题比较简单,可以一边检查一边处理。对那些问题比较大的问卷,往往需要多人讨论,包括和课题负责人及其他有经验的研究者共同讨论,来决定如何处理。

清理后的调查问卷,要分类妥善保存,防止遗失和混淆,等到录入计算机时再取出使用。

原始变量命名技巧

在数据录入计算机之前,必须确定调查问卷中每个调查题目的名称。这些名称在现场调查研究中,统一称为变量(variable)。由于调查时的变量与最后进行统计学分析时的变量不是完全对等的,因此我们把调查用的变量称为原始变量(original variable)。比如,受教育程度在调查表中可能按照年级、受教育年限等进行详细划分。但在统计学分析的时候,也许只分为1=没有上过学,2=高中及以下,3=大学及以上。因此,调查问卷里关于教育程度的变量就是原始变量,而用于统计学分析的就是变量。再比如,测量抑郁症的量表往往有好几个甚至几十个问题,而在统计学分析时往往只计算一个总分。前者为原始变量,后者则为变量。

变量命名不宜过长。早年的计算机软件,要求每个变量的名字不能超过8个英文字符。新的软件系统,可以容许更长的变量名。但是,变量名字太长不方便进行数据处理和统计学分析。为了提高工作效率,研究者尝试了多种方法来命名原始变量,包括英文字母组合、中文缩写、英文缩写等。但是这些方法往往不尽如人意,尤其是遇到问卷很长,包含的内容很多时。此外,一个数据库里不允许存在两个相同名字的变量,上述命名方法也容易出现变量名重复。

作者结合多年现场调查实践与其他学者经验,提出了根据问卷题目编号来命名原始变量的方法(陈心广,2005)。一份调查问卷,一般包含若干部分,而每个部分又包含若干个调查题。例如,调查表的第一个部分常常是人口学基本情况,包括年龄、性别、教育、职业、收入等,这一部分的原始变量可用如下方法命名:

Q101:第一部分第一个调查问题的原始变量名。

Q102:第一部分第二个调查问题的原始变量名。

Q103:第一部分第三个调查问题的原始变量名。

以此类推。

同样,当来到调查表的第二个部分时,原始变量名称为:

Q201:第二部分第一个调查问题的原始变量名。

Q202:第二部分第二个调查问题的原始变量名。

Q203:第二部分第三个调查问题的原始变量名。

以此类推到调查表的全部内容。

使用调查问卷的题目编号命名原始变量,至少有四点益处。

一、简单易行。如果调查表本身就有编号，只需在编号之前加上一个大写英文字母Q（表示问卷）。

二、不必担心原始变量名称是否有重复，因为问卷编号具有唯一性。

三、变量名称不仅不长，而且非常整齐。如果一个调查表只有9个部分，每个部分的问题在99个以内，每个变量的长度就只有四个字符。如果调查表包含10个或更多的部分，则只要再增加一个字符即可，比如用Q0101表示第一部分的第一个问题；用Q1203表示第十二部分第三个问题。

四、在统计学分析时，方便找到问卷里的对应调查题。进行统计学分析时使用的是变量名，而对统计结果进行解释时，必须回到变量所代表的实际调查内容。根据问卷题目编号确定的变量名，可以非常便捷地回溯原始问题。

上述命名法除了用于问卷数据录入，还常常用于电脑辅助调查和在线调查。在设计这类调查时，用类似的方法命名每个调查题目，调查数据可直接存入指定的数据库。

系统缺失值的处理

在调查问卷的填写过程中，数据缺失（missing data）是在所难免的（Groves et al.，2004）。系统缺失（system missing）是常见的一种的数据缺失类型。顾名思义，所谓的系统缺失是调查设计本身所导致的数据缺失，而非调查对象漏填。例如在调查职业的时候，往往首先问调查对象是否有工作。如果调查对象回答有，就接着问"工作的类别"；如果调查对象回答没有工作，则跳过关于"工作类别"的问题，直接进入到下一个问题。那么对那些没有工作的人，"工作类别"这个问题就不会填写，因而出现数据缺失。

系统缺失不是真正的缺失，不会影响数据的质量。对于系统缺失，常常用大于该变量范围的一个简单数值来表示。例如，如果原始变量的范围是0~5，可以用7或9来表示系统缺失；如果是0~98，用99表示缺失；如果是0~998，用999表示缺失。以此类推。这类有缺失值的研究对象在分析时不仅不删除，反而是重新赋值或产生新变量的必要基础。

非系统缺失值的处理

第二种数据缺失类型是非系统缺失（non-system missing）。与系统缺失不同，这一类数据缺失是由于调查对象有意跳过或者不小心漏填了调查题所致。因此，非系统数据缺失会直接影响调查数据的质量。对于这类数据缺失，没有特别好的处理方法，只能在数据录入时保留空白。

如果非系统缺失的数据量不多，并且缺失是无意的，可以在对数据具体缺失情况评估后，利用统计学方法进行插补（impute）。本书的第八章将专门介绍相关的评估与插补方法，和计算机软件。

开尾数据的处理

在调查数据录入之前，还必须处理通过开放性提问（open questioning）得到的开尾数据（见第四章）。例如，在调查农民工的职业分类时，事先确定的类别未必能全面反映实际情况。为了得到更加准确的信息,在答题选项的末尾,通常会加入一个选项:其他(请注明_____)。这就是一个典型的开放型问题。再如,在调查患病情况时,常常会列出多种常见病作为选项,最后一项则为:其他(请注明_____)。在数据录入之前,需要预先处理好这些"请注明"里的内容。

具体处理步骤如下。首先查看数据的分布特征,如果开放型问题的数据十分零散,没有明显趋势特征,一般不做处理,直接归类为其他;如果数据表现出一定的趋势,就必须对相应的结果进行分类统计,增加相应的类别。例如,在做农民工职业调查时,从"请注明"的结果中,发现"做保姆"的比例较高,但却没有被列入答题选项,那么我们就应将"保姆"作为职业的一类加入到数据中。

数据录入

完成问卷表的清理检查、变量命名、缺失值和开放型问题处理之后,就可以开始录入数据了。对于较小规模的调查研究,常用 Excel 表格进行数据录入。先在 Excel 里建立一个空白文件并保存。然后用 Excel 表的格式,每一行代表一个调查对象,每一列代表一个变量来录入数据。

录入数据是调查研究的关键环节,也十分耗费时间,务求严谨。即使问卷调查完成得再好,如果数据录入时出现错误,也可能前功尽弃。因此,数据录入需要安排充足的时间。时间长短可以通过实验来估计。先找一两个可能的数据录入员,让他们在尽可能真实的条件下录入 15~20 份问卷。然后根据用时结果计算人均每小时录入的问卷数,同时还要考虑个体差异,来估计实际所需的数据录入人员数量。

例如,通过实验估计,平均每人每小时可以录入 5、6 份问卷。如果每天工作 8 小时,每人能够录入的问卷数大概在 40 到 50 份之间。再考虑到其他干预因素,计划每人每天平均录入 40 份。如果一共有 1000 份问卷,就需要 25 人/天来完成。也就是说,如果能够招募 25 个合格的人,一天就可以完成;如果只能找到 5 个人,那么 5 天也可以完成。

有一点需要指出的是,数据录入存在一个所谓的"学习曲线"。录入员刚开始上手时,速度会比较慢,而且容易出错。随着他们不断地重复这项工作,录入速度会越来越快,错误的比率也会不断降低。因此,在计划安排数据录入时,研究者需要考虑这个因素。如果安排太多的人一两天就完成录入,数据录入的错误率可能会比较高;安排较少的人可以提高效率,减少录入错误,但却需要较长的时间来完成。

挑选数据录入员的标准

招募合格的数据录入员,是保证数据质量的关键。数据录入没有复杂的技能要求,数据录入员不一定要有丰富的专业知识。但是必须具备以下特点:

1. 责任心强。数据录入员的第一个要求,是要有很强的责任心,把数据录入视为科学研究中的一项重要任务;能够对自己的行为负责,出错后及时自我纠正;不轻易责怪他人,或归因于环境条件。

2. 有耐心。数据录入员的第二个要求,是要有充分的耐心,遇事不急不躁,按部就班,认真完成;掌握自我进度,及时沟通;搞错了重新开始也没有怨言;主动反复练习提高效率。

3. 认真细致。数据录入员还有一个必备的条件,就是认真细致。在数据录入的过程中,忽略任何一个小小的疑点都可能导致数据错误。因此,必须认真地查看问卷里的每一个数据,准确识别填写的数据,然后准确地输入电脑。

数据录入员的培训

像所有的操作性工作一样,为了保证质量,数据录入员一定要先经过培训。研究者首先要准备一份《数据录入手册》,对数据录入的过程、要求、注意事项等做出明确的规定。然后根据手册的要求,对数据录入员进行培训。培训内容包括基本电脑操作、键盘练习、文件存取、问卷结构等。在完成基本操作的基础上,随机选取15~20份问卷,进行模拟录入练习。录入完成之后,将录入的数据与调查表进行对比,计算准确率和错误率。针对错误寻找原因,反复练习,不断提高准确率,降低错误率。

利用软件录入数据

利用计算机软件,是提高数据录入质量和效率的重要手段。人工录入数据,无论怎么加强质量控制,都难免会有录入错误。一个主要的误差来源,就是数据录入员必须逐行逐页在问卷里找到每一个调查题的答案,然后通过计算机键盘输入到计算机里。而在计算机屏幕上只能看到原始变量名,没有相应的调查题作为参照。一旦两边错位,就会出现一系列的数据错误。利用软件录入,是减少这类误差的主要方法。应用比较广泛的数据录入软件,有 Epi Info™、Epidata 等。

以 Epi Info™操作为例。我们首先把调查问卷录入计算机。在数据录入时,电脑按照问卷的顺序显示调查题,数据录入员可以方便地把问卷的相应数据输入电脑。在录入时,就可以避免漏输、错输。同时,利用 Epi Info™软件录入的数据,与电脑/在线调查时所得到的数据结构基本上是一致的。

Epi Info™软件是由美国疾控中心(CDC)开发的,免费提供给全球各国从事公共卫生科研和实践的人员使用(CDC, 2019)。该软件第一版于1985年开始使用,Windows 版本于2000年首发。目前已有三个版本,分别满足 Windows 平台、移动终端和云端操作需要。下面是 CDC Epi Info™的链接:https://www.cdc.gov/epiinfo/index.html。

双录入质量控制

前面几个部分,分别介绍了调查问卷的清理检查,变量命名、缺失数据和开放型问题的处理,录入人员的挑选和培训等,以保证数据录入的质量。但是,对录入的结果进行客观定量评估,是一个挑战。双录入(double entries),就是为了应对这一挑战而建立的一种质量评价方法,即每一份调查问卷由两个数据录入员独立录入,分别建立两套数据库。

完成数据录入后,再由第三人将两份彼此独立的数据进行对比分析。根据两组数据的比较分析结果,对录入数据的质量进行定性和定量评价。如果两套数据完全吻合或者只有极少的差异,表示录入质量高。反之,如果两套数据之间的差异很大,表示数据录入质量低。

除了判断数据质量,双录入还可以用来纠正错误。如果两份录入的数据里的某一个变量的数据不一致,表明这个变量数据的录入可能存在问题。此时需要找到原始问卷进行核对,及时纠正。如果数据库里记录了录入人员的ID,双录入也可以用来评估数据录入员的工作质量。

6.2 电脑或在线调查数据的整理

信息科技的发展,极大地丰富了数据收集的方法。现代调查研究越来越多地利用电脑、平板电脑和手机等终端来完成。这样一来,不仅提高了数据收集的效率,而且还免去了繁杂的数据录入的过程,消除了数据录入时的误差。调查方式的信息化,还可以给系统缺失自动赋值。调查完成时,原始数据库就基本完成了,可以马上开始数据处理。

质量检查
完成电脑/在线调查后,从以下几个方面进行质量检查。

一、检查调查数据的完整性。首先查看数据的完整性,主要是缺失值的多少和分布。如果缺失值较多,尤其是核心变量有很多缺失,数据的质量就难以保证。

二、变量数据的变异性。对于每一个变量,其数据都要有一定的差异。如果很多调查对象对某一个或某几个问题的答案完全相同,就需要仔细对比核查。例如,对一个敏感的或有争议的问题,绝大多数都回答"同意",就可能有质量问题。可能是调查问题的陈述不当,也可能是调查对象在回答这些问题时,没有认真读题就随意回答了。

三、出现异常值。数据结果完全超出"正常"范围,比如把年龄填写为负数或150;把身高填写为8米、10米;把成人的体重填写为3~5公斤;等等。发现这种情况,如果例数不多,可以作为缺失值。如果很多,表明整体数据质量差。

去除没有分析价值的变量
处理电脑或在线调查数据的另外一个任务,就是发现和删除一些没有分析价值的变量。比如,在研究青少年行为健康问题时,一些行为在西方国家很普遍,比如吸毒、暴力、性行为等。但是同样的问题在国内调查,每1000个调查对象中也可能发现不了几个。这类变量就没有多少价值,可以剔除。再比如,作者在做农民工行为健康研究时发现,农民工群体高危险性行为(包括与性工作者、艾滋病毒阳性者、吸毒人员等发生性行为)发生率很低。这类变量对研究主题而言分析价值有限,且随机误差大,可以从原始数据中删除。

去除与分析无关的内容
对电脑或在线调查数据进行处理,还有一项任务就是去除那些与统计学分析无关的变量。比如,在进行电脑或在线调查时,为了追踪调查对象,同时保护调查对象隐私和对调查数据保密,往往会加入许多额外的变量。这些变量最好也从数据中去除。

6.3 创建数据库

数据库基本概念

无论是人工录入的数据，还是电脑或在线调查的数据，最后都存放在数据库（database）里。图6-1是一个简单的数据库例子。经常使用Excel的人，对这种数据库结构（database structure）并不陌生。在数据库里，横向每一行存放的是一个调查对象的数据。调查对象的个数用n表示。纵向每一列存放一个变量的数据，变量个数用p表示。因此，n×p就是数据库的大小，即数据库里数据点的个数。以图6-1为例，该数据库有n=24个调查对象，p=12个变量。因此数据库的大小=24×12=288。在如今的大数据时代，一个数据库可以非常大，大到TB级（terabyte，1TB=2^{40}字节）也不罕见。

本质上，数据库就是存放数据的计算机文件。必须指出的是，数据科学里的"数据"是广义的，包括录音、录像、自媒体、电话、短信等，调查数据只是其中很少的一部分。调查研究常用的数据可以分为两大类，第一类就是我们平常熟悉的数字。数字又包括小数和整数两种，用哪一种是由研究人员选择的。从数据库的角度，用整数比用小数更节省计算机存储空间。

在图6-1里，用整数表示的变量有AGE（年龄）、EDUCAT（教育水平）、INCOME（收入）、HEIGH（身高）、PCTFAT（脂肪百分比）、SYSBP（血压的收缩压）、DISBP（血压的舒张压）和CVD（心血管疾病）。而用小数表示的变量有WEIGH（体重）和BMI（体重指数）。

	ID	AGE	SEX	EDUCAT	INCOME	HEIGH	WEIGH	BMI	PCTFAT	SYSTBP	DISBP	CVD
1	A001	14	F	1	1	162	58.8	22.4	28	110	75	0
2	A002	11	F	3	1	148	65.3	29.8	36	130	90	0
3	A003	11	F	4	2	136	46.0	24.9	24	120	80	0
4	A004	11	M	0	2	143	46.7	22.8	18	120	80	0
5	A005	14	F	0	1	159	62.1	24.6	23	115	75	0
6	A006	NA	M	3	3	156	52.0	21.4	26	110	70	0
7	A007	15	M	1	1	170	NA	NA	24	115	80	0
8	A008	18	M	2	1	176	NA	NA	31	120	80	0
9	A009	17	M	0	NA	170	72.5	25.1	27	125	85	0
10	A010	12	F	2	NA	151	50.5	22.1	26	120	70	0
11	A011	15	F	2	NA	162	79.3	30.2	33	145	95	0
12	A012	13	M	1	NA	156	52.7	21.7	24	120	80	0
13	A013	11	NA	0	1	148	47.3	21.6	32	120	80	0
14	A014	14	F	1	2	160	56.8	22.2	18	110	70	0
15	A015	17	F	2	2	163	71.7	27.0	29	125	80	0
16	A016	13	M	1	2	152	78.9	34.1	NA	160	100	1
17	A017	15	M	3	2	168	61.6	21.8	24	120	80	0
18	A018	17	M	2	2	175	79.5	26.0	25	120	85	0
19	A019	15	F	2	2	161	76.3	29.1	35	150	100	1
20	A020	10	F	2	1	138	40.2	21.1	21	110	80	0
21	A021	12	F	3	1	152	48.3	20.9	19	110	70	0
22	A022	14	M	0	0	168	79.6	28.2	30	NA	NA	0
23	A023	16	F	1	2	163	66.9	25.2	34	120	80	0
24	A024	17	M	4	1	175	70.0	22.9	24	110	80	0

图6-1　N-P数据库结构（N=24个调查对象，P=12个变量）

第二类数据就是字符串变量。典型的包括只由单个英文字母组成的,和由数字和字母组合成的字符串。它们看起来不是数,但在数据库里依然称为"数据"。在图 6-1 数据库的例子里,ID 号(数字和字母组合)和 SEX(性别,单个字母)就是两个典型的代表。另外,数据库里 *NA* 表示数据缺失。

在建立数据库时,由于存储为字符串在计算机里占用的空间最小,也有人把数字作为字符串存放,毕竟字符串类型的数据转换为数字格式也很方便。尤其是在处理大型数据库时,这些设计十分重要。因为全国性或国际性的调查研究课题,常常涉及百万、千万乃至上百亿的数据点,存储空间是必须考虑的因素。

初步建立数据库

建立数据库,很多人可能已经有过相关实践。无论过去是否有过建立数据库的经验,作为练习,都建议读者把图 6-1 的数据手动录入 Excel,然后以 data.csv 作为文件名存放在自己的电脑里。当完成这个步骤时,一个叫作 data 的数据库就建立起来了。

这个数据库,能够帮助读者理解和练习本章关于使用 R 软件来管理数据库的内容。虽然这个数据库很简单,它却包含了数据库的基本元素。无论一个数据库有多大,多复杂,其基本要素都不外如此。即使是很复杂的数据,也常常要转换成这种结构之后,再进行分析。

6.4　运用 R 进行数据库管理

数据库的管理,基本都是在计算机上通过软件来完成,大数据时代更是如此。本节介绍一款优秀的统计软件——R,具体内容包括软件的安装、使用和数据库的管理示例。

大数据时代需要计算机软件管理数据

随着数据科学的发展,大数据已经不是什么新话题。大数据不仅意味着数据量大,还表示数据的范围广、类型多、数据关系复杂、数据产生的速度快。最快的是实时监控数据,直接反映研究对象的瞬时变化。面对大数据,人工管理已经难以应付,需要依靠计算机来保存和管理。

R 软件免费开源,免费使用,有良好的开发者社区环境,功能强大且在持续更新。尽管是免费的,但其功能几乎无所不包,包括数据处理、统计学分析、计算机模拟、大数据、人工智能、机器学习等,尤其是其优越的图表绘制功能和几乎无限的发展潜力,吸引了经济管理、公共卫生等多个社会科学领域的研究者使用。初期 R 程序是独立使用的,后来为了提高使用效率,研究人员开发了接口(IDE)软件——RStudio,两者逐渐成为固定搭配。R 与 RStudio 的关系类似 DOS 与 Windows。

安装 R 软件

安装 R 软件步骤如下。首先进入 R 软件的官方网站,可以看到类似图 6-2 的页面。

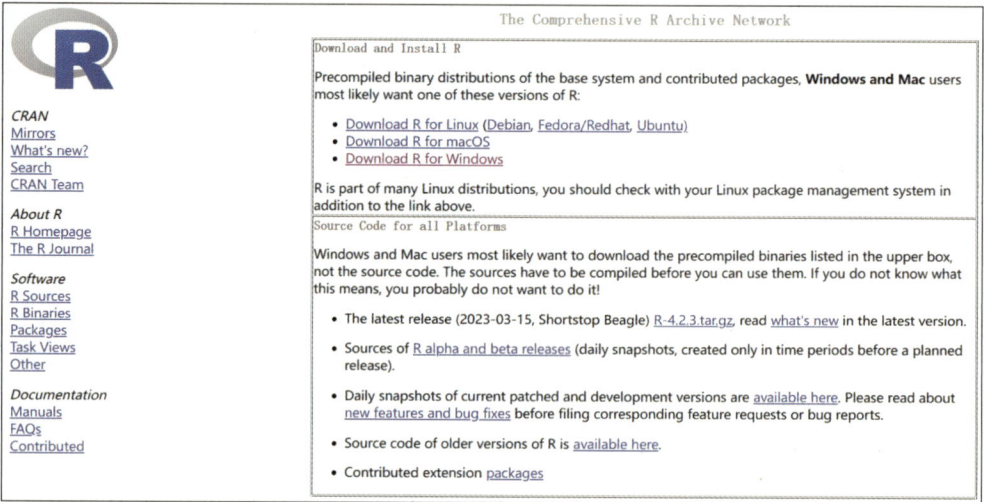

图6-2　R程序官方网站截图,对不同的计算机系统有不同版本供下载

根据不同的计算机操作系统(windows或者MacOS),点击下载相应的R软件包。下载完毕后,点击下载的文件,按照电脑提示,完成R软件的安装。

安装工具软件RStudio

把R软件包安装好之后,紧接着安装工具软件RStudio。具体步骤如下:先进入RStudio的官方网页,其目前的地址为:https://www.rstudio.com/。进入该网页,会显示与图6-3类似的页面。

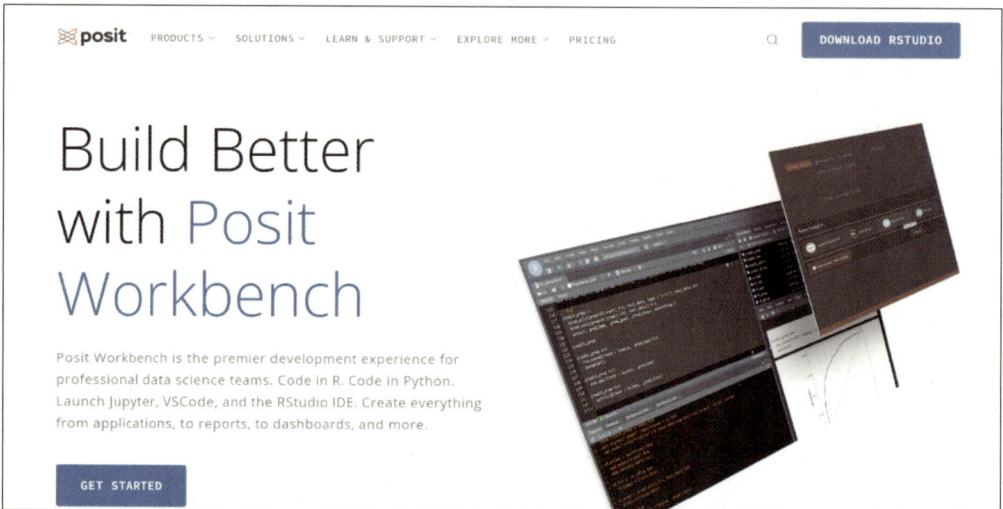

图6-3　RStudio官方网页截图,从这里开始下载安装RStudio

进入该网页,点击右上角"Download RStudio"后选择"Rstudio Desktop",根据需求选择免费版或进阶版(Pro),本书中介绍的内容和功能用RStudio免费版即可完成。点击免费版后选择适合你的计算机系统的RStudio版本,然后下载安装(图6-4)。

OS	Download	Size	SHA-256
Windows 10/11	RSTUDIO-2022.12.0-353.EXE ±	202.77 MB	FD8EA4B4
macOS 11+	RSTUDIO-2022.12.0-353.DMG ±	365.71 MB	FD4BEBB5
Ubuntu 18+/Debian 10+	RSTUDIO-2022.12.0-353-AMD64.DEB ±	131.20 MB	23CAE58F
Ubuntu 22	RSTUDIO-2022.12.0-353-AMD64.DEB ±	131.95 MB	8BC3F84D

图 6-4　RStudio官方网站截图，显示如何下载安装RStudio

RStudio的操作界面

打开RStudio软件，屏幕就会出现类似图 6-5 的页面。RStudio把电脑屏幕分割为四个视窗。

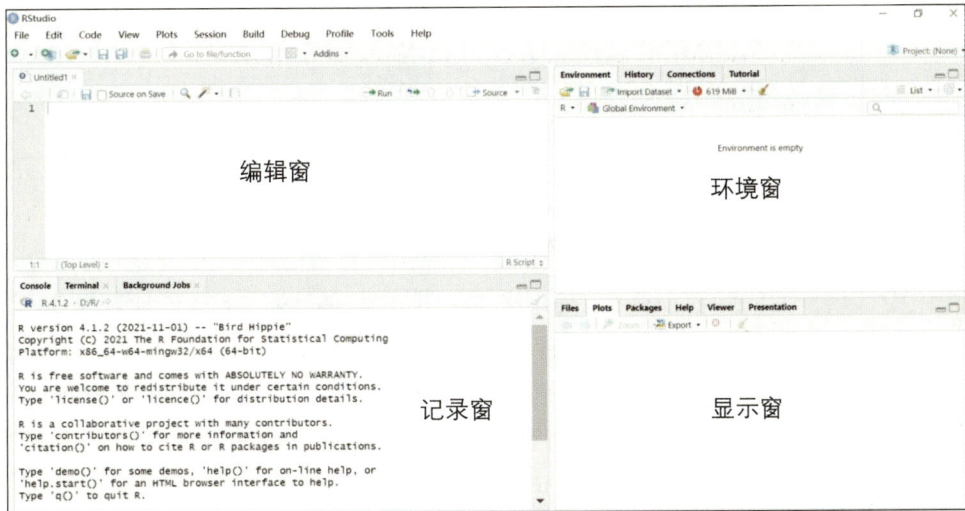

图 6-5　RStudio界面四个视窗的基本功能介绍

左上方为编辑窗，专门用来编写R程序。一般在这个视窗里花费的时间最多。

左下方为记录窗（Console），该视窗有几个功能：一是显示编辑窗里运行的R程序，二是显示统计结果，三是可以直接输入R命令，进行相关操作。例如可以在这个视窗进行各种数学计算。

右上方为环境窗（Environment），主要显示目前R程序正在使用的数据。在R中导入一个数据库，该数据库的基本信息就在这里显示，包括数据文件名、样本大小和变量个数等。

右下方的显示窗主要用来输出计算机绘制的图，同时还可以显示其他信息，如显示查询结果等。这些视窗大小可以任意调节，只需把鼠标放在分界线上，上下左右移动到需要的大小为止。

编写处理数据的R程序

先在电脑里新建一个文件夹,然后把图6-1里的数据手动录入Excel。把数据以data为文件名保存到刚刚建立的文件夹里。注意,保存文件时选择csv作为文件类别,最后完整的文件名为:data.csv。如果已经有了data.csv文件,直接把该文件拷贝到文件夹里,供后面章节的R程序来读取和分析。这里有一点特别指出,在建立文件夹时,文件夹的名字尽量用英文,不然有时候计算机会找不到相应的文件。

数据拷贝好以后,打开RStudio。RStudio启动后,按快捷键组合"crtl + shift + N",新建一个R程序文件。再按照下面图6-6的格式和内容,在RStudio的编辑视窗里输入全部的R命令。注意,R命令左边的行编号是计算机自动生成的,不必手动录入。

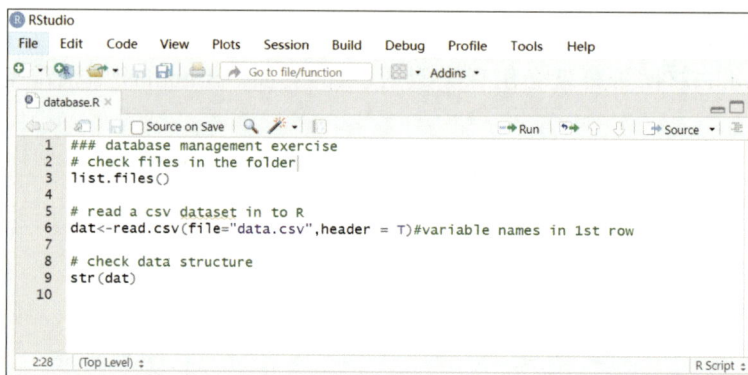

图6-6　数据库管理R程序举例:显示文件列表,读入数据,检查数据结构

程序中,以#开始的绿色命令行,是用来"注明情况"的注释,不运行计算操作。而黑色命令行是可运行的R命令。例如,程序的第3行list.files(),是R程序的文件列表命令,用于查看当前文件夹里的文件;程序的第6行是读入数据;第9行是查看数据结构。

输入了图6-6的全部R命令之后,将程序保存在之前建立的文件夹中(要牢记保存的文件名),关闭RStudio。之后重新进入该文件夹,检查刚刚保存的R程序和数据是否存在。如果不在,就必须重新执行上面的步骤。注意,这一点在开始创建一个R程序时非常重要,务必按照本步骤进行。如果R程序和数据文件都在,直接双击R程序文件名,启动RStudio。如果操作正确,应该回到图6-6所示的页面。

检查文件和读入数据

按照上述步骤重新启动RStudio,打开保存的程序,重新检查一遍后,就可以运行程序了。首先,把鼠标移到命令的第3行(文件列表命令),然后<u>同时按ctrl键和enter键</u>,就可运行命令。之后按照相同的方法运行第6行命令,把CSV数据读入R程序。

图6-7是运行了前面两行命令之后在电脑屏幕左下方Console视窗显示的内容。运行了第3行命令之后,能看到两个文件,一个是数据文件"data.csv",一个是保存的R程序"database.R"。运行第6行命令后在Console视窗里会重复显示该命令。表示已读入data.csv数据,并且重新命名为dat。R程序将用dat来进行数据处理和分析,而不直接动用原始数据"data.csv"。

```
> ### database management exercise
> # check files in the folder
> list.files()
[1] "data.csv"    "database.R"
> # read a csv dataset in to R
> dat<-read.csv(file="data.csv",header = T)#variable names in 1st row
```

图6-7　运行第3行和第6行R命令后在Console视窗里的结果截图

完成这一操作,在屏幕右上方环境视窗里就会出现一个叫作dat的数据库文件(图6-8),包括文件名称dat,调查对象个数(obs=24)和变量个数(p=12)。

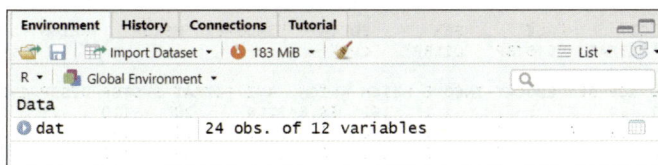

图6-8　读入数据后在Environment视窗显示结果

检查数据结构

R检查数据结构的命令为str( ),括号中需要输入数据文件的名称。例如,在括号里加入dat,就可以看到如图6-9所示的结果。

输出结果第一行蓝色的部分,表示运行的命令。紧接着,显示数据类别为data.frame,并且指出该数据包含$n = 24$个调查对象(obs)和$p = 12$个变量(variables),符合我们录入的数据情况。

在接下来的12行里,程序列举了每个变量的名字,包括ID,AGE……CVD;每个变量的类别;其中chr表示字符串变量,如ID和SEX;int表示整数变量,如EDUCAT和CVD;num表示小数变量,如WEIGH和BMI。另外,缺失值也用NA显示出来了。

```
> # check data structure
> str(dat)
'data.frame':    24 obs. of 12 variables:
 $ ID     : chr  "A001" "A002" "A003" "A004" ...
 $ AGE    : int  14 11 11 14 NA 15 18 17 12 ...
 $ SEX    : chr  "F" "F" "F" "M" ...
 $ EDUCAT : int  1 3 4 0 0 3 1 2 0 2 ...
 $ INCOME : int  1 1 2 2 1 3 1 1 NA NA ...
 $ HEIGH  : int  162 148 136 143 159 156 170 176 170 151 ...
 $ WEIGH  : num  58.8 65.3 46 46.7 62.1 52 NA NA 72.5 50.5 ...
 $ BMI    : num  22.4 29.8 24.9 22.8 24.6 21.4 NA NA 25.1 22.1 ...
 $ PCTFAT : int  28 36 24 18 23 26 24 31 27 26 ...
 $ SYSTBP : int  110 130 120 115 110 115 110 120 125 110 ...
 $ DISBP  : int  75 90 80 80 75 70 80 80 85 70 ...
 $ CVD    : int  0 0 0 0 0 0 0 0 0 0 ...
```

图6-9　用R程序里的str( )命令检查数据结构

其他常用的数据库管理R命令

除了str( )之外,还有很多可以用来进行数据库管理的R命令。下面列举三个最常用的R命令:

1. names(dat):列出数据库里所有变量的名字。
2. head(dat):列出数据库里前6个样本的具体数据。
3. tail(dat):列出数据库里后6个样本的具体数据。

图6-10是运行这三个R命令后,在Console视窗里输出的结果。运行了name(dat)

命令之后,程序列出了全部12个变量,第一行列举了10个,第二行从第11个开始,列举了其余两个变量。

运行了head(dat)命令之后,程序列举了数据库里前6个样本的数据;而运行了tail(dat)之后,程序便列举了数据库最后面6个样本的数据。

还有一个常常用到的R命令就是View(dat)。注意,这里的View首字母须大写。运行这个R命令,能够把全部数据,以类似Excel的格式在编辑视窗里显示出来。

```
> names(dat)
 [1] "ID"     "AGE"    "SEX"    "EDUCAT" "INCOME" "HEIGH"  "WEIGH"  "BMI"
 [9] "PCTFAT" "SYSTBP" "DISBP"  "CVD"
> head(dat)
    ID AGE SEX EDUCAT INCOME HEIGH WEIGH  BMI PCTFAT SYSTBP DISBP CVD
1 A001  14   F      1      1   162  58.8 22.4     28    110    75   0
2 A002  11   F      3      1   148  65.3 29.8     36    130    90   0
3 A003  11   F      4      2   136  46.0 24.9     24    120    80   0
4 A004  11   M      0      2   143  46.7 22.8     18    120    80   0
5 A005  14   F      0      1   159  62.1 24.6     23    115    75   0
6 A006  NA   M      3      3   156  52.0 21.4     26    110    70   0
> tail(dat)
     ID AGE SEX EDUCAT INCOME HEIGH WEIGH  BMI PCTFAT SYSTBP DISBP CVD
19 A019  15   F      3      2   162  76.3 29.1     35    150   100   1
20 A020  10   F      2      1   138  40.2 21.1     21    110    80   0
21 A021  12   F      3      1   152  48.3 20.9     19    110    70   0
22 A022  14   M      0      0   168  79.6 28.2     30     NA    NA   0
23 A023  16   F      1      2   163  66.9 25.2     34    120    80   0
24 A024  17   M      4      1   175  70.0 22.9     24    110    80   0
```

图6-10　运行了R命令names()、head()和tail()后计算机输出的结果截图

把握数据库里所有变量的情况

当我们建立或者拿到一个数据库之后,除了对样本大小n(即调查/观察对象的个数)、变量的个数p和每个变量的名称感兴趣之外,还想知道所有变量的统计学分布和缺失值情况等信息,以便对数据进行进一步处理。在R软件里,有一个很方便的程序命令,可以用来统计描述数据库里所有的数字变量,这个命令就是summary()。只要在括号里输入数据库的名字,该数据库里所有符合条件的变量的基本统计学特征就都显示出来了。

继续以前面的数据库为例,在相应的R程序里加上下面的命令行:

　　summary(dat)

然后同时按ctrl键和enter键来运行该命令,就会得到如图6-11所示的结果。

```
> summary(dat)
      ID                 AGE             SEX                EDUCAT          INCOME           HEIGH
 Length:24         Min.   :10.0    Length:24         Min.   :0.000    Min.   :0.00    Min.   :136.0
 Class :character  1st Qu.:12.0    Class :character  1st Qu.:1.000    1st Qu.:1.00    1st Qu.:151.8
 Mode  :character  Median :14.0    Mode  :character  Median :2.000    Median :1.50    Median :161.0
                   Mean   :14.0                      Mean   :1.708    Mean   :1.55    Mean   :158.9
                   3rd Qu.:15.5                      3rd Qu.:3.000    3rd Qu.:2.00    3rd Qu.:168.0
                   Max.   :18.0                      Max.   :4.000    Max.   :3.00    Max.   :176.0
                   NA's   :1                                                          NA's   :4
     WEIGH            BMI             PCTFAT           SYSTBP           DISBP            CVD
 Min.   :40.20   Min.   :20.90   Min.   :18.00    Min.   :110.0    Min.   : 70.00   Min.   :0.00000
 1st Qu.:50.88   1st Qu.:21.88   1st Qu.:24.00    1st Qu.:110.0    1st Qu.: 77.50   1st Qu.:0.00000
 Median :61.85   Median :23.75   Median :26.00    Median :120.0    Median : 80.00   Median :0.00000
 Mean   :61.95   Mean   :24.78   Mean   :26.64    Mean   :121.5    Mean   : 81.09   Mean   :0.08333
 3rd Qu.:72.30   3rd Qu.:26.75   3rd Qu.:30.75    3rd Qu.:122.5    3rd Qu.: 82.50   3rd Qu.:0.00000
 Max.   :79.60   Max.   :34.10   Max.   :36.00    Max.   :160.0    Max.   :100.00   Max.   :1.00000
 NA's   :2       NA's   :2       NA's   :2        NA's   :1        NA's   :1
```

图6-11　运用R程序里的函数summary(),描述一个数据库里所有的变量结果

图 6-11 是运行了 summary(dat)的结果,程序输出了所有 10 个数字变量的基本统计学特征,包括整数(int)和小数(num)型。对于这些变量,该程序命令给出了 6 个最基本的统计量:min(最小值)、1st QU(25% 分位数)、median(中位数)、mean(平均数)、3rd QU(75% 分位数)、max(最大值)。以身高 HEIGH 为例,最小值=136.0cm,25% 分位数 =151.8cm,中 位 数 =161.0cm,平 均 数 =158.9cm,75% 分 位 数 =168.0cm,最 大 值 =176.0cm。

对于两个字符串(文字)变量,ID 号和性别 SEX,程序输出了其变量类型(class=character)。以及变量的长度 length。这里的长度是指观察对象的个数。

此外,输出结果还包含每个变量缺失值(NA's)的统计数字。这些数字可以用来评价数据质量。例如,AGE 有 1 个缺失值,而 INCOME 有 5 个缺失值。

对于字符型变量,R 也有一个很好用的命令 table()来统计其频数分布。以相同的数据库为例,下面的命令就可以统计出性别 SEX 这个变量中男女的分布:

```
table(dat$SEX)
```

同时分析所有的连续和非连续变量

通过导入 R 程序的其他软件包,可以同时对数据库里的连续性数据变量和非连续性数据变量进行描述。其中程序包 Hmisc 就是一个典型的例子。应用方法如下:

```
install.packages("Hmisc") #安装程序包
library(Hmisc) #载入程序包
describe(dat) #运行 describe()命令
```

图 6-12 是上述 R 命令的部分输出结果,同时显示了连续变量和非连续变量的基本统计学特征。

```
> describe(dat)
dat

 12  Variables     24  Observations
--------------------------------------------------------------
ID
       n  missing distinct
      24        0       24

lowest : A001 A002 A003 A004 A005, highest: A020 A021 A022 A023 A024
--------------------------------------------------------------
AGE
       n  missing distinct     Info     Mean      Gmd
      23        1        9    0.979       14    2.743

lowest : 10 11 12 13 14, highest: 14 15 16 17 18

Value        10    11    12    13    14    15    16    17    18
Frequency     1     4     2     2     4     4     1     4     1
Proportion 0.043 0.174 0.087 0.087 0.174 0.174 0.043 0.174 0.043
--------------------------------------------------------------
SEX
       n  missing distinct
      23        1        2

Value         F     M
Frequency    12    11
Proportion 0.522 0.478
--------------------------------------------------------------
```

图6-12 运用 R 程序包 Hmisc 里面的 describe()函数,
描述一个数据库里所有的变量(图示为部分结果)

6.5　数据处理

R程序有很强的数据处理功能。下面介绍几个最基本的功能：数据重新赋值，根据原有的变量产生新变量，改变数据类别，以及缺失值的初步处理。

变量重新赋值

数据重新赋值是数据处理的常见问题，比如西方国家在进行调查研究时，调查表里的度量单位常常用英制的，如英尺、英镑、英里、华氏温度等。但在发表研究论文时必须使用公制的度量单位和摄氏温度。再如，进行国际比较时，各个国家的货币常常要转换为美元。在计算BMI时，身高必须是米，而数据库里身高可能是厘米，如图6-11所示的例子。要解决这些问题，就涉及对数据库里的一些变量进行重新赋值。

要对一个变量重新赋值，首先要告诉计算机这个变量的名字，再根据原始数据和转换方法计算新值，用新的计算结果取代旧的。下面的一行R命令，是以数据库里HEIGH这个变量为例，演示如何对变量重新赋值：

dat\$HEIGH <- dat\$HEIGH/100　　#change height from centimeter to meter

在上面的命令中，开始部分的dat\$HEIGH指明待赋值的变量；后面的部分dat\$HEIGH/100是对原来变量的数据根据公式1米=100厘米进行计算；中间的"<-"指示数据赋值传导方向为向左。

接着用head(dat)命令，来检查重新赋值是否正确。如图6-13所示，变量HEIGH的值由原来的整数变成了小数，而且比原来的整整小了100倍，表示重新赋值成功。比如，原来第一个调查对象的HEIGH=162，而重新赋值后HEIGH=1.62.

```
> dat$HEIGH <- dat$HEIGH/100          #change height from centimeter to meter
> head(dat)
    ID AGE SEX EDUCAT INCOME HEIGH WEIGH  BMI PCTFAT SYSTBP DISBP CVD
1 A001  14   F      1      1  1.62  58.8 22.4     28    110    75   0
2 A002  11   F      3      1  1.48  65.3 29.8     36    130    90   0
3 A003  11   F      4      2  1.36  46.0 24.9     24    120    80   0
4 A004  11   M      0      2  1.43  46.7 22.8     18    120    80   0
5 A005  14   F      0      1  1.59  62.1 24.6     23    115    75   0
6 A006  NA   M      3      3  1.56  52.0 21.4     26    110    70   0
```

图6-13　变量重新赋值之后运用R命令head( )检查结果是否正确

依此操作，只须改变转换计算方法，就可以对其他变量重新赋值了。比如把英镑转换为千克，直接乘以0.4536就可以了；把英尺转换为米，直接乘以0.0254；把华氏温度转换为摄氏温度，(华氏温度−32)×5/9；以此类推。

根据原有的变量产生新变量

根据已知的变量产生新变量也是数据处理的常见操作。比如根据BMI把调查对象分为超重和不超重两类，或者正常，超重和肥胖三类；根据测量的血压(包括收缩压和舒张压)把调查对象分为高血压和非高血压。R软件对此有多种处理方法，我们这里只介绍运用ifelse( )这种方法。以BMI为例，先根据BMI的值，把调查对象分为超重(BMI>25)和不超重两类，并且产生一个新变量"OVERWT"，然后用它来存放结果。程序如下：

```
dat$OVERWT <- ifelse(dat$BMI > 25, 1, 0)
```

程序中,开头部分是在数据库 dat 中创建一个新变量 OVERWT,之后是一个条件赋值操作——如果数据库 dat 里变量 BMI 的值大于 25,把数字 1(表示超重)存入新变量 OVERWT 里;反之,存入 0,表示不超重。

如果要根据 BMI 的数据把调查对象分为更详细的类别,比如正常、超重和肥胖。可以运用下面的程序命令:

```
dat$WTSTATUS <- ifelse(dat$BMI > 30, 3,
ifelse(dat$BMI > 25 & dat$BMI < 30, 2, 1))
```

类似地,这段程序的一开始产生一个新变量 WTSTATUS,然后根据条件给这个新变量赋值。如果 BMI 符合第一个条件大于 30,给这个变量赋值为 3(表示肥胖);如果在 25 和 30 之间,赋值为 2(表示超重),其余的情况(即 BMI 小于等于 25 的)赋值为 1,表示既没有超重也没有达到肥胖的标准。

图 6-14 是运行这两组产生新变量的 R 命令后,再运行 R 函数 names(dat)和 str(dat)的输出结果。图中显示了两个新增的变量 OVERWT 和 WTSTATUS,分别排在第 13 和第 14 位。而运行 str(dat)命令后输出的结果显示,两个新增的变量是小数型的(num)。细心的读者可能已经注意到,变量 HEIGH 由原来的整数型(int)转换成了小数型(num)。

```
> names(dat)
 [1] "ID"       "AGE"      "SEX"      "EDUCAT"   "INCOME"   "HEIGH"    "WEIGH"    "BMI"      "PCTFAT"
[10] "SYSTBP"   "DISBP"    "CVD"      "OVERWT"   "WTSTATUS"
> str(dat)
'data.frame':   24 obs. of  14 variables:
 $ ID       : chr  "A001" "A002" "A003" "A004" ...
 $ AGE      : int  14 11 11 11 14 NA 15 18 17 12 ...
 $ SEX      : chr  "F" "F" "F" "M" ...
 $ EDUCAT   : int  1 3 4 0 0 3 1 2 0 2 ...
 $ INCOME   : int  1 1 2 2 1 3 1 1 NA NA ...
 $ HEIGH    : num  1.62 1.48 1.36 1.43 1.59 1.56 1.7 1.76 1.7 1.51 ...
 $ WEIGH    : num  58.8 65.3 46 46.7 62.1 52 NA NA 72.5 50.5 ...
 $ BMI      : num  22.4 29.8 24.9 22.8 24.6 21.4 NA NA 25.1 22.1 ...
 $ PCTFAT   : int  28 36 24 18 23 26 24 31 27 26 ...
 $ SYSTBP   : int  110 130 120 120 115 110 115 120 125 110 ...
 $ DISBP    : int  75 90 80 80 75 70 80 80 85 70 ...
 $ CVD      : int  0 0 0 0 0 0 0 0 0 0 ...
 $ OVERWT   : num  0 1 0 0 0 0 NA NA 1 0 ...
 $ WTSTATUS : num  1 2 1 1 1 1 NA NA 2 1 ...
```

图 6-14 运用 R 命令 names( )和 str( )检查产生的新变量是否正确

变量重命名

在处理数据时,经常需要更改变量的名称。如前面的例子,有两个变量的名字是错误的,体重这个变量拼写成了 WEIGH,而正确的应该是 WEIGHT;身高这个变量拼写成了 HEIGH,而正确的应该是 HEIGHT。当然,还有其他需要改变变量名称的情况。R 程序更改变量名称的命令很多,我们介绍一种最简单的方法。以 HEIGH 和 WEIGH 两个变量为例,下面的 R 命令可以重新命名:

```
names(dat)[names(dat) == 'HEIGH'] <- 'HEIGHT'
names(dat)[names(dat) == 'WEIGH'] <- 'WEIGHT'
```

这两行命令的格式是完全一样的。第一行命令，先通过 R 程序里的 names( )命令，找到变量是"HEIGH"那一个，然后用新变量名"HEIGHT"替换旧的变量名。对"WEIGH"的更改同理。有一点必须指出的是，当变量名称更改之后，必须用 str( )命令检查一下更改是否正确。

改变数据的类型

在进行比较复杂的统计学分析时，常常需要改变变量的类型。例如，性别在我们的数据库里是字符串变量，而有的统计学模型只能用数字型变量。如果要把性别纳入统计学分析，就必须把性别转换为数字型变量。这种转换可以通过下面的程序实现：

```
dat$SEX_num <- ifelse(dat$SEX =="M", 1, 0)
```

在上面的命令中，开头部分在数据库 dat 中创建一个新变量 SEX_num 来代表数字型的性别。ifelse 后面的部分，根据 SEX 的值来确定 SEX_num 的值。由于 SEX 只有两个取值，M 为男性，F 为女性，因此如果 SEX 是 M（连用两个等号表示比较），这个新变量就赋值为 1（表示男性）；否则赋值为 0（表示女性）。

有时候，我们也需要数字形式的字符串变量，比如用 1，2，3…12 来代表月份。它们不用来进行统计学计算，这时候我们要把它转换为字符串变量。R 程序有多个命令可以进行转换，下面仅仅举一个简单的：把心血管疾病 CVD 由整数型转变为字符型。

```
dat$CVD <- as.character(dat$CVD)
```

其他数据类型转换命令还有 as.factor( )，as.integer( )，as.numeric( )等。这里列举出来供需要时参考使用。

剔除缺失值太多的调查对象和变量

数据库大多是 N-P 结构，N 代表行，指的是作为样本的调查对象；P 是列，代表变量。以示例数据库 dat 为例，R 中 dat[行，列]可以让我们剔除数据库的任何观察对象或者任何变量。比如，dat[1,2]就是第一个调查对象的第二个变量 AGE；dat[3,]指第三个调查对象的所有变量（空白表示所有的变量），而 dat[,8]表示所有调查对象的第 8 个变量，即BMI。明确对应关系，要从数据库里剔除一个调查对象或一个变量就非常容易了。还是用数据库 dat 为例。这个数据库中并没有大量的数据缺失，我们随意挑选一个来演示如何剔除一个调查对象或一个变量。比如要从 24 个调查对象中把第 7 个剔除，就可以用下面的 R 命令：

```
dat <- dat[-7, ]
```

该命令的意思是说，把数据库里第 7 行的所有变量（逗号后面表示列，即变量是空白的）都剔除掉，把结果仍然存放在相同的数据库里。

同理，要把一个有很多缺失值的变量从数据库中剔除，也可以通过 R 程序完成。比如要把数据库 dat 里的第 12 个变量 CVD 剔除，可以用下面的 R 程序：

dat <- dat[,-12]

该命令的意思是说,把数据库 dat 里第 12 列(CVD)从数据库 dat 里完全剔除。方括号里逗号前是空白,表示所有的观察(调查)对象;方括号后面的 -12,表示从数据库里剔除顺序为 12 的变量,即 CVD。

剔除变量后应该运行 str(dat),检查结果是否正确。发现错误,及时改正。图 6-15 是最后清理好的数据库的结构。从这个结果可以看出,总变量个数减少了一个,因为变量 CVD 剔除了,剔除了一个调查对象,obs 由 24 变成了 23。

```
> #check the structure of the cleaned dataset
> str(dat)
'data.frame':   23 obs. of  14 variables:
 $ ID       : chr  "A001" "A002" "A003" "A004" ...
 $ AGE      : int  14 11 11 11 14 NA 18 17 12 15 ...
 $ SEX      : chr  "F" "F" "F" "M" ...
 $ EDUCAT   : int  1 3 4 0 0 3 2 0 2 2 ...
 $ INCOME   : int  1 1 2 2 1 3 1 NA NA NA ...
 $ HEIGHT   : num  1.62 1.48 1.36 1.43 1.59 1.56 1.76 1.7 1.51 1.62 ...
 $ WEIGHT   : num  58.8 65.3 46 46.7 62.1 52 NA 72.5 50.5 79.3 ...
 $ BMI      : num  22.4 29.8 24.9 22.8 24.6 21.4 NA 25.1 22.1 30.2 ...
 $ PCTFAT   : int  28 36 24 18 23 26 31 27 26 33 ...
 $ SYSTBP   : int  110 130 120 120 115 110 120 125 110 145 ...
 $ DISBP    : int  75 90 80 80 75 70 80 85 70 95 ...
 $ OVERWT   : int  0 1 0 0 0 0 NA 1 0 1 ...
 $ WTSTATUS : num  1 2 1 1 1 1 NA 2 1 3 ...
 $ SEX_num  : num  0 0 0 1 0 1 1 1 0 0 ...
```

图 6-15　从数据库中剔除单个调查对象和单个变量后用 R 命令 str( ) 查看结果

原始数据库的储存

完成本节的所有工作之后,一个可供使用的数据库就建好了。剩下的任务就是把这个清理好的数据库保存起来,供自己和其他研究人员使用。运用下面的命令,可以把处理好的数据库以文件名 cldata(表示清理过的数据)另存为 csv 文件:

write.csv(dat, file= "cldata.csv")

使用 write.csv 命令将数据保存为 csv 文件,括号里的第一项就是待保存的数据库,在我们这个例子中就是 dat,后面的 file= 给出打算保存的文件名。我们这里用 cldata,表示是清理后的数据,后缀 .csv 表示数据文件的类别。之后,再运行 list.files( ),就可以看到刚刚保存的文件。

6.6　编制数据库编码手册

小型的调查研究仅涉及几十个或 100~200 个调查对象,几十个变量,而且数据收集、统计学分析都是由一个或几个人共同完成的,可以不用数据库编码手册。但是,如果是大型调查研究,涉及多个单位,多个课题负责人,一般就要有专门的人负责数据的处理。此时数据库编码手册就十分重要了。编码手册的基本要求是,让进行统计分析的人,仅仅靠阅读编码手册,就能够真正理解数据库里所有变量的含义,直接利用里面的数据。

数据库编码手册的基本内容

数据库编码手册(codebook)的目的是协助科研人员利用数据库里的数据,为统计学分析提供准确可靠的数据。因此,一个数据库编码手册包括至少以下五个方面的内容。

1. 变量名称:变量名称必须与数据库里的变量名称完全一致,包括字母的大小写,字母之间的连接符号等。作为原始数据库,变量的名称最好能够与调查表的一致。请参照6.1关于变量命名的内容。这对于大规模的调查研究尤为重要。

2. 变量的类型:必须表明每一个变量是以哪一种类型录入数据库的。一个常见的错误就是根据变量的名字,从字面上来判断变量的类型。例如,年龄在一般人看来是一个连续变量;可是在某一个数据库中,却不一定是连续变量而是字符串变量。因为一个变量存放为字符串变量比存放为连续变量更节省计算机存储空间。

3. 调查问卷里的对应题目:手册里必须列出与数据库变量相对应的调查问题。做好这一点非常重要,因为它可以让科研人员进行统计学分析和结果解释的时候,准确把握每一项分析结果的实际意义。

4. 变量值的含义:从本节的例子可以看出,每个变量都有取值范围。比如性别SEX有M(男性)和F(女性);而产生的新变量SEX_num用1表示男性,用0表示女性。体质指数BMI的单位是体重(kg)/身高(m)的平方,体脂量PCTFAT是用百分数表示脂肪占体重的百分比,等等。

5. 缺失值的表达:最后,编码手册必须注明不同的缺失值是用什么数字表示的,是系统缺失,还是真正的数据缺失。这些信息对统计分析时处理缺失值非常重要。

除了以上的必需内容之外,根据不同调查研究的具体情况,还可以加入其他必要的解释、说明等,便于科研人员准确把握数据库里的每一项数据。比如,对于人工录入的数据,应该对双录入质量控制的情况适当加以介绍。如果缺失值很多,还可以对调查设计和组织实施的情况适当介绍,以便科研人员判断数据的质量。

编码手册的格式

编码手册通常采用表格的方式,便于查询。表格必须包含前面列出的五个方面的内容。手册要求版面整齐,字体、字号要让人看起来舒适。

编好的手册,可以装订成册,由专人妥善保管,需要时随时取用。也可以另存为PDF文件,与清理好的数据放在一起,方便使用。

编码手册示例

本节以本章的数据库内容为例子,编制了一个数据库编码手册。虽然这个手册很短,但是它包括了所需要的核心信息,包括变量名称、数据类别、变量赋值的意义、相对应的调查问题或其他来源。最后还专门预留了一个"备注"栏,以备注明特殊情况。

数据库编码手册(示例)

课题名称

编制完成日期(××年××月××日)

此编码手册仅供×××课题人员使用,需专人妥善保管,不得随意外传。

变量名和类别	赋值和意义	相应的调查问题	备注
ID(字符型)	调查对象ID号	计算机产生	
AGE(整数型)	年龄	你现在的实际年龄_____岁	
SEX(字符型)	M=男,F=女	你的性别是:	
EDUCAT(整数型)	0=文盲,1=小学,2=中学,3=大学,4=研究生	你的受教育程度	
INCOME(整数型)	0=无收入,1=低于平均,2=平均,3=高于平均	与其他人相比,你的收入怎么样? 没有工作的选0	
HEIGHT(小数型)	单位是米,从厘米转换过来	身高计测量结果	
WEIGHT(小数型)	单位是千克	用体重计测量	
BMI(小数型)	体重/身高平方,按%计算	根据前面的 HEIGHT 和 WEIGHT计算得到	
PCTFAT(小数型)	体内脂肪百分比	取自DXA扫描结果	
SYSTBP(整数型)	收缩压,毫米汞柱	水银柱血压计测量结果	
DISTBP(整数型)	舒张压,毫米汞柱	水银柱血压计测量结果	
CVD(字符型)	心血管疾病,0=没有,1=有,由数字型转换过来	你目前是否患有心血管方面的疾病?	
OVERWT(数字型)	超重,0=否,1=是	根据BMI>25为标准确定的	
WTSTATUS(数字型)	体重情况,1=正常,2=超重,3=肥胖	根据 BMI 确定,<=25 为正常,>25,但是<30 为超重,>=30 为肥胖	
SEX_num(数字型)	0=女,1=男	根据SEX新建的,便于统计分析	

编制人:×××

审核人:×××

思考题

1. 调查数据的系统缺失和非系统缺失有什么差别? 建立数据库时如何处理?

2. 双录入法是如何进行的? 为什么双录入的方法可以进行数据质量管理或控制?

3. 数据录入员需要具备哪些基本特征?

4. 什么是数据库? 如何计算数据库的大小?

5. 为什么运用Epi Info™录入数据时可以减少误差?

练习题

1. 自己编写一个简单的调查问卷,至少包括3个部分,每个部分的题目数量在5~12个。然后根据本章介绍的方法,对每个调查题目命名,作为原始数据录入使用。

2. 下载并安装 Epi Info™, 在自己的电脑上练习数据录入。

3. 熟悉R软件和RStudio的安装和使用,并且在自己的计算机上安装。

4. 安装好R和RStudio之后,练习本章介绍的利用R软件进行数据库管理的全部例子,直到不看书也可以进行操作为止。如果开始有困难,可以把本章后面所附的R程序录入电脑,然后一行一行地运行。最后,再创建一个你自己的R程序。

5. 用本章介绍的方法,尝试管理一个自己的数据库,或者从网上下载一个数据库进行练习。

6. 从网上下载一个数据库,包括相应的编码手册。从中理解和学习别人是如何编写数据库编码手册的。

主要参考文献

陈心广 . (2005). *医学研究设计与统计学分析* . 武汉大学出版社 .

CDC. (2019). *Epi Info™ User Guide*. Centers for Disease Control and Prevention.

Groves, R. M., Fowler Jr, F. J., Couper, M. P., Lepkowski, J. M., Singer, E., & Tourangeau, R. (2009). *Survey methodology* (Vol. 561). John Wiley & Sons.

本章附录:建立数据库和数据处理的 R 程序

为了方便读者学习使用R软件建立数据库和处理数据,作者把本章介绍的程序集中在一起,附在本章的末尾,作为参考。

```
### database management exercise
# check files in the folder
list.files()
# read a csv dataset in to R
dat<-read.csv(file="data.csv",header = T) #variable names in 1st row
# check data structure
str(dat)
names(dat) #list all variable names in the dataset
head(dat) #show first 6 observations
tail(dat) #show last 6 observations
View(dat) #view data in a table format in the editor window
#describe a dataset for numerical variables
summary(dat)
#describe dataset for selected categorical variables
table(dat$SEX)
# describe a dataset for both numerical and categorical variables
```

```
# library(Hmisc)
# describe(dat)
#change value of a variable
dat$HEIGH <- dat$HEIGH/100
head(dat)
# create new variables
dat$OVERWT <- ifelse(dat$BMI > 25, 1, 0)
dat$WTSTATUS <- ifelse(dat$BMI > 30, 3,
ifelse(dat$BMI > 25 & dat$BMI < 30, 2, 1))
names(dat)[names(dat)=='HEIGH']<- 'HEIGHT'
names(dat)[names(dat)=='WEIGH']<- 'WEIGHT'
#create a numerical variable for a categorical variable SEX
dat$SEX_num <- ifelse(dat$SEX =="M", 1, 0)
#convert a numerical variable into character variable
dat$CVD <- as.character(dat$CVD)
#delete 7th observation from the dataset
dat <- dat[-7, ]
#delete 12th variable in the dataset
dat <- dat[,-12]
# check the structure of the cleaned dataset
str(dat)
#save cleaned dataset
write.csv(dat, file="cldata.csv")
list.files()
```

第七章 基本统计学分析

稀有元素只有从矿石里提取出来才有价值

像从矿石里提炼重要元素一样,调查研究时的统计学分析,就类似从原始数据中挖掘出我们所需要的、有价值的信息。相对于原始数据,只有这些提炼出来的信息才能够帮助回答和解决提出的科学问题(陈心广,2005;风笑天,2014;Chen,2021)。换言之,统计学分析是一项调查研究课题开始收获成果的时候。将处理好的数据存放在数据库之后,接下来需要进行的,就是进行统计学分析。统计学分析是一项专业性极强的工作,常常需要专门的教育培训和大量的实际经验。尽管如此,在计算机软件不断发展的今天,非统计学专业的学生和科研人员也可以通过统计软件来完成基本的统计学分析,例如第六章里介绍的 R 软件。

统计学分析方法有相当规范、全面的体系。作为社会调查的一部分,科研人员需要掌握一些基本的数据分析方法。例如:通过绘图和计算平均数、标准差和比率等描述连续变量和离散变量的统计学特征;通过 t 检验、卡方检验和方差分析比较样本均数和样本构成在不同组之间的差异等。这些方法贯通于几乎所有的调查研究实践中。通过这些最基本的统计学分析,研究人员能够把握调查样本的基本情况、调查指标的水平和时间趋势、研究样本不同群组之间的差异等。此外,还应学会运用比较高级和复杂的数据分析方法,如线性相关、简单回归、多元回归和 logistic 回归分析等探索两个或多个变量之间因果关系的方法。本章将着重介绍以上提到的基本的统计学方法。关于相关和回归分析,留在第八章介绍。

本章分为四节。第一节和第二节分别介绍连续型变量和离散型变量的描述性统计分析,第三节和第四节分别介绍连续型变量和离散型变量两组和多组之间的比较。本章里介绍的所有统计学方法都基于 R 程序包 tidyverse(Wickham)中自带的数据库 msleep(动物体重脑重和睡眠数据)和 starwars(星球大战里人物的数据)进行。在内容安排上,每一节从对方法的简介开始,接下来是分析数据的 R 程序示例和程序解释,随后是根据程序计算出的结果(包括统计学指标和图表),最后对结果进行解释。

这里有两点必须指出。第一,统计学是一门专业性强、难度高的学科,因此从理论上系统地介绍统计学超出了本书的范围。作为社会调查的重要环节,这里着重介绍如何根据调查目的与数据特性来选择相应的分析方法,并结合 R 程序进行数据分析以及结果解释。第二,本章的内容建立在第六章的基础之上,因此假定读者已经熟悉并可以顺利使用R程序进行编写与分析执行。不熟悉R软件的读者,可以参考第六章相关内容。

7.1 连续型变量的统计学描述

单变量绘图描述

对单个连续型变量(如年龄、身高、体重、个人收入、生活质量、心理压力等),可以通过绘制**直方图**(histogram)、计算并绘制**密度曲线**(density curve)等方法来了解数据的分布情况。为了便于学习,我们将利用R程序包"tidyverse"本身携带的数据来介绍具体的方法。数据读取方法如R程序7-1所示。

R程序7-1 数据准备:安装和启动R程序包"tidyverse",读取和查看数据

```
1  ### statistical analyses ###
2  ## 1 descriptive for single contiunuous variable
3  # install R package "tidyverse"
4  install.packages("tidyvere")
5  # activate the package
6  library(tidyverse)
7  # read the dataset msleep from tidyvere into a dat for use
8  data <-msleep # check the enviroment window for the dataset
9  # check data structure
10 str(data)
```

开始分析之前,先创建一个文件夹,准备存放编好的R程序和待分析的数据(注意,文件夹的名字尽可能用英文,包括到达该文件夹的路径中的所有文件夹的名字)。然后打开RStudio,再按快捷键组合"ctrl + shift + N"创建一个新R文件。把R程序7.1里的全部内容逐行输入RStudio的编辑窗。然后用file→save as→,给定文件名,以 .R 作为后缀存入电脑。然后退出RStudio,进入到刚刚建立的文件夹,查看刚刚输入的R程序是否成功地存入电脑。找到存入的R程序之后,直接双击启动。

R程序7-1将是练习基本分析方法的第一部分。程序的第4行演示了如何行安装程序包tidyverse(Wickham et al., 2019)。执行该行命令后看不到电脑有什么变化,不过程序包tidyverse已经安装到电脑里了。需要注意的是,该程序包只用安装一次,以后可以反复使用。

程序的第6行library(tidyverse)命令可以调用已安装在电脑里的程序包tidyverse。命令的第8行是把程序包tidyverse里的"msleep"的数据库拷贝到数据库data里。第10行是第六章里介绍过的str()命令,可用来查看数据基本信息。需要注意的是,每次重新启动RStudio后,要重新执行第6行的命令来调用已经安装在电脑里的程序包。

图7-1是运行R程序7-1中最后一行命令后,在RStudio界面左下方Console视窗里显示的数据库的基本信息。根据信息可知,这个数据库目前以表格(tibble)的形式存在,包含有不同动物83个样本的睡眠情况、体重、脑重等11个变量。前5个是字符串型

（chr）变量，包括 names、genus、vore、order 和 conservation。而后 6 个变量是数值型（num）变量，包括 sleep_total、sleep_rem、sleep_cycle、awake、brainwt 和 bodywt。只有连续型变量会以数值型储存，因此在这 6 个变量中我们可以挑选任何一个进行针对连续型变量的描述分析。

```
> data <-msleep # check the enviroment window for the dataset
> # check data structure
> str(data)
tibble[,11] [83 x 11] (S3: tbl_df/tbl/data.frame)
 $ name        : chr [1:83] "Cheetah" "Owl monkey" "Mountain beaver" "Greater short-tailed shrew" ...
 $ genus       : chr [1:83] "Acinonyx" "Aotus" "Aplodontia" "Blarina" ...
 $ vore        : chr [1:83] "carni" "omni" "herbi" "omni" ...
 $ order       : chr [1:83] "Carnivora" "Primates" "Rodentia" "Soricomorpha" ...
 $ conservation: chr [1:83] "lc" NA "nt" "lc" ...
 $ sleep_total : num [1:83] 12.1 17 14.4 14.9 4 14.4 8.7 7 10.1 3 ...
 $ sleep_rem   : num [1:83] NA 1.8 2.4 2.3 0.7 2.2 1.4 NA 2.9 NA ...
 $ sleep_cycle : num [1:83] NA NA NA 0.133 0.667 ...
 $ awake       : num [1:83] 11.9 7 9.6 9.1 20 9.6 15.3 17 13.9 21 ...
 $ brainwt     : num [1:83] NA 0.0155 NA 0.00029 0.423 NA NA NA 0.07 0.0982 ...
 $ bodywt      : num [1:83] 50 0.48 1.35 0.019 600 ...
```

图7-1　数据库 msleep 里面的内容，包括数据库大小（83×11=913数据点）和变量列表

完成了程序 7-1 的全部任务之后，用下面的命令把从 tidyverse 里取出来的数据库 msleep 存放在你自己的电脑里，供以后分析时使用。

write.csv(data, file="sleepdata.csv"

上面的命令中，write.csv 让计算机把数据按照 csv 格式存放，括号里面的第一个选项"data"，就是程序第 8 行得到的待存放的数据；而 file="sleepdata.csv" 就是存放数据的新文件名。运行这一行命令之后，一个称为 sleepdata.csv 的数据文件就自动地与 R 程序 7-1 存放在同一个文件夹里。为了检查数据是否存入，可以先直接进入文件夹查看，也可以在 R 程序里加入下面的 R 命令：

dat <- read.csv(file="sleepdata.csv")

执行该命令，就可以把存储的数据读入另外一个新数据库 dat 里。仿照 R 程序 7-1 第 10 行命令，用 str(dat)，就会得到与图 7-1 相同的结果。

延续上文程序 7-1，R 程序 7-2 演示如何运用相关的 R 命令来描述单个的连续型变量。此处我们选择了变量 sleep_total（总的睡眠时间，以小时为单位）来演示描述连续型变量的方法。运行程序的第 14 行从数据库 data 中取出变量 sleep_total，然后存放在新变量 x 里。在这行程序中，data 是数据库的名字；$sleep_total 命令计算机从数据库 data 里面读取变量 sleep_total；通过 <-命令 将读取的数据存放在新变量 x 里。

程序的第 17 行调用 hist( ) 作直方图分析。R 命令 hist( ) 是绘制直方图最简单的方法，括号里输入的变量即为需要作直方图的变量。该示例程序里输入的是变量 x，即 sleep_total 的数据，因此程序命令的第 17 行就是做总睡眠时间的直方图。程序里的 hist 是英文直方图（histogram）的缩写。

R程序7-2　利用图和统计量描述连续型变量的R程序示例

```
12  ## make histogram using a variable from the data
13  # select variable "sleep total" from the data for analysis
14  x<-data$sleep_total
15
16  # make a simple histogram
17  hist(x)
18
19  # make density histogram for distribution
20  par(mfrow=c(1,2))    # format to put two histograms next two each other
21  # histogram with data-based density
22  hist(x, prob=T)
23  lines(density(data$sleep_total))
24
25  # compare density with normal distribution
26  m<-mean(x) # compute mean and store in a new variable m
27  stdv<-sd(x) # compute standard deviation and stored in stdy
28  # make density histogram
29  hist(x, breaks=12, prob =T)
30  # add norm curve based on the mean and stdv of the variable
31  curve(dnorm(x, mean=m, sd=stdv),
32        col="blue", lwd=2, add=TRUE, yaxt="n")
33  # return to the default format: 1 plot per page
34  par(mfrow=c(1,1))
```

图7-2是运行了R程序7-2第14行和第17行之后的输出结果——总睡眠时间的直方图。该直方图清楚地描述了变量sleep_total的频数分布状况：横轴表示该变量的取值范围，纵轴表示不同总睡眠时间动物的频数分布。

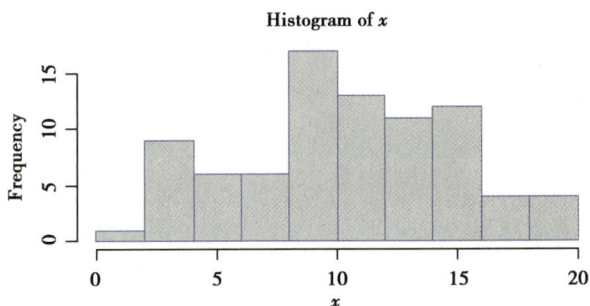

图7-2　利用hist(x)绘制单个连续变量的直方图

对于连续型变量，还可以进一步从统计学的角度来评估其是否符合正态分布（normal distribution）。R程序7-2的第19行到34行，介绍两种通过可视化方法检查连续型数据的分布情况。

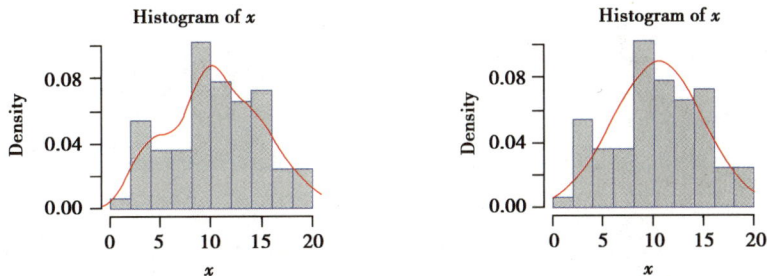

图7-3　运用R程序在直方图上加入分布密度曲线

（左图，以数据为依托的密度；右图，用正态分布计算的密度）

方法一：概率密度。程序的第20行 par(mfrow=c(1,2)) 设定页面格式，使两个图得以并排放在一页里。第21–23行根据数据本身的信息计算分布密度，再用R命令 lines( ) 将密度线叠加在直方图上。图7-3中左图就是该部分程序的输出结果。与图7-2不同，这里的纵坐标不是频数，而是密度(density，又可以称为概率或百分比)。

方法二：正态分布密度。R程序7-2中第25–32行的命令可用于进一步检查数据分布是否与正态分布吻合。在这段程序里，R命令 mean( ) 和 sd( ) 被用于计算 sleep_total 的平均值和标准差，并将结果分别存放在新变量 m 和 stdv 里。再运用R命令 dnorm( ) 结合新变量 m 和 stdv 来计算相应的正态分布，最后运用 curve( ) 命令和计算的 m 和 sdtv 来绘制曲线，并叠加到直方图上。图7-3右边就是该部分程序输出的结果。

综合图7-2和图7-3的结果可以看出，动物总睡眠时间分布在0到20小时之间，并以睡眠8~9小时的动物居多，整个数据分布呈中心对称的钟形，比较接近正态分布。

从前面的演示可以看出，用R程序来描述变量分布的操作过程并不复杂，并且得到的信息不仅多而且非常直观。有兴趣的读者，可以从 msleep 里的其他5个连续变量中任选一或几个，来练习这种方法。

利用单变量描述技巧查找异常值

在统计学分析中，常常出现一两个或者少数几个异常值完全左右数据分析结果的情况，因此必须辨析并且适当处理数据中的异常值。箱线图是R软件里一个常用的绘图功能，可以帮助我们检查和找到数据中的异常值(outliers)，其R程序命令为 boxplot( )。在R程序7-3里，我们介绍了一种利用 boxplot( ) 来检测异常值的方法。

R程序7-3是程序7-1和7-2的延续。为了便于比较，程序的第39行从 msleep 数据库里取出记载了动物的大脑重量的变量 brainwt 进行箱线图演示。为了区别于与R程序7-2里的变量 x，我们把 brainwt 存放在另一个新变量 y 里。

R程序7-3　利用 boxplot ()命令来寻找异常值的技巧示例

```
37  ## box plot and detection of outlier
38  # add another variable "brainwt" for analysis
39  y<-data$brainwt # store brainwt (brain weight)in y
40
41  # set page format
42  par(mfrow=c(1,2))
43  # plot variable x for sleep total
44  boxplot(x, main="Total sleep Hours")
45
46  # plot y for brainwt
47  boxplot(y, main="Brain weigh")
48
49  # save numerical results in a variable outlier
50  outlier <- boxplot(y)
51
52  # check outliers saved in the variable named "out" in the variable outlier
53  outlier$out
```

第42行程序命令设定好页面格式，第44行命令做出箱线图，用来描述总睡眠时间 x，其中用 main 子命令给图片命名。图7-4左边就是执行了该行命令后绘制的总睡眠时间箱线图。该图显示了几个重要的统计学信息：(1)图中部灰色箱体里的黑实线表示变量的中位数(median)；(2)灰色箱体包括了该变量50%的样本；(3)箱体的上下限分别是数据的上四分位数和下四分位数；(4)虚线所示的是合理数据的范围。

从图7-4左图结果可以看出，动物总睡眠时间的数据全部都在合理范围内，没有异常值。但是，代表中位数的黑实线不在灰色箱体的正中间而是中间偏下，这表示数据有点偏离正态分布。不过这样的结果可以当作近似正态，因为是样本的数据，会有抽样误差。

接下来R程序7-3的第47行用相同的方法对变量y（即动物的脑重量）做箱线图，结果见图7-4右图。对比左边总睡眠时间的分布，大脑重量的分布并不"标准"。变量的中位数和由50%分位数决定的分布范围被严重地压缩到了图的下方，而图中位于虚线上方的空心圆点代表异常值（outliers）。

为了找出数据中的异常值，R程序7-3的第50行将boxplot()分析的结果存放在新变量outlier里，然后通过第53行命令直接读出这些异常值。执行命令50行和53行输出的11个异常值如下所示，这些异常值要在评估后决定是否剔除。

600.000　2547.000　521.000　187.000　899.995　800.000　6654.000

162.564　161.499　207.501　173.330

这里需要指出的是，异常值是按照正态分布范围为标准来确定的。根据图7-4右侧箱线图提供的信息并结合已有的知识可以推断，动物大脑的重量可能符合的是指数分布而非正态分布。众所周知，指数分布的数据可以通过对数变换转换为正态分布。因此，上述异常值的结果只能作为练习来使用，而不能简单地做出异常值存在的结论。

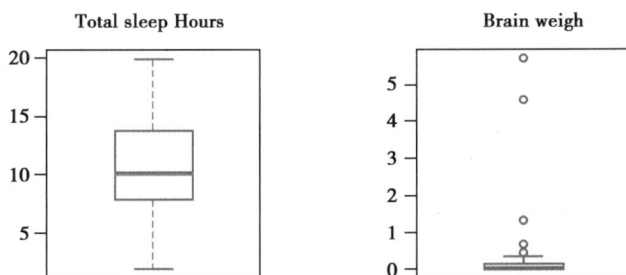

图7-4　箱线图显示，左边数据没有异常值，右边箱线图显示有异常值（空心圆点）

R程序中也有简单直观的方法检验一个变量是否符合指数分布。以R程序7-3的第47行为例，用 boxplot(log(y)) 取代 boxplot(y) 后重新绘制箱线图，如果箱线图显示没有或较少出现异常值，而且灰色部分的箱体在图的中部，那么该变量就可以被认为符合指数分布，可以将其通过对数变换变为正态分布的新变量进行统计学分析。这一点留给读者根据前面介绍的方法，自己进行练习和验证。

计算常用统计量

除了运用图像技术，R软件中另有可以用来计算连续型变量的基本统计量的命令。在R程序7-2里已经介绍了计算平均数和标准差的命令 mean() 以及 sd()。其他常见统计量可以用下面的R命令进行计算，包括最大值 max()，最小值 min()，中位数 median()，范围range = max()-min()，计算时需要在括号里加上相应的变量名。具体可以参考R程序7-2里相应的示例。

7.2 离散型变量的统计学描述

在社会调查中,离散型变量比连续型变量使用得更频繁。典型的例子如描述人群特征的变量(性别、族别、受教育程度和职业等)或者描述健康状况的变量(是否生病、疾病种类和分期、是否就医、有没有医疗保险等)。常用描述离散型变量的方法是频数表,即点数列表,必要时也可以计算百分比。

根据清点的频数,可以进一步绘图以更直观的方式来描述变量的特征。典型的例子有直条图(bar chart)和饼图(pie chart)。离散型变量还可以用来描述连续型变量的趋势,比如,平均体重随年龄的变化、人口期望寿命随年份的变化,这里年份是离散变量(discrete variable)等。本节将介绍三种描述离散型变量的方法,即频数表、直条图和饼图。所用的变量是在图7-1中提及的vore,即动物的食性分类。

离散型变量频数列表

描述离散型变量的第一步,就是清点变量中每个类别的数目,又称点数(count)。点数的结果就是频数,借此可以计算变量各个类别的百分比,即频数分布,计算过程如R程序7-4所示。该程序是程序7-1至7-3的延续,因此直接从数据库data中提取所需变量vore。

R程序7-4 离散型变量计算频数和百分比的R程序示例

```
58  ## description of categorical variables
59
60  # select variable vore: animal eating habit
61  z<-data$vore
62
63  # calculate frequency and store in a variable count
64  freq<-table(z)
65
66  # check results by simply type the variable name
67  freq
68
69  # calculate percent distribution
70  prop.table(freq)
71  # express as percentage
72  round(100*prop.table(freq), digits=2)
```

运行程序7-4的第61行可从data里选出变量vore,并且把它存放在一个新变量z里(此处用z是为了避免与前面已经用过的x和y重复)。从图7-1的结果已知,变量vore属于chr,即非连续型字符串变量,因此可以通过点数来计算频数。这个变量里一共记载了四种动物食性,按照先后顺序依次为carni(是carnivore的缩写),代表肉食性动物;herbi(是herbivore的缩写),代表草食性动物;insecti(insectivore的缩写),代表以昆虫为食的动物;和omni(是omnivore的缩写),代表杂食性动物。

R程序7-4中的第64行运用table( )函数清点频数。点数完成之后,将结果存放在一个命名为freq的新变量里,由此可以直接键入freq来查看结果(如第67行所示)。执行该命令得到的频数分别是carni=19,herbi=32,insecti=5,omni=20。

程序的第70行计算了这四个不同类别的比例,而第72行则把计算的结果用百分比表示并保留两位小数。第72行命令中使用round(,digits=)函数来保留小数点。

绘制直条图表示分布

除了具体的频数,用图来表示分布能够更有效地帮助我们把握离散型变量的特征。R程序7-5演示如何根据R程序7-4计算的结果来绘制频数分布图。由于在上文程序7-4的第64行中vore的频数已被存放在变量freq里,因此R程序7-5将直接利用freq里的结果做vore的频数分布图。

R程序7-5是7-4的直接延续,用来演示做直条图和饼图。为了便于比较,在程序的第78行进行绘图页面设置,页面设置为(1,2),表示将两个图分左右排列为一行(绘图完成之后,程序的第96行将页面设置恢复为默认的一页一图)。

R程序7-5的第81行用R命令barplot( )绘制直条图。该命令是R软件绘制直条图的一种最基本的方法,括号里需输入计算好的频数表。此处,括号里的freq是通过程序第64行计算的;二级命令main="Bar Chart of Vore Statistics of Animals"则用来给图添加标题。

R程序7-5 离散变量绘制直条图和饼图的R程序示例,包括如何在一页上显示多张图

```
75   ## make bar chart, pie chart and trend for categorical variables
76
77   # set page format
78   par(mfrow=c(1,2))
79
80   # create barchart with tabled results
81   barplot(freq,main ="Bar chart of vore statistics of Animals")
82
83   # sort data
84   freqs <-sort(freq)
85   # create a sorted and horizontal bar chart
86   barplot(freqs,main="Bar chart of vore statistics of Animals",horiz = T)
87
88
89   # create pie chart with tabled results
90   # not sorted
91   pie(freq,main = "pie chart of vore statistics of Animals")
92   # sorted
93   pie(freqs,main = "pie chart of vore statistics of Animals")
94
95   # return to default page format
96   par(mfrow=c(1, 1))
```

程序7-4的计算的结果表明,四种不同食性动物的比例各不相同。为了达到更好的视觉效果,把计算的频数排序之后再绘图,可能会更清晰地显示统计分布的信息。同时根据实际情况,把直条图摆放成水平的横向图也许会更清晰。R程序7-5的第83-86行演示了如何将计算的频数分布进行排序后再绘图。值得注意的是,程序的第86行barplot( )括号里增加了选项horiz=T,指定计算机把绘制的直条图水平放置。如果不添加该选项,计算机默认纵向摆放。

图7-5是执行了R程序7-5之后输出的直条图。首先,按页面设置命令要求将两个直条图分左右摆放。其次,两个图的标题也与程序中设定的内容完全相同。最后回到图示的内容:图7.5的左图显示的是未排序、在默认纵向摆放设置下根据清点的频数绘制的直

条图;而右图显示的是经过频数排序,且设置为水平方向摆放绘制的直条图。

对比左右两个图可以看出,首先,提供横向或者纵向绘图的两个选项可以让科研人员据需要灵活选用。其次,通过频数排序后再作图,可以按序直观显示类别比例,便于比较。事实上,当变量的类别较多时(比如5个以上),把频数结果排序后再绘图的优点会更加突出。而且,由于横向直条图可以容许很多类别,即使10个以上都不会显得页面拥挤。比如在比较世界不同国家的指标时,横向直条图是最好的选择。不过,无论是横向的还是纵向的,把频数结果排序后再绘制的直条图,视觉效果都要比没有排序的更清晰。

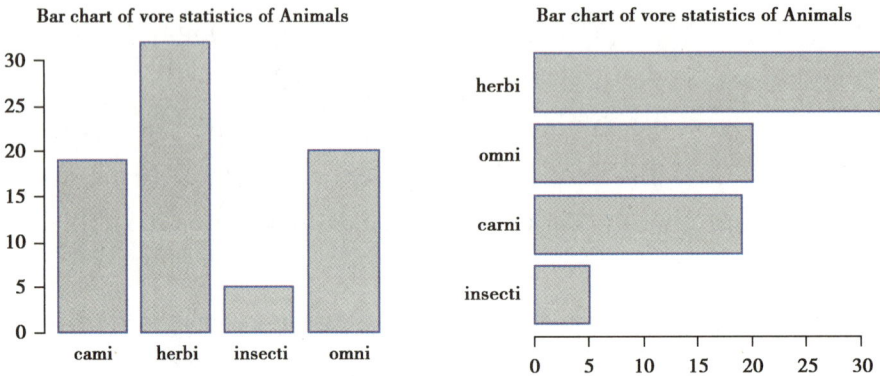

图7-5 相同的数据用不同方法绘制的直方图

绘制饼图来表示分布构成

R程序7-5的最后一部分(第89—93行)演示了如何利用R命令pie()和前面计算的freq和freqs来绘制饼图。命令通式为:pie(频数表,标题)。如果频数已经排过序了,则绘制的图就按照频数由大到小的顺序绘制,如果未排序则该命令将按频数表本身的顺序绘制饼图。

图7-6是运行R程序7-5的91—93行后计算机输出的饼图,其中左边是用未排序的数据freq绘制的,而右边是用排序后的数据freqs绘制的。图中各类由右边水平线开始,顺时针排列。对比图7-5的结果,饼图是描述离散型变量的分布的另外一个方式,科研人员可以根据实际需要和个人的偏好灵活选用。

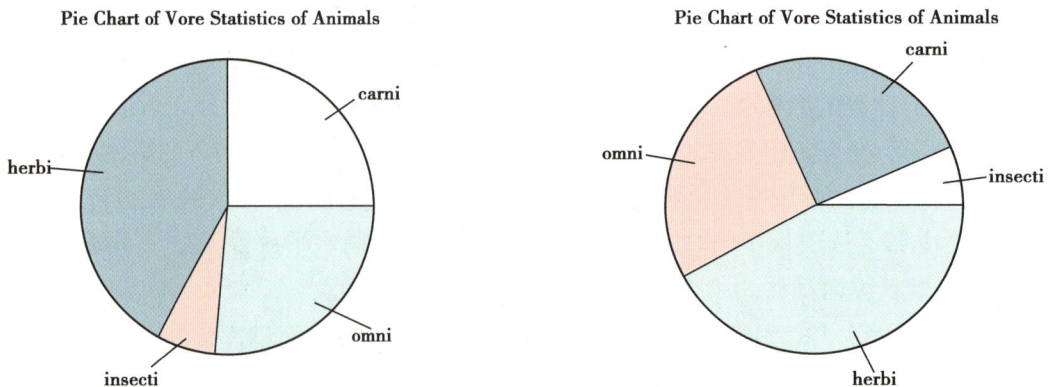

图7-6 数据不排序和排序后绘制的饼图示例

7.3 连续型变量的两组和多组比较分析

比较连续型变量两组和多组之间的差异,是现代调查研究中经常用到的统计学分析。比如,比较不同性别(两组)、族别(多组)、受教育程度(多组)在某个连续变量上的差异。经常需要比较的连续型变量包括年龄、个人收入、幸福感、获得感、身高、体重、血压等。对连续型变量进行两组比较时常用学生t检验(Student t-test),简称t检验。而进行多组比较时,要用方差分析(analysis of variance),简称ANOVA,又称F检验。本节将介绍这两种方法。

两组样本均数比较:学生t检验

运用R程序进行学生t检验非常方便而且高效。进行t检验的目的就是要验证一个连续变量的平均值在两组之间的差异是否是由抽样误差造成的。统计学研究证明,如果两个对比组之间本来就有差异,那么因抽样误差而产生差异应该是一个小概率事件。小概率的具体数值没有规定标准,但目前约定俗成并被广泛运用的小概率是$p<0.05$。做t检验时,要求被检验的变量是连续性的数字变量且尽可能满足正态分布。为了演示t检验方法,我们将用tidyverse程序包里的另一个数据库:starwars(星球大战)。

R程序7-6 利用R进行学生t检验示例,包括快速分析和深入分析两种方法

```
99   ### student t-test
100  #data preparation: read data "starwars" from the tidyverse package
101  dt<-starwars
102  # check variable names
103  names(dt)
104  # select subjects and three variables sex height and mass
105  dt<-dt[dt$sex=="male"|dt$sex=="female",c("sex","height", "mass")]
106  # remove missing data
107  dt<-na.omit(dt)
108
109  # quick t.test analysis
110  t.test(mass~sex, data =dt)
111  # force t.test assumming equal variance
112  t.test(mass~sex,var.eq=T,data =dt)
113
114  # more detailed analysis
115  # boxplot to visually compare between two groups
116  boxplot(mass~sex, data=dt)
117  # compare variance if equal
118  var.test(dt$mass[dt$sex=='male'], dt$mass[dt$sex=='female'])
119  # t-test with more detailed setting
120  t.test(mass~sex, alt="two.sided", var.eq=F, paired=F, data=dt)
```

软件包tidyverse在R程序7-1中已经完成加载,此程序起始第101行把数据库starwars从程序包tidyverse里拷贝到要做t检验的新数据库dt里。程序的第103行使用names()函数检查数据库里所有变量的名字以选择变量进行后续分析。运行第103行后即可看到数据库dt里一共有14个变量。执行第105行命令,从14个变量中选择出3个做统计学分析。第一个是sex(性别),作为分组变量来比较性别差异;剩下的两个分别是height(身高)和mass(身体质量,星球大战在太空中进行,因此没有重量)。分析的目的就是比较这两个变量的平均数的性别差异。如果有差异,进一步判断差异是否属于小概率事件(即$p<0.05$)。如果属于,则该差异具有统计学显著意义。

选取变量的第105行命令包含了用逗号分开的两部分。逗号后的部分c("sex", "height","mass")要求计算机从数据库dt里选取这三个变量的三列数据。由于原始数据里的性别分类,除了男性和女性之外还有其他类别,而t检验只能进行两组间的比较。因此,第105行命令中逗号前面的部分,就是要计算机从所有的观察对象(数据库的行里),选取sex=male和sex=female的对象。程序命令的第107行剔除数据库dt中所有带有缺失值的观察对象。关于缺失数据的处理,第九章有专门介绍。

数据处理好之后,运行第110行R程序中专门进行t检验的命令t.test( )命令就可以对选定变量进行t检验。括号里第一个需填入待比较的变量,此处选择的是mass;第二个变量是作分组用的,此例中为sex;二者之间用"~"连接,表示分析的目的是要看mass与sex的关联。命令的最后部分指令计算机让程序从数据库dt里提取变量来进行分析。下图7-7是执行本行命令后输出的结果。

```
> # quick t.test analysis
> t.test(mass~sex,data = dt)

        Welch Two Sample t-test

data:  mass by sex
t = -5.1308, df = 43.165, p-value = 6.531e-06
alternative hypothesis: true difference in means between group female and group male is not
 equal to 0
95 percent confidence interval:
 -36.65808 -15.97324
sample estimates:
mean in group female    mean in group male
          54.68889              81.00455
```

图7-7　t检验的主要结果,进行探索性分析时用

快速分析t检验结果时,首先查看图7-7输出结果的最后3行。这一部分结果显示身体质量样本均数的估计值(女性=54.69kg,男性=81.00kg),经手工计算,女性比男性样本平均质量少26.31kg。其次看结果开始部分的t检验结果,程序计算的统计量值$t=-5.1308$,自由度$df=43.16$,$p=6.531e-6$(远远小于0.01)。这一结果表明,经过t检验,男女身体质量的差异,在0.01的显著性水平上具有极显著的统计学意义。

不过图7-7中有一点要指出,运用t.test( )分析后输出结果的题目不是Two Sample t-test而是Welch Two Sample t-test。统计学知识告诉我们,当变量的方差在两个比较组之间存在显著差异时(又称为方差不齐),普通t检验得到的结果是不可靠的。克服普通t检验的这种局限的方法之一就是改用Welch t检验。当使用R命令t.test( )而不注明情况时,R程序将自动进行方差齐性检验。如果方差不齐,采用Welch t检验,反之则采取普通t检验。

R程序7-6中112行以下的命令介绍了如何进行详细的t检验。程序第112行和第110行相比,在该命令里增加了(…,var.eq=T),此时t.test( )命令将进行方差相同时的普通t检验。另外,如果在不考虑方差齐性的条件下强制性地使用普通学生t检验进行分析,所计算的t值(绝对值)和p都将减小。这样的结果表示,相对于方差不齐的Welch t检验,相同的数据如果用学生t检验,其检验能力是降低的。因此,本来具有显著性差异的样本,可能检验结果就不再显著了。

R程序7-6的第116行命令意在通过箱线图来查看男女身体质量mass的分布;第118行进行方差齐性F检验,检验结果F=1.791(p=0.00145 <0.01)。程序7.6的最后一行120是比较完整的t.test( )命令示例。另外,数据库dt里面还有一个变量height,这里没有进行示例分析,可供读者自己练习。

多组样本均数比较:方差分析(F检验)

与t检验相关但更进一步的是比较多组样本均数,以检查所有对比组之间差异的真实性。如果确认了所有对比组之间存在差异,就可以用前面介绍的t检验方法再进行两两比较。进行多组样本均数比较的经典方法就是F检验,即所谓的方差分析。

R程序7-7将运用第一节里的msleep数据库来介绍F检验。程序第126–134行展示了数据选择、数据库建立和对变量进行对数正态变换的操作过程。命令第126行从msleep里读取数据并存储到新变量dva中,用name( )函数检查数据库dva里的变量名以备后续变量选取。命令第131行从msleep里选取了四个变量:vore(动物食性),sleep_total(总睡眠时间),brainwt(动物大脑重量),和bodywt(动物体重)。按照动物食性分组,一共有四个组。另外3个变量作为比较用。这里用总睡眠时间sleep_total为例演示F检验方法,剩余的变量,包括经过对数正态变换的两个变量(命令第133和134行)留给读者练习。

程序的第137–139行绘制了变量的箱线图以目测四种动物总睡眠时间的差异。图7-8是绘图结果。从结果中初步判断,四种动物中三种的总睡眠时间集中在10小时左右。与其他三种动物相比,以昆虫为食的动物睡眠时间要长得多。另外,四种动物睡眠时间的方差也不一致,且杂食动物总睡眠数据有值得注意的异常值(空心圆点)。

R程序7-7的第142行进行了以核心命令为aov( )的方差分析。程序把分析的结果存放在一个叫作sleep的新变量里,用summary( )命令(第144行)可查看方差分析一般结果,用coefficients( )命令(第146行)可查看四个组之间的差异。

R程序7-7　连续变量多组比较的F检验程序示例

```
123    ## variance analysis using "msleep" data as example
124
125    # get data
126    dva <- msleep
127    # check variable names
128    names(dva)
129
130    # select variables
131    dva <-dva[,c("vore","sleep_total","brainwt","bodywt")]
132    #log transformation of brainwt into normal distribution
133    dva$brainwt =log(dva$brainwt)
134    dva$body=log(dva$bodywt)
135    |
136    # boxplot for visualization of total sleep hour
137    boxplot(sleep_total~vore,
138                main='sleep hours differ by eating type',
139                ylab = 'total sleep hours',data=dva)
140
141    # conduct variance analysis
142    sleep <- aov (sleep_total ~ vore, data=dva)
143    # check F test results
144    summary(sleep)
145    # check group difference using first group as reference
146    coefficients(sleep)
```

图7-9是运行第143–146行后输出的全部结果,一共包括两个部分。(1)F检验的结

果,其中F=2.235,p=0.091(<0.10显著性水平),同时结果还列出了用来计算F值的组间(vore)和残差(residuals)的平方和均方。(2)执行了第146行命令后列举的4个数字。

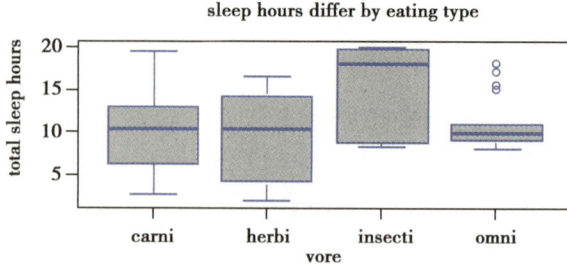

图7-8　用箱线图直观评估连续变量的多组之间的差异

```
> # conduct variance analysis
> sleep <- aov (sleep_total ~ vore, data=dva)
> # check F test results
> summary(sleep)
            Df Sum Sq Mean Sq F value Pr(>F)
vore         3  133.7   44.57   2.235 0.0914 .
Residuals   72 1435.7   19.94
---
Signif. codes:  0 '***' 0.001 '**' 0.01 '*' 0.05 '.' 0.1 ' ' 1
因为不存在,7个观察量被删除了
> # check group difference using first group as reference
> coefficients(sleep)
(Intercept)   voreherbi voreinsecti    voreomni
 10.3789474  -0.8695724   4.5610526   0.5460526
```

图7-9　R程序7.7方差分析的输出结果

1. intercept(截距),数值=10.38,实际上是肉食性动物的平均睡眠时间。

2. voreherbi,数值=-0.87,是草食动物与肉食动物睡眠时间的差异,相对而言,草食动物比肉食动物平均少睡0.87小时。

3. voreinsecti,数值=4.56,即相对肉食动物而言,食用昆虫的动物平均多睡4.56个小时。

4. voreomni,数值=0.55,即相对肉食动物而言,杂食性动物平均要多睡0.55小时。

这里必须指出的是,与学生t检验类似,用R程序进行方差分析时,输出的结果是建立在线性模型的基础上的,并用组别作为自变量来估计其对因变量的影响。

结论:根据方差分析结果,四类动物之间睡眠时间的差异未达到p<0.05的水平,说明该数据尚未提供足够证据证明四类动物间睡眠时间具有统计学上显著的差异。虽然从图7-8的数据估计以昆虫为食的动物睡眠时间要比其他动物长,但是该差异没有达到统计学显著可能有两个相关的原因:第一,总睡眠时间这个变量的变异性很大;第二,样本相对较小。当变量的变异比较大时,增加样本量可以提高统计分析的检验效率,提供更多信息就能检测出具有显著差异的结果。因此,在实际工作中如果遇到类似情况,应该建议增加样本量再做进一步分析。

根据箱线图和方差分析的结果,还有一种方法就是把vore分为两组,即食用昆虫的为一组,其他三种合并为一组,然后用t检验进行对比分析。这样也能够提高统计检验效率来发现实际存在的差异。

7.4 离散型变量的两组和多组比较分析

卡方检验(Chi-sq test 或者 χ^2-test)又称为卡方分析,是比较离散型变量组间差异最常用的统计学方法。卡方检验的主要任务,是比较离散型变量的构成比在对比组之间的差异。比如,为了研究高中生考上大学(即升学率)的性别差异,可以先随机抽样选择几所学校;再按照性别收集参加考试的总人数,并记录每个考生的性别以及其是否考上大学;最后按照性别计算考上大学的比例(一种构成比)并进行比较。假设经过计算,男生考试的成功率=26%,而女生考试的成功率=24%,也许人们会直接做出结论,认为男生考试的成功率高于女生。

然而,从科学的角度看,做这样的结论为时尚早。因为这个结果是抽样调查得到的,可能存在抽样误差。即使考试成功率没有性别差异,由于抽样的随机性也可能得到26%比24%的结果,因此只有排除了抽样误差后才能做出结论。卡方检验的任务,就是根据分类统计数据,来计算在没有性别差异的情况下因为抽样得到男生和女生成功率分别为26%和24%这一结果的机会有多大。如果这个机会大于5%(预先设置的显著性水平),根据目前的结果就不能论断男生的考试成功率比女生高,因为我们看到的差异很可能是随机抽样误差。反之,则可以下结论,男生的升学考试成功率是高于女生的。

数据准备

进行卡方检验之前,必须先把数据按照行(row)和列(column)编制成统计成表,又称为列联表(contingency table),或者 R×C 表。在第 7.2 节描述离散型变量时介绍了用 R 命令 table()来清点原始数据,生成 R×C 表。

除了比较构成比的差异之外,卡方检验也常常用来分析两个变量之间可能的因果关系。在这种情况下,R×C 表中的行 R 必须用来表示自变量 X,包括是否暴露(如吸烟)、是否高中以上学历等;R×C 表的列 C 必须用来表示因变量 Y,也就是我们常说的结果变量。在实际工作中,除了直接可用的分类变量(categorical variable),还常常按照一定的标准把连续型变量离散化之后,再进行统计学分析。

R 程序 7-8 是一个包含了多种数据处理技巧、具有高度实用性的卡方检验演示程序。程序的第 152 行启动程序包 tidyverse;第 154 行从该程序包的 msleep 数据库里选出两个变量(体重 bodywt 和大脑重量 brainwt)并存放到一个进行卡方检验的新数据库 dq 中。数据库 dq 里的第一个变量 bodywt 在分析时用作自变量、第二个 brainwt 用作因变量,由此可以分析动物大脑重量与体重的关系。

变量选择好之后,在分析之前要对数据进行进一步处理。因为动物体重的分布呈现高度正偏态,我们使用程序的第 156 行筛选出 brainwt 小于 1kg 的动物。去除体重 1kg 以下的动物后,可以适当减轻因为偏态分布对统计结果的不良影响。程序的第 158 行用 na. omit()剔除数据库中所有有缺失值的样本(观察对象);而程序的第 160 行把依然呈偏态分布的 bodywt 通过对数转换为正态分布。

R程序7-8 　用R对分类数据进行处理示例

```
149  ### chi-square test
150  # data preparation
151  # activate the package
152  library(tidyverse)
153  # read data
154  dq <-msleep[,c("brainwt","bodywt")]
155  # exclude outlier
156  dq <- dq[dq$brainwt <=1,]
157  # remove missing
158  dq <-na.omit(dq)
159  # log transform of bodywt to normal
160  dq$bodywt <-log(dq$bodywt)
161  # generate binary variables using median as the cutoff
162  dq$bdwt2<-ifelse(dq$bodywt <= 0.5306, "Light body", "Heavy body")
163  dq$bnwt2<-ifelse(dq$brainwt <= 0.01227, "small brain","Lage brain")
164  #generate 3-cat vars using quantile(x, prob=0.333 or 0.667 for cutoffs)
165  dq$bdwt3<-ifelse(dq$bodywt <= -0.509236, "Small body",
166              ifelse(dq$bodywt >-0.529036 & dq$bodywt <=1.391241,
167                  "Median body","Large body"))
168  dq$bnwt3<-ifelse(dq$brainwt <= 0.005158, "Small brain",
169              ifelse(dq$brainwt >0.005158 & dq$brainwt <=0.0385276,
170                  "Median brain", "Large brain"))
171  # attach data for analysis, save time to type dq$
172  attach(dq)
```

　　程序7-8中第162-169行的命令演示了一类在数据处理时非常有用的方法,即如何根据已有变量,将连续型变量进行离散化来产生新变量以进行卡方检验。命令第162行和第163行是根据体重和脑重,以相应的中位数为界值,产生两个二分类字符串新变量bdwt2和bnwt2。变量bdwt2把动物按体重分为轻和重两类;而变量bnwt2把动物按脑重分为偏轻型大脑和偏重型大脑两类。同理,命令的第165-169行以三分位数为界值,产生两个有3个类别的变量,bdwt3表示体重轻、中、重三类;bnwt3表示脑重小、中、大三类。有了这些变量,就可以练习2×2,2×C(C=3)和R×C(以3×3为例)的卡方分析了。

　　程序命令的最后一行(172行)attach()是新出现的命令函数,它起到锚定数据库dq与其相关变量的作用。执行了这行命令之后,可以直接输入变量名从而对数据库里的变量进行提取分析,而不需要像前面的介绍的那样每次都要键入dq$再加上变量名来进行分析。这一点在R程序7-9中会看得更清楚。

2×2卡方检验

　　数据准备好之后,就可以进行卡方检验了。前面介绍的高中生考试成功率的例子即是一个典型,可以用2×2卡方检验方法来分析。我们这里用到R程序7-8中建立的新数据库dq,用两个新产生的二分类变量(binary variable)bdwt2(体重)和bnwt2(脑重)来比较体重较轻的和体重较重的两组动物中,大脑重量较大和较小的动物的构成是否有差异。R程序7-9将演示2×2列联表卡方检验的操作过程。

R程序7-9 　用R程序进行2×2列联表的卡方检验分析示例

```
174  ## chi-sq for 2 by 2 table
175  # make 2x2 frequency table
176  table2by2 <-table(bdwt2,bnwt2)
177  # check results
178  table2by2
179  |
180  # conduct chi-sq test
181  chisq.test(table2by2)
182
183  # make bar chart to vidualize the the results
184  barplot(table2by2,
185          ylab = "Body weight: Large(black), Small (grey)")
```

如前面介绍,根据数据库里的两个二分类变量,程序7-9通过第176行的table()命令统计出一个2×2列联表。该行所示的table()命令中,第一个是自变量 *X*(bdwt2),第二个是因变量 *Y*(bnwt2)。列联表统计完成之后,把结果存放在一个叫作table2by2的新变量里,便于后面继续处理和分析。

命令的第178行直接键入该变量的名字就可以看到列联表结果。图7-10的前面部分,就是执行该命令后在RStudio的左下方视窗里输出的结果。从计算结果可以看出,重体重的动物一共有27个(23+4),且在这些重体重的动物中有23个的大脑重量也较大。轻体重动物一共有26个(3+23),且在这些动物里有23个的大脑重量也属于较小一组。因此,初步看来动物的体重与脑重之间好像有正相关关系。

程序7-9的第181行对计算的2×2表,即table2by2运用R命令 chisq.test()进行卡方检验。只要在该命令的括号里输入计算的列联表,就可以完成卡方检验。执行这一命令的结果显示在图7-10的下部分。结果看出,计算的卡方值 *F*=25.875,*p*=3.643e−07,远远小于0.001。这就从统计学上证明了,身体重量大的动物里,大脑重量大的动物所占的比例高,反之亦然,并且这种差异具有高度显著的统计学意义。根据结果可以进一步做出统计学推论,即动物大脑的重量与体重有很强的正相关关系。

```
> ## chi-sq for 2 by 2 table
> # make 2x2 frequency table
> table2by2 <-table(bdwt2,bnwt2)
> # check results
> table2by2
          bnwt2
bdwt2       Lage brain small brain
  Heavy body         23            4
  Light body          3           23
>
> # conduct chi-sq test
> chisq.test(table2by2)

        Pearson's Chi-squared test with Yates' continuity correction

data:  table2by2
X-squared = 25.875, df = 1, p-value = 3.643e-07
```

图7-10　2×2列联表(频数分布表)和卡方检验分析结果

除了进行卡方分析,R还有强大的功能可以视觉化2×2列联表的结果。程序的第184-185行就是一个例子。2×2表的视像结果见图7-11。

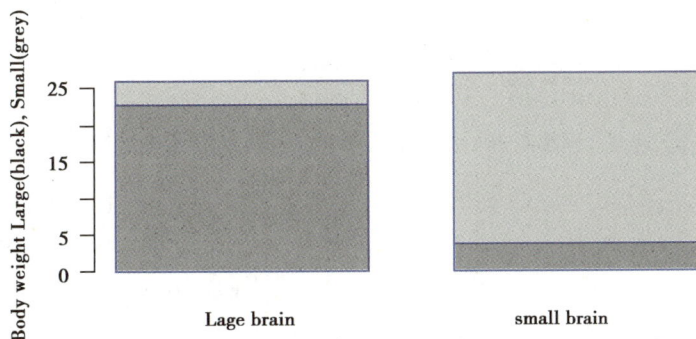

图7-11　卡方检验时对2×2列联表数据的图像学分析

2×C和R×C卡方检验

熟悉了2×2和2×C列联表数据的卡方分析之后,任意的R×C列联表的卡方检验就可以类推了。R程序7-10程序演示运用chisq.test分析2×C和R×C列联表数据。另外,程序7-10的最后,还列出了用R程序进行列联表精确检验(费希尔精确卡方检验)。在实际进行卡方分析时,如果列联表中有一个计算的期望频数小于5,就必须用精确卡方检验。

程序的第190~198行演示了2×3列联表的卡方检验,其过程与前面分析2×2列联表的大致相同。先统计2×3列联表并将卡方分析结果存放在一个叫作test23的变量里,然后键入该变量查看结果。这一部分最后一行198从存放在test23里用$提取出计算的期望值,查看计算的期望频数。

图7-12是执行图7-12中第188~198行命令之后所输出的结果。从分析结果的2×3列联表可以看出,按照动物体重的1/3分位数作为界值,每组动物的总数非常接近:大体重组有18个动物,中体重组17个,小体重18个。按照列联表的思路进一步分析看出,大体重组中所有动物均属于脑大重量类,而18个小体重动物里有17个属于脑小重量类。通过列联表的结果可以看出,在体重不同的动物里,脑的大小的构成比差异很大。因此结果反映出,动物的体重与脑重之间可能有正向相关关系。

紧接着,图7-12的卡方检验结果,从统计学的角度,进一步证实了二者之间的关系。对计算的列联表table2by3分析表明,计算的卡方值$F=32.744$,自由度$df=2$,$p=7.756e-08$,远小于0.001,根据这一结果,研究人员可以得出结论,在0.001显著性水平下,动物的大脑重量与体重有统计学显著的正相关关系。

```
> ## chi-sq for 2 by 3 table, good for any 2 by c with c>2
> # make 2x3 table
> table2by3<-table(bdwt3, bnwt2)
> # check table result
> table2by3
                bnwt2
bdwt3        Lage brain small brain
  Large body         18          0
  Median body         7         10
  Small body          1         17
> # conduct chi-sg test, save result in q2test
> test23<-chisq.test(table2by3)
> # check results
> test23

        Pearson's Chi-squared test

data:  table2by3
X-squared = 32.744, df = 2, p-value = 7.756e-08

> # check expected values if anyone <5
> test23$expected
                bnwt2
bdwt3        Lage brain small brain
  Large body    8.830189   9.169811
  Median body   8.339623   8.660377
  Small body    8.830189   9.169811
```

图7-12　通过R程序对2×C列联表进行卡方检验,包括查看期望频数的结果

细心的读者从图7-12的2×3列联表结果里可能已经注意到,通过table()清点的频数表中,有一个格子的频数为0。这一结果强烈暗示,卡方分析时这个格子里的期望频数会远小于5。为了进一步核实这一猜测,在R程序7-10中利用第213行读取全部的期望频数。幸运的是,从输出的结果(图7-12)看出并没有小于5的期望频数。因此可以验证前面进行的卡方检验结果的可靠性。

　　R程序7-10的第二部分演示如何对3×3列联表进行卡方分析,其过程与2×3列联表完全相同。这里不做详细介绍,留给读者自己练习。可以肯定的是,3×3列联表分析结果会提供更详细的数据以支持动物体重与脑重之间的正向相关关系。

R程序7-10　2×C和R×C等任意分类的列联表的卡方检验R程序示例

```
188  ## chi-sq for 2 by 3 table, good for any 2 by c with c>2
189  # make 2x3 table
190  table2by3<-table(bdwt3, bnwt2)
191  # check table result
192  table2by3
193  # conduct chi-sg test, save result in q2test
194  test23<-chisq.test(table2by3)
195  # check results
196  test23
197  # check expected values if anyone <5
198  test23$expected
199
200  ## chi-sq for 3x3 table, applicable to any rxc table with r>2 and c>2
201  # make 3x3 table
202  table3by3<-table(bdwt3, bnwt3)
203  # check table result
204  table3by3
205  # conduct chi-sq test
206  test33<-chisq.test(table3by3)
207  # check results
208  test33
209  # check expected values if anyone <5
210  test33$expected
211
212  # fisher test for data with expected freq <5 in a cell
213  fisher.test(table2by3)
```

　　程序的最后一行使用fisher.test()命令进行费希尔精确检验。尽管在这个卡方检验例子里并没有发现期望频数小于5的情况,我们仍然加入了精确检验。这样安排的目的一是为了演示该方法以供读者需要的时候使用;二是让有兴趣的读者比较,在没有期望频数小于5的情况下,做精确检验与普通卡方检验哪一种方法更好。作者在该示例中计算的结果是,用精确检验计算的 p 值没有卡方检验的好。

思考题

1.用自己的语言举例说明,为什么统计学分析对调查研究非常重要?

2.描述连续型变量的分布时用什么方法? 这些方法如何通过R程序来完成?

3.描述非连续型变量分布用什么方法? 这些方法如何通过R程序来完成?

4.比较连续型变量两组和多组之间的差异用什么统计学方法? 如何用R程序实现?

5.比较非连续型变量两组和多组之间的差异用什么统计学方法? 如何用R程序实现?

练习题

1.重复本章里所有的分析,进一步完成本章里还没有完成的统计学分析,最后分析那些书中已经定义过但是还没有分析的变量。

2.用第六章练习数据库的数据(见图6-1),练习下面的统计学分析方法:

a.用table()命令描述下列变量的分布:年龄、性别、受教育程度、收入、按照BMI定义的超重和肥胖的分布、按照血压(收缩压大于140,舒张压大于90)定义的高血压。

　　b. 用hist( )命令描述下列变量的分布:年龄、身高、体重、BMI、脂肪百分比,血压(包括收缩压和舒张压)。

　　c. 用chisq.test( )比较下列变量的性别差异:受教育程度、收入、按照BMI定义的超重和肥胖的分布、按照血压(收缩压大于140,舒张压大于90)定义的高血压

　　d. 用t.test( )比较下列变量的性别差异:年龄、身高、体重、BMI、脂肪百分比,血压

　　e. 用aov( )比较下列变量是否与教育程度(4类)有关:身高、体重、BMI。

　　f. 用plot( )和cor( )描述身高与体重的线性相关关系,用cor.test( )检验相关系数的显著性。

　　g. 用本章介绍的多种方法,计算数据库里所有变量的相关关系并绘制相关图

　　3. 用自己的数据或者网上下载的数据,按照第六章图6.7介绍的方法读入数据,然后重复前面所有的分析。

主要参考文献

陈心广. (2005). *医学研究设计与统计学分析*. 武汉大学出版社.

风笑天. (2014). *现代社会调查方法(第五版)*. 华中科技大学出版社.

Chen, X. (2021). *Quantitative Epidemiology*. Springer International Publishing.

Wickham, H., Averick, M., Bryan, J., Chang, W., McGowan, L. D. A., François, R., Grolemund, G., Hayes, A., Henry, L., & Hester, J. (2019). Welcome to the Tidyverse. *Journal of open source software*, *4*(43), 1686.

第八章 线性相关和回归分析

探索因果联系是科学发现的必经之路

科学发现的一个重要途径,就是要开展大量的探索性研究来把握事物之间的关系,这也是调查研究的一个重要任务(风笑天,2014;Chen,2021)。比如,调查得来的数据通过严格的统计学分析,可以形成证据来帮助回答一系列我们感兴趣的问题。典型的例子如:是不是收入越高人们就越感到幸福? 是不是学习越努力成绩就越好? 是不是读的学位越高,一生取得的成就就越大? 要回答这类问题,仅仅靠第七章介绍的基本统计学分析方法是不够的。回答这一类问题涉及事物之间的因果关系的判断,因此需要用不同的方法。

第七章介绍了基本的统计学分析方法,包括连续型和非连续型变量的描述性分析,两组以及多组的对比分析。这些方法能够从大量的数据里面提炼出我们需要的信息,包括描述调查对象的基本情况、各种调查指标的水平和趋势,以及这些指标在不同对比组之间的差异。但是,如果要分析事物之间的相互关系,这些方法就显得不足,需要更好的方法。

本章主要介绍用来探索事物之间相互关联的统计学方法,一共分为四节。第一节介绍线性相关,第二节介绍简单线性回归,第三节介绍多元线性回归分析,第四节介绍三种不同的 logistic 回归。与第七章一样,为了便于读者学习和练习,本章里介绍的方法也采用 R 程序包 tidyverse 自带的数据库(Wickham et al.,2019)进行操作示例——动物体重脑重和睡眠数据(msleep)与星球大战里人物的数据(starwars)。在内容安排上,首先对每一种方法做简要介绍,然后用一个 R 程序来演示如何进行数据处理和统计学分析,随后针对程序和计算机输出的主要分析结果进行解释。

这里有两点必须指出,第一,统计学是一门专业性强、难度高的学科。除了线性相关、线性回归和 logistic 回归,还有很多方法能够进行数据分析,提供科学依据来推断事物之间是否存在因果联系。典型的如比例风险模型和 Cox 回归、混合效应模型、贝叶斯因果联系网络模型等(Chen,2021)。由于篇幅限制,我们不能逐一进行介绍。不过,熟悉和掌握本章介绍的这些方法,能为深入学习其他方法奠定良好的基础。第二,通过相关和回归分析并不能确定事物之间的因果关系,只是为探讨因果关系提供了一定的证据。关于判定因果关系的标准,在很多教科书里面都有专门介绍(Chen,2021;PearlJ,2009),这里不再赘述。

8.1 线性相关分析

分析两个变量是否相关是探知变量间因果关系的基础。线性相关是这里介绍的第一种方法。在调查研究中,线性相关是用来分析两个连续型变量之间是否有关联的主要方法。线性相关分析分为三步:第一步,绘制两个变量的散点图(scatter plot)进行初步评估。如果发现二者之间显现线性相关关系,再进行下一步;第二步,计算相关系数 r,用来定量描述两个变量之间的相关程度。第三步,对计算的相关系数 r 进行统计学检验,以排除因为抽样误差导致两个原本不相关的变量表现出相关关系的可能。

相关系数(correlation coefficient)简称 r,是度量两个连续型变量相关关系的统计学指标。相关系数 r 的范围在-1 到 1 之间,0 表示完全无关,1 表示完全正相关,-1 表示完全负相关。因此相关系数的符号表示两个变量之间关系的方向。相关系数的符号为正,表示两个变量正相关,即一个变量增加时另一个也会相应增加;符号为负,表示两个变量负相关,与正相关相反,当一个变量增加时另一个则会相应减少。

本节分四个部分来介绍线性相关分析,第一部分是数据准备,第二部分是相关分析演示。用第 7 章 7.4 节里的两个变量:动物的体重(bodywt)和脑重(brainwt)来演示相关分析。所不同的是,第 7 章里把这两个变量通过离散化处理之后做卡方分析,而本章将不做任何转换直接进行分析。第三部分用 msleep 数据库里的全部 6 个连续型变量,介绍对多个变量做两两之间相关分析,得到一个相关系数矩阵。第四部分介绍多种相关系数矩阵视像化处理的方法,以帮助高效理解多个变量中变量两两之间的关系。这种方法在大数据、机器学习和人工智能方面已有广泛应用。

数据准备和相关分析

与第 7 章一样,首先通过 R 程序 8-1 介绍数据处理的相关步骤,数据清理完毕后再进入统计学分析和图表绘制。R 程序 8-1 中第 217 至 222 行是数据处理的相关步骤。首先,程序的第 217 行启动程序包 tidyverse。程序第 218 行从该程序包中 msleep 数据库选出 6 个连续型变量,包括 bodywt(体重)、brainwt(脑重)、sleep_total(总睡眠时间)、sleep_rem(快波睡眠时间)、awake(清醒时间,等于 24-总睡眠时间)和 sleep_cycle(睡眠周期)。把选择的变量和数据存放在一个新数据库 drr 里,供分析使用。

为了便于介绍线性相关分析方法,结合已有研究中"脑重比较轻的小动物的体重和脑重的关系更趋于线性"的结论,程序的第 220 行在挑选出所需变量的基础上进一步剔除了脑重量大于 0.03kg 的动物。样本挑选好之后,程序的第 221 行使用 na.omit( ) 函数剔除有缺失值的样本。在数据准备和数据清理步骤之后,使用程序的第 222 命令行锚定清理好的数据以备下一步进行相关分析。这里请注意,前面介绍的 R 程序里有三行命令非常有用:第 218 行从原始数据库里挑选变量,第 220 行从数据库里挑选样本,第 221 行剔除数据库里有缺失值的样本。

两个变量简单线性相关分析

R程序8-1的第224-230行演示进行简单线性相关分析的基本步骤。第一步,使用R程序plot(x,y)函数做两个变量的散点图,根据散点图初步判断两个变量之间是否有线性相关关系。本例中,横轴X=bodywt,纵轴Y=brainwt。

R程序8-1 数据处理和线性相关的统计学分析和多种相关图R程序示例

```
216  ## data preparation for correlation analysis
217  library(tidyverse)
218  drr<-msleep[,c("bodywt","brainwt","sleep_total","sleep_rem","awake",
219          "sleep_cycle")]
220  drr<-drr[drr$brainwt<0.03, ] # remove animals with very lard brain size
221  drr<-na.omit(drr)
222  attach(drr)
223
224  ## simple correlation analysis
225  # plot to get an idea about the data
226  plot(bodywt, brainwt)
227  # Analysis using Pearson correlation method
228  cor(bodywt, brainwt, method="pearson","complete.obs")
229  # conduct significant test and output r coefficient
230  cor.test(bodywt, brainwt, method="pearson")
231
232  ## correlation matrix
233  install.packages("corrplot") # if not installed
234  library(corrplot) # activate only once
235  rrs <-cor(drr) # calculate correlation for all variables
236  round(rrs, 2) # round up to 2 decimals
237
238  ## result visualization
239  par(mfrow=c(1,2)) # page layout set up
240  # make correlation plot for all 2-2 correlations
241  corrplot(rrs, method = 'color', order = 'alphabet')
242  # more visualized presentation
243  corrplot(rrs, type = "upper", order = "hclust",
244          t1.col = "black", t1.srt = 45)
245  # heatmap also
246  heatmap(x=rrs)
247  # most advanced plotting
248  install.packages("performanceAnalytics") # if not installed yet
249  library(PerformanceAnalytics) # activate only once
250  chart.Correlation(drr, histogram = TRUE, pch = 19)
```

图8-1是执行了第226行plot(x,y)命令后计算机输出的结果。由图可见,反映动物体重和脑重的数据点,散布在一条从左下到右上的趋势带上,这表示二者有一定的正向线性关系。

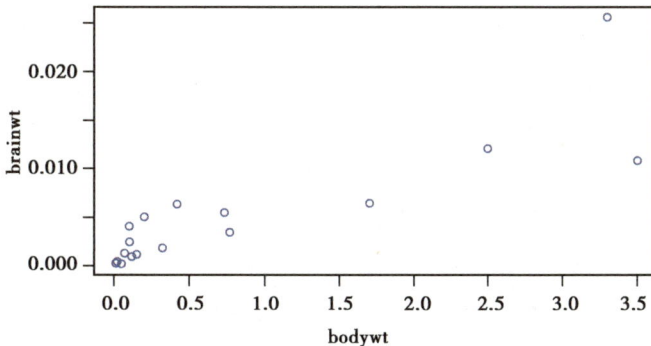

图8-1 两个连续变量bodywt和brainwt的相互关系散点图

根据散点图的结果进行到下一步:计算相关系数。计算相关系数通过命令的第228行来完成。相关系数的统计学检验是最后一步,这一步通过第230行命令完成。计算结果显示,两个变量(动物的体重和脑重)之间的相关系数r=0.87。显著性检验结果,t=

7.5128,自由度 df=18,p= 5.926e-07,远远小于0.01,表示在0.01显著性水平上二者之间的相关具有极显著的统计学意义。

多个变量两两之间相关分析

前面介绍了如何计算两个变量之间的相关系数。可是在实际工作中,常常涉及计算很多变量之间的相关系数,尤其是在大数据时代。R程序8-1第232–236行演示如何同时计算全部6个连续型变量之间的两两线性相关系数。进行多变量之间的两两相关分析,需要安装一个R程序包"corrplot"(命令的第233行),再通过第234行 library(corrplot)命令启动程序包。启动之后,第235行命令用cor( )计算数据库里面所有变量两两之间的相关系数,把结果存放在rrs里。程序第236行通过round(rrs,2)函数,将计算的相关系数保留两位小数后输出结果。

图8-2展示了用上面介绍的程序计算得出的相关系数矩阵。由图可知相关系数矩阵有如下几个特征,(1)对角线上的相关系数都是1.00,表示变量与自身完全相关;(2)对角线上下的结果对称并且镜像相同;(3)矩阵中对角线之外的元素数值代表对应横纵变量之间相关的计算结果,有正相关也有负相关,比如bodywt 与brainwt的相关系数 r=0.87,呈正相关,跟前面简单相关分析结果一致;sleep_rem 与 awake 负相关,相关系数 r=-0.58。这里不再一一列举了。

```
> rrs <-cor(drr) # calculate correlation for all variables
> round(rrs, 2) # round up to 2 decimals
            bodywt brainwt sleep_total sleep_rem awake sleep_cycle
bodywt        1.00    0.87        0.09      0.23 -0.09        0.65
brainwt       0.87    1.00       -0.08      0.13  0.08        0.65
sleep_total   0.09   -0.08        1.00      0.58 -1.00       -0.15
sleep_rem     0.23    0.13        0.58      1.00 -0.58        0.04
awake        -0.09    0.08       -1.00     -0.58  1.00        0.15
sleep_cycle   0.65    0.65       -0.15      0.04  0.15        1.00
```

图8-2 多变量中所有两个变量之间的相关系数排列成为相关系数矩阵

相关矩阵结果视像化

数据科学包括大数据、机器学习和人工智能等,是一个新的发展趋势。数据科学需要快速把握很多变量之间的相互关系,相关矩阵的视像化就能做到这一点。图8-2的相关矩阵可以很好地示例相关矩阵的视像化,虽然只有6个变量,所演示的方法可以扩展到N个变量。R程序8-1第238行起,介绍了四种实现视像化的方法。完成页面设置(命令第239行)后,命令的第241和243行分别演示两种相关矩阵rrs的视像化方法。图8-3显示了这两种相关矩阵视像化输出的结果。

图8-3的左图是把图8-2里相关系数矩阵,将变量按照字母顺序编排后绘制成图。绘图时,通过颜色类别和深浅程度把相关系数的正负方向和大小反映出来。从图中可直观看出,哪些变量之间是正相关的,哪些是负相关的,以及哪些相关程度强,哪些相关程度弱。按照字母顺序排列变量,便于查找和核对。

由于相关系数矩阵对角线上下的内容是镜像重复的,图8-3右边部分只展示了对角线及以上部分的相关系数,用实心圆表示。实心圆的大小与相关系数的大小成正比,实心圆的颜色反映相关系数的方向(红色表示负相关,蓝色表示正相关)。另外,在图的右边还有色带图例,表示相关系数取值范围是从1到−1,反映相关系数的大小和方向。

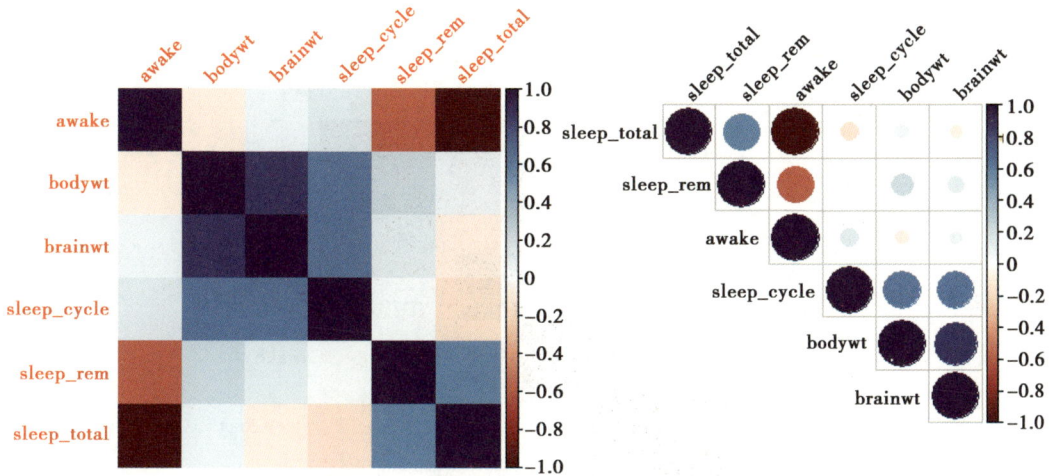

图8-3 相关系数的两种视像化结果

左边的图用颜色表示相关方向,颜色深度表示相关系数大小;右边只显示了相关矩阵的右上方部分,因此无重复,同时用实心圆的大小表示相关系数的大小,更直观

从图8-3右边部分的结果可以看出,六个变量中呈高度相关的变量主要形成两个集群。对角线靠下的一个集群包含三个变量,即brainwt、bodywt和sleep_cycle,这三者之间呈高度正相关(实心圆为蓝色而且颜色较深)。对角线靠上的三个变量sleep_total、sleep_rem和awake也高度相关,但与下方集群不同的是它们的相关性方向并不一致,其实心圆有蓝色的(正相关,比如awake和sleep_rem)也有红色的(负相关,比如sleep_cycle和awake)。

相比图8-2里的相关系数矩阵,图8-3的相关系数图能更快速直观地呈现变量之间的相关性结果。此外,热效图(heatmap,见R程序8-1第246行命令)在相关系数图的基础上做了进一步改进(Wilkinson & Friendly, 2009)。图8-4就是热效图的输出结果。与图8-3相比,热效图更加清楚地反映了所有变量之间的相互关系,其与普通相关系数图相比,最明显的不同就是把相近的相关系数聚合在一起,方便发现热点(hot pots),热线(hot lines)或者热区(hot areas)等具有实际意义的信息。

对比图8-3和图8-4明显看出,虽然所用的相关系数完全相同,但是图8-4热效图显示出多个相关热点区域。第一个区域包括由bodywt、brainwt和sleep_cycle三个变量形成的热点;第二域包括由sleep_total和sleep_rem两个变量形成的热点;第三个区域包括awake与sleep_cycle形成的热点;而第四个比较弱的热点是由awake、sleep_rem和sleep_total形成的。

R程序8-1最后一部分进行的是多变量之间的两两相关分析和分析结果的视像化处理。这种分析方法提供的信息最全面,信息密度最高,是相关系数(变量)信息视像化最好的方法之一。图8-5是执行了这一部分命令后的结果。

首先,输出结果包含了每个变量取值的范围。如变量 bodywt 取值在 0 ~ 3,变量 brainwt 取值在 0 ~ 0.025,变量 sleep_total 取值在 8 ~ 20,变量 sleep_rem 取值在 1 ~ 5。

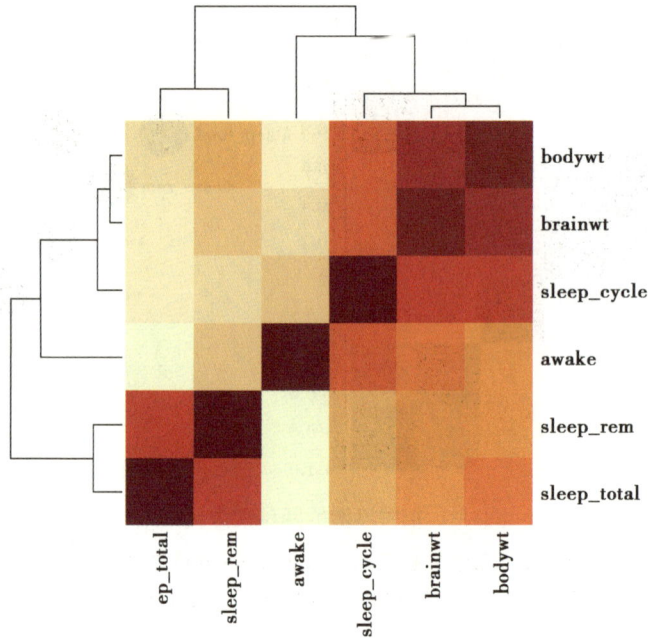

图8-4　相关系数热效图显示变量之间形成多个热点区域

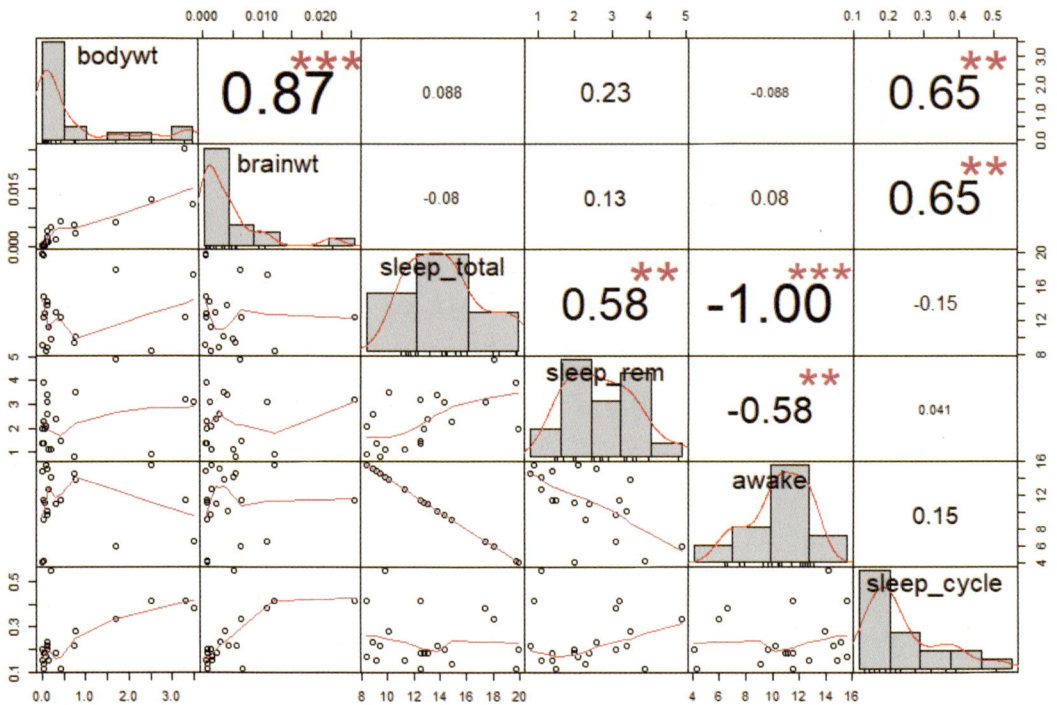

图8-5　多变量两两相关分析多重信息相关图

其次，分析结果为每个变量绘制了直条图和相应的密度分布线，方便研究人员直观判断变量的分布情况。比如从图中结果可以看出，sleep_total、sleep_rem 和 awake 三个变量非常接近正态分布，而另外三个变量分布与正态分布相去甚远，都呈现为右（正）偏态分布。这些分布特征有利于后续分析时选择相适应的统计学方法。

最后，图中进一步显示了所有变量两两之间相互关系的散点图和趋势线，有助于研究人员初步判断变量之间的相关关系。另外，图的右上方还列出了所有相关系数和每个系数的显著性检验结果（*: $p<0.05$，**: $p<0.01$，***: $p<0.0001$）。

必须指出的是，当变量个数很多时，这种视像化输出的结果看起来会非常拥挤，因此效果不佳。此时可以先对所有的变量进行分析，剔除那些相关系数很小且不显著的变量，然后再用前面介绍的方法进行分析。

8.2　简单线性回归分析

回归分析与相关分析的关系

前面一节介绍的相关分析，着眼点是分析两个变量之间相关关系的方向和紧密性。在两个变量的散点图中，如果所有的散点都集中在一条线上，表示两个变量具有高度相关性。比如在图 8-5 中，变量 sleep_total 和 awake 的散点图全部集中在一条对角线上，计算的相关系数 $r = -1.00$。这一结果表示，二者不仅呈负相关关系，而且非常密切。相反，变量 sleep_rem 和 awake 两个变量之间的散点图非常分散，计算的相关系数 $r = -0.58$。这一结果表示，虽然二者之间关系也是负向的，但是二者之间关系密切的程度与前述两个变量负相关关系的密切程度明显不同。

与相关分析不同，回归分析（regression analysis）不仅仅考虑两个变量之间相关的方向和密切程度，更重要的是要确定两个变量之间的主从和定量关系（Chen，2021）。在进行相关分析时，没有必要事先确定两个变量中哪一个是自变量，哪一个是因变量，因为其着眼点仅是判断两个变量之间有没有关系。如果有，是什么样的关系？关系有多紧密？而回归分析首先需要确定哪一个是自变量，哪一个是因变量，然后通过计算回归系数来确定二者之间的定量关系。所谓的定量关系，指的是当自变量每变化一个单位，因变量会有多大变化。

尽管回归分析与相关分析是两种不同的统计学方法，但是二者之间有很强的联系。进行回归分析之前，常常要进行相关性分析，以了解自变量与因变量之间是否存在相关关系。如果有，就可以进一步进行回归分析。如果两个变量之间没有明显的关系，就没有必要进行回归分析。另外，相关分析时相关系数的符号应与对应回归系数的符号相同，即如果相关系数为正则回归分析得到的回归系数也一定为正，反之亦然。

简单线性回归分析程序

根据 8-1 节介绍的相关分析以及图 8-5 的分析结果，我们选择了 sleep_total 作为因变

量 Y、sleep_rem 作为自变量 X,来分析快波睡眠与总睡眠时间之间的相关关系。R 程序 8-2 介绍了简单回归分析方法的操作步骤。由于与相关分析用的是同样的数据,程序 8-2 免去了数据处理的代码部分。同时,由于已经使用了 R 命令 **attach(数据库名称)** 来锚定数据,所以可以直接进行统计学分析。如果是分析新数据或变量,就需要先进行数据处理和准备,然后再进行后续分析。

R 程序 8-2 简单线性回归 R 程序示意图,包括绘制散点图、加回归线、回归分析和残差分析

```
252  ## simple linear regression analysis
253
254  # create scatter plot
255  par(mfrow=c(1, 1))
256  plot(sleep_rem,sleep_total,
257      main="Relationship between total sleep hour and Rapid Eye Movement",
258      xlab = "Rapid eye momvent sleep",
259      ylab = "Total sleep hours")
260  abline(lm(sleep_total~sleep_rem))
261
262  # linear regression analysis
263  fit <-lm(sleep_total ~sleep_rem)
264  summary(fit)
265
266  # check residuals that are not explained by the regression model
267  hist(fit$residuals,prob=T,main ="Residual Distribution",xlab = "residuals")
268  x=fit$residuals
269  m=mean(x); s=sd(x)
270  curve(dnorm(x, mean=m, sd=s),
271      col="blue", lwd=1.5, add=TRUE, yaxt="n")
```

回归分析先作散点图

简单线性回归分析的第一步是对自变量和因变量做散点图。R 程序 8-2 的第 255–259 行演示作散点图的程序步骤,并且运用 main=、xlab=、ylab= 等命令,为图片添加标题以及 X 轴和 Y 轴的名称,以便于阅读输出结果。程序的第 259 行,利用 abline 命令给所绘制的散点图添加拟合回归线,方便研究人员通过目测估计两个变量之间的回归关系。

图 8-6 就是执行了绘制散点图的几行命令之后的输出结果。从图中可以看出,总睡眠时间(sleep_total)与快波睡眠(sleep_rem)之间有非常明确的正向相关关系。随着快波睡眠的增加,总睡眠时间也相应增加。尽管只有两个数据点接近或者落在拟合线上,这些散点总体而言所表达的趋势仍非常明显。从图中结果可以估计,快波睡眠每增加 1 小时,总体睡眠时间会增加近 2 个小时。

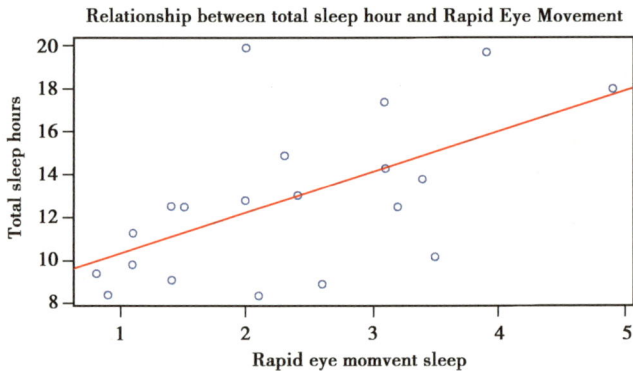

图 8-6 R 程序做回归分析的散点图和回归线

横轴 X:快波睡眠时间(小时);纵轴 Y:总睡眠时间(小时)

数据点的散在分布表示，除了受快波睡眠影响之外，总睡眠时间还受其他因素影响。而简单回归分析仅着眼于分析快波睡眠这一个因素的影响，通过回归模型分析来定量确定二者之间的关系。至于其他变量的作用，也就是各个数据点到线上的距离，简单回归分析暂时忽略不计。因此，总体睡眠时间与快波睡眠之间的关系可以用以下简单线性回归模型（simple linear regression model）描述：

$$Y(\text{总睡眠时间}) = \text{截距} + \text{回归系数} \times \text{快波睡眠时间} + \text{残差}$$

相应的数学表达式为：　$Y = \alpha + \beta X + \epsilon$ 　　　　　　　　　　　　（1）

式中 Y 代表总睡眠时间，X 代表快波睡眠时间，α 与 β 分别代表模型的截距和斜率（回归系数）。模型（1）里的截距就是当快波睡眠时间为0时总体睡眠的时间；而回归系数就是两个变量之间的定量关系，也就是当快波睡眠每增加或减少一个小时，总睡眠时间变化的小时数。

回归分析和结果解释

R程序8-2的第262~263行使用 lm(sleep_total ~ sleep_rem) 命令，演示回归分析方法。这里 lm 是线性模型（linear model）的英文缩写。括号中左边是因变量 Y，这里是 sleep_total，即总睡眠时间；右边是自变量 X，这里是 sleep_rem，即快波睡眠时间；自变量与因变量之间用"~"连接。由于只有一个自变量，该回归模型就是简单线性回归。程序中将回归分析结果存放在一个叫作 fit 的新变量里，然后通过 summary(fit) 命令查看分析结果（见图8-7）。

```
> # linear regression analysis
> fit <-lm(sleep_total ~sleep_rem)
> summary(fit)

Call:
lm(formula = sleep_total ~ sleep_rem)

Residuals:
    Min      1Q  Median      3Q     Max
-4.9517 -1.7674  0.0254  1.3014  7.7024

Coefficients:
            Estimate Std. Error t value Pr(>|t|)
(Intercept)   8.3921     1.6072   5.221 5.76e-05 ***
sleep_rem     1.9027     0.6238   3.050  0.00689 **
---
Signif. codes:  0 '***' 0.001 '**' 0.01 '*' 0.05 '.' 0.1 ' ' 1

Residual standard error: 3.037 on 18 degrees of freedom
Multiple R-squared:  0.3407,	Adjusted R-squared:  0.3041
F-statistic: 9.303 on 1 and 18 DF,  p-value: 0.006892
```

图8-7　利用R程序进行简单线性回归分析的结果

图8-7先用蓝色的文字显示了所有的进行回归分析的命令，紧接着用Call:显示调用我们给出的线性回归模型。Residuals部分为模型的残差统计（residuals），包括最小值min，25%分位数1Q，中位数Median，75%分位数Q3，和极大值Max五部分信息。关于残差统计在后面部分将详细介绍。

除了Call和Residuals两部分内容，最重要的就是估计的回归系数（Coefficients）和系数的统计学检验（Signif. codes）。从图8-7可以看出，回归分析估计的截距 intercept=8.3192，即，当快波睡眠取值为0时，模型预测动物的总睡眠时间平均值是8.3小时左右。

模型对回归系数的估计反映了 x 对 y 的影响,其估计值为 1.9027,即, x(快波睡眠)每增加一个小时,Y(总睡眠时间)增加约 1.9 个小时。统计学检验 $t = 3.05$,$p = 0.00689$(小于 0.01)。这一结果表示,因为随机抽样导致二者之间有如此关系的可能性小到可以忽略。因此,回归分析结果提供了足够的证据,表明增加快波睡眠时间能够增加总睡眠时间。

图 8-7 的最后部分是对回归模型进行方差分析的结果。方差分析表明,计算的统计量 $F = 9.303$,模型的自由度 df = 18,相应的 $p < 0.01$。结果表明,所建立的回归模型能够有效反映两个变量之间的关系,而且这种关系具有极显著的统计学意义。

回归分析的另外一个重要的结果就是 R^2(R-squared)。图 8-7 显示,该模型估计的 $R^2 = 0.34$。这一结果表示,根据所定义的线性回归模型(1),因变量总睡眠时间的变化有 1/3(34%)以上可以通过快波睡眠这个自变量来解释。剩余的 2/3 可以归结于其他因素。因此若要全面把握影响睡眠时间的因素,除了快波睡眠之外,还有许多其他因素在后续的研究中必须考虑。

残差分析

线性回归模型与数据配合的拟合效果可以通过残差看出来。如果模型与数据拟合较好,则模型残差应以 0 为中心呈现正态分布。图 8-7 回归分析的结果里首先就给出了残差分布的基本统计量。为了更加准确地把握残差分布情况,R 程序 8-2 的最后一部分示范了一个残差分析的例子。程序第 266 行至 269 行对计算的残差作直方图并计算了残差的平均值和标准差,第 270 行根据计算的平均数和标准差绘制正态分布曲线并将其叠加在直方图上。

图 8-8 展示了残差分析的结果。由图可知,简单回归模型的残差基本服从以 0 为中心的正态分布。

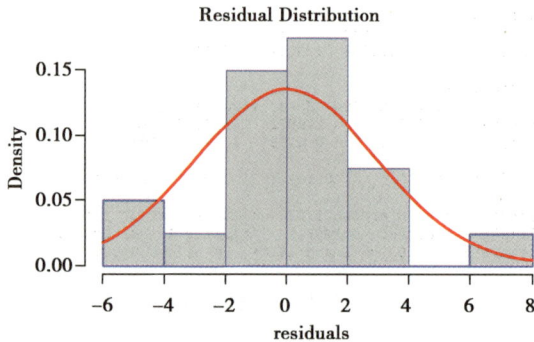

图 8-8　线性回归后的残差分布基本接近于正态分布

8.3　多元线性回归分析

熟悉掌握了简单线性回归之后,理解多元回归模型(multiple regression model)就很简单直观了。两种模型的区别在于,简单线性回归模型里仅包含一个自变量,而多元回归模型可包含多个自变量。用R程序进行多元线性回归分析,其实就是简单线性回归模型操作方法的扩展。

多元线性回归程序和结果

为了学习用R软件进行多元线性回归分析的步骤,我们在前面分析因变量总睡眠时间(sleep_total)与自变量快波睡眠(sleep_rem)相关性的基础上增加了三个自变量,即brainwt(脑重)、bodywt(体重)和sleep_cycle(睡眠周期)。利用四个自变量定义下面的四元线性回归模型进行分析:

Y(总睡眠时间)= 截距 + 回归系数×快波睡眠 + 回归系数×脑重 + 回归系数×体重 + 回归系数×睡眠周期 + 残差。

相应的数学表达式为: $Y = \alpha + \beta_1 X_1 + \beta_2 X_2 + \beta_3 X_3 + \beta_4 X_4 + \epsilon$ \hfill (2)

其中,Y为总睡眠时间,$X_1 \cdots X_4$为上文选出的四个自变量。α为模型截距,$\beta_1 \cdots \beta_4$分别为四个自变量的模型相关系数,ϵ为模型残差。

R程序8-3演示如何用R进行多元线性回归分析。由于该程序是R程序8-2的扩展,此处不再展开介绍。

R程序8-3 利用R做多元线性回归分析示例

```
273  ### R Program  Multiple Linear Regression
274
275  fit4<-lm(sleep_total~sleep_rem + brainwt + bodywt + sleep_cycle)
276  # check results
277  summary(fit4)
```

图8-9是运行该程序后计算机输出的结果。结果的开始部分与图8-7简单线性回归相似,首先进行执行命令和相应回归模型的复述,其次是模型的残差统计。

```
> ### R Program  Multiple Linear Regression
>
> fit4<-lm(sleep_total~sleep_rem + brainwt + bodywt + sleep_cycle)
> # check results
> summary(fit4)

Call:
lm(formula = sleep_total ~ sleep_rem + brainwt + bodywt + sleep_cycle)

Residuals:
    Min      1Q  Median      3Q     Max
-4.8751 -0.8731  0.1198  1.3482  7.3787

Coefficients:
             Estimate Std. Error t value Pr(>|t|)
(Intercept)    10.242      2.422   4.230 0.000728 ***
sleep_rem       1.765      0.671   2.630 0.018920 *
brainwt      -254.981    246.872  -1.033 0.318042
bodywt          1.495      1.383   1.081 0.296776
sleep_cycle    -6.008      8.183  -0.734 0.474097
---
Signif. codes:  0 '***' 0.001 '**' 0.01 '*' 0.05 '.' 0.1 ' ' 1

Residual standard error: 3.121 on 15 degrees of freedom
Multiple R-squared:  0.4201,    Adjusted R-squared:  0.2655
F-statistic: 2.717 on 4 and 15 DF,  p-value: 0.06969
```

图8-9 利用R程序进行多元线性回归分析的结果

图8-9中回归系数(Coefficients:)估计值的部分,除了截距(Intercept)之外,还有多元回归模型全部四个变量的回归系数。与图8-7的估计结果进行对比可知,首先,在多元分

析的情况下截距的估计值与简单线性回归的估计值不同。换言之,当所有的四个自变量均取值为0时,总睡眠时间的估计值为10.24小时,不再是简单线性回中估计里的8.39小时(见图8-7)。

其次,sleep_rem 的回归系数也从原来简单线性回归中估计的1.9027下降到了1.765($p<0.05$)。这个回归系数称为"校正回归系数"(adjusted regression coefficient),它是在同时考虑了(扣除了)模型里其他自变量的影响之后,目标自变量 sleep_rem 对总睡眠时间的影响。在科学研究中常常把这些其他自变量称为控制变量(control variables)或者协变量(covariant/covariates)。

再次,回归分析给出了其他三个自变量的回归系数,包括 brainwt($b=-254.98$)、bodywt($b=1.495$)和 sleep_cycle($b=-6.008$),但是这些回归系数的估计都不具有统计学显著意义。这里需要指出的是,由于 brainwt 是以千克为单位记录的,在模型估计中 brainwt 的回归系数的值特别大。如果结果成立,该估计值应解释为每一千克脑重的变化可以使总睡眠时间增加或者减少250多个小时。这样的结论在数字上没有问题,但不方便结果的解释。实际进行数据分析时,应该考虑对数据的单位进行变换,比如在此例中用克而非千克表示动物的脑重。

最后,回归分析结果显示,模型的 R^2 估计值也增加了。这表明,增加的三个自变量虽然不具有统计学显著意义,但是它们还是解释了总睡眠时间的部分方差,因为 R^2 从简单线性回归中的0.34增加到了多元线性回归的0.42。

回归分析时对因变量和自变量的要求

由第8.1节的内容可知,相关分析是分析两个连续变量之间的关系的。在本节的简单和多元线性回归的两个例子中,自变量和因变量也均为连续型变量。也许读者会因此误解,以为在进行回归分析时,除了因变量Y,所有的自变量都必须是连续的。但事实上进行线性回归分析时,并不要求自变量必须是连续的。

当然,线性回归首先要求因变量y一定是连续的。其次,由于回归分析是以y作为标准来评价x的作用,因此要求y的数据要有效且可靠。如果y的误差很大,会极大地降低分析结果的可靠性。最后,回归分析还要求测量y的数据需符合正态分布假设,以此保证回归分析计算结果的可靠性,而回归模型与数据拟合的好坏可以通过残差分析来判断。

与因变量不同,连续型和非连续型的变量都可以作为线性回归分析的自变量。因此在进行回归分析时,自变量可以是不连续的。比如,性别、职业、婚姻状况、职业等很多非连续变量都可以做线性回归分析。自变量可以是二分类变量(比如性别,有没有工作,是否结婚),也可以是有序多分类变量,比如健康状况(3=好、2=中、1=差)、受教育程度(1=文盲、2=小学、3=中学、4=大学、5=研究生)。如果是无序变量,必须先转换为二分类变量再进行分析。比如婚姻状况可以有未婚、已婚、离婚、寡居,在这种情况下可以产生多个二分类变量进行分析。

8.4 logistic 回归分析

为什么需要 logistic 回归?

简单和多元线性回归都要求因变量是连续型变量,但是在许多科学研究的项目里因变量是非连续型变量。比如,研究影响死亡的因素时,常常把研究对象分为死亡和未死亡两类;研究影响肥胖的因素时要把研究对象分为肥胖和非肥胖两类;研究社会贫困时要把研究对象分为贫困和非贫困两类;研究生活质量时要把研究对象分为好、中、差三类等,这些例子不一而足。当分类变量做因变量时,线性回归分析方法就不是最佳的选择了。

线性回归分析分类变量的局限性主要表现在两个方面。第一,通过线性回归建立的模型来预测因变量时,预测值会超出因变量的范围。比如用 0 和 1 表示生病与否,做线性回归分析计算机同样进行计算并给出回归系数,但是把回归系数带入回归方程并对自变量赋值以预测生病情况时,会出现预测值大于 1 或小于 0 的情况,与事实不符。

第二,用 1、2、3……代表多分类变量(如受教育程度)时,计算机会假设不同层次之间具有等距性。可是,事实上多分类变量层次之间是一种概念性的定性区分,我们无法知道层与层之间的距离是否相等。因此,用线性回归方法分析这类数据不能保证结果的准确性。而 logistic 回归分析就是一种专门用来分析离散型因变量的统计学分析方法(Chen,2021)。

logistic 回归的数据处理

为了便于学习,我们把前面 8.2 节线性回归分析模型里的因变量总睡眠时间 sleep_total 分别分为两分类和三分类变量,来演示两分类和多分类 logistic 回归分析。与此同时,把自变量 brainwt 的度量单位也从千克变为克,便于结果解释。和之前一样,在进行 logistic 回归分析之前,R 程序 8-4 将先进行介绍数据等准备工作。

程序的第一部分从第 277-286 行前面已经多次介绍,不再赘述。这里使用一个新的数据库 dlg,以代表做 logistics 回归分析的数据库。

程序的第二部分,第 288 行用 1000 乘以动物脑重,把原来的计量单位由千克转换为克。第 289 行锚定数据,便于进一步数据处理。第 291-292 行根据 sleep_total 的中位数产生二分类的变量 sleep2,用作演示常用的二分类 logistic 回归分析。

程序的第三部分即第 294-297 行产生一个三分类的变量 sleep3,用作演示多分类变量 logistics 回归分析。最后一行以 sleep3 变量的赋值"1,2,3"产生了一个称为 sleeprnk 的新变量,重新定义成符合 R 程序专用的变量类别:因子(factor)。这个称为因子的变量,将被用作演示多层次有序变量的 logistic 回归分析方法。

R程序8-4 logistic回归分析前的数据处理R程序示例

```
277  ## data preparation for logistic regression
278  library(tidyverse) # activate package "tidyverse", istall it if not yet
279  # select variable
280  dlg<-msleep[,c("bodywt","brainwt","sleep_total","sleep_rem","awake",
281         "sleep_cycle")]
282  # keep subjects with brain weight <0.03 kg
283  dlg<-dlg[dlg$brainwt<0.03,]
284  str(dlg)
285  # get rid of observations with missing values
286  dlg<-na.omit(dlg)
287  # convert brainwt from kilogram into gram
288  dlg$brainwt <-dlg$brainwt*1000
289  attach(dlg) # attach data for further data processing and analysis
290  # create binary sleep
291  m=median(sleep_total) # median as cutoff
292  dlg$sleep2 <-ifelse(sleep_total <=m, 0, 1)
293  # create 3-cat sleep
294  f1=quantile(sleep_total,probs =1/3) # 1/3 cutoff
295  f2=quantile(sleep_total,probs=2/3) # 2/3 cutoff
296  dlg$sleep3 <-ifelse(sleep_total<=f1, 1,
297              ifelse(sleep_total > f1 & sleep_total <=f2, 2, 3))
298  dlg$sleeprnk=as.factor(dlg$sleep3) # for ordinal logistic regression
```

二分类logistic回归分析

与线性回归一样,logistic 回归分析可以纳入单个自变量,也可以纳入多个自变量。为了便于学习,我们先进行单一自变量的 logistic 回归分析示例。读者在理解和掌握了单个自变量的分析方法的基础上,可自行扩展到多个自变量的 logistic 回归分析。

R 程序 8-5 演示二分类 logistics 回归分析的步骤。程序从第 301–310 行,是简单 logistics 回归分析。R 中进行 logistics 回归分析的命令是 glm(generalized linear model,即广义线性模型的缩写),其他部分与线性回归的命令 lm()相似。与线性回归不同的是,在输入回归模型后,需加上 family="binomial"子命令来告诉计算机用二项分布进行统计学计算。为了便于区分,把模型分析的结果存放在一个叫作 fit1 的变量里。与前面线性回归的步骤相同,分析完成后用 summary()命令来读取分析结果。

还有一点与线性回归不同之处,logistics 回归常常用优势比(Odds Ratio,OR)和95%置信区间(Confidence Interval,CI)来表示分析结果。程序的第 307–310 行即是根据 fit1 里面估计的回归系数计算 OR 以及 OR 的95% 置信区间(95% CI)。

R程序8-5 用R软件进行logistic回归分析的示例程序

```
301  ##logistic regression analysis
302  # 1 simple binary logistic regression
303  # modeling analysis
304  fit1<-glm(sleep2~sleep_rem, family = "binomial", data = dlg)
305  # check results
306  summary(fit1)
307  # compute odds ratio or
308  exp(coef(fit1))
309  # compute 95% cI
310  exp(cbind(OR=coef(fit1), confint(fit1)))
311
312  # 2 multiple logistic regression
313  # modeling analysis
314  fit2<-glm(sleep2~sleep_rem + brainwt + bodywt + sleep_cycle,
315             family = "binomial", data = dlg)
316  # check results
317  summary(fit2)
318  # compute odds ratio oR and 95%CI
319  exp(cbind(oR=coef(fit2), confint(fit2)))
```

执行R程序8-5的结果见图8-10。与其他R程序分析一样,蓝色字体显示R调用的程序,然后黑色字体报告工作进展(调用glm回归模型)和分析结果。结果的第一行是模型拟合情况,称为偏移残差(Deviance Residuals)。从理论上讲,如果该统计量以0为中心并呈对称分布,就表示模型与数据拟合理想。从我们的结果看,尽管中心点median与0存在少许偏移,但残差的整体分布较均匀且对称。因此这一结果表明,尽管模型配合并不完美但仍相对理想。

```
> ##logistic regression analysis
> # 1 simple binary logistic regression
> # modeling analysis
> fit1<-glm(sleep2~sleep_rem, family = "binomial", data = dlg)
> # check results
> summary(fit1)

Call:
glm(formula = sleep2 ~ sleep_rem, family = "binomial", data = dlg)

Deviance Residuals:
    Min      1Q  Median      3Q     Max
-1.8005 -0.6357 -0.4374  0.8465  1.4828

Coefficients:
            Estimate Std. Error z value Pr(>|z|)
(Intercept)  -3.4870     1.6064  -2.171   0.0299 *
sleep_rem     1.3965     0.6417   2.176   0.0295 *
---
Signif. codes:  0 '***' 0.001 '**' 0.01 '*' 0.05 '.' 0.1 ' ' 1

(Dispersion parameter for binomial family taken to be 1)

    Null deviance: 27.526  on 19  degrees of freedom
Residual deviance: 20.294  on 18  degrees of freedom
AIC: 24.294

Number of Fisher Scoring iterations: 4

> # compute odds ratio or
> exp(coef(fit1))
(Intercept)   sleep_rem
 0.03059137  4.04084630
> # compute 95% CI
> exp(cbind(OR=coef(fit1), confint(fit1)))
waiting for profiling to be done...
                    OR       2.5 %      97.5 %
(Intercept) 0.03059137 0.0006320386  0.4486826
sleep_rem   4.04084630 1.3927941696 18.9881000
```

图8-10　用R程序进行logistic回归后输出的主要结果

模型拟合之后,就需分析logistics回归分析的主要内容,即估计回归系数。按照分析结果,模型的截距(intercept)=−3.4870,变量sleep_rem的回归系数=1.3965,其p值均小于0.05,表示具有显著的统计学意义。

图8-10最后两个部分红色的exp(coef(fit1))下面对应的,是估计的OR(odds ratio)和相应的95% CI[2.5%,97.5%]。(注意,在科研文献里,95%置信区间常常用方括号[2.5%,97.5%]表示,两个数字之间用逗号分开,不要用连接号−)。此例中变量sleep_rem的OR=4.05;95% CI=[1.39,18.99]。这一结果表明,快波睡眠每增加一个单位,动物由短睡眠转入长睡眠的机会至少增加4倍。

R程序8-5的第二部分是第一部分的简单扩展,在原有的基础上加入了剩下的3个自变量brainwt、bodywt和sleep_cycle。这里对分析结果不做详细介绍,留给读者自己练习。

多分类logistic回归分析

前面介绍的logistic回归分析,只适合二分类的因变量Y。当Y的类别在三类及以上时,必须使用多分类logistics回归分析。根据Y的测量特点,多分类logistic回归分析包括两种,一种称为multinomial(多项分布)logistics回归分析,适用于多分类非连续型变量,即分类之间没有固定顺序的变量,比如不同的疾病、不同的族别、不同地方的移民等。另外一种称为ordinary(多项有序)logistic回归分析,适用于多分类变量的分类之间有等级差异和固定顺序,比如收入的高中低、生活质量的好中差、五级评分的满意程度等。

R软件里有两个软件包,可以分别进行多项分布logistic回归分析和多项有序logistic回归分析。第一个软件包叫作nnet,其中multinom()命令可以用于多项分布logistics回归分析;第二个软件包叫作MASS,其中的polr()命令可以用于多项有序logistic回归分析。

多项分布logistic回归分析和结果解释

R程序8-6的第一部分介绍多项分布logistic回归分析步骤。程序的第323行首先安装软件包nnet。如果软件包已经安装,则直接执行324行调用该软件包。程序第326行演示logistic回归模型建构和分析,模型建构部分与前面的二项logistic回归分析类似,sleep3是一个已经定义好的三分类睡眠变量(短睡眠、中睡眠、长睡眠)。虽然该分类变量是有序的,在这部分分析中暂时将它当作无序分类的进行分析。分析的结果存放在fit3里;同样,用summary()看分析结果,用exp()计算估计的OR值。

R程序8-6 多项分布和多项有序logistic回归分析R程序示例

```
321  ## multi-level logistic regression
322  # 1 multi-category logistic regression
323  install.packages("nnet")
324  library(nnet)
325  # model fit
326  fit3<-multinom(sleep3~sleep_rem+ brainwt + bodywt + sleep_cycle, data=dlg)
327  # check result
328  summary(fit3)
329  # compute odds ratios
330  exp(coef(fit3))
331
332  # 2 ordered logistic regression
333  install.packages("MASS") # if not installed yet
334  library(MASS) # activate to get polr(
335  # modeling analysis
336  m<-polr(sleeprnk~sleep_rem + brainwt + bodywt +sleep_cycle, data=dlg,
337          Hess=TRUE)
338  # check results
339  summary(m)
340  (ctable<-coef(summary(m)))
341  # compute odds ratios
342  exp(coef(m))
```

图8-11是多项分布logistic回归分析的结果。从结果可以看出,计算机通过100次迭代,得到了模型的解。紧接着在coefficients下面列出了截距和每个自变量的估计回归系数。与前面二项logistic回归不同,这里每个变量有两个回归系数:一个与因变量$Y=2$(中度睡眠)有关,另一个与因变量$Y=3$(长睡眠)有关。第一行系数表示,相对于$Y=1$(短睡眠,模型拟合中作为参照系),每个自变量(因素)对中度睡眠的影响。同理,第二行的回归系数表示相对于$Y=1$,每个因素对长睡眠的影响。这里虽然用数字1,2,3来代表Y,但是这些数字只是用作一种分类符号,并不用它们的值进行分析。例如,这些数字也可以代表两种以上不同的族别,两类以上不同的婚姻状态等。

图8-11结果的最后部分,是每个自变量的OR值。比如变量sleep_rem对中度睡眠影响的OR=1.52,对长睡眠影响的OR=29.00。这一结果显示,相对中度睡眠和短睡眠而言,快波睡眠主要对动物的长睡眠有较强影响。

```
> # check result
> summary(fit3)
Call:
multinom(formula = sleep3 ~ sleep_rem + brainwt + bodywt + sleep_cycle,
    data = dlg)

Coefficients:
  (Intercept) sleep_rem   brainwt   bodywt sleep_cycle
2    5.920746 0.4165872 0.2716927 1.283086   -39.88415
3    2.194375 3.3673171 -0.3396315 3.875851   -53.60617

Std. Errors:
  (Intercept) sleep_rem   brainwt   bodywt sleep_cycle
2     4.48353 1.062568 0.3300054 2.677193    29.23006
3     4.87835 1.840089 0.7190806 2.839777    35.94417

Residual Deviance: 24.23558
AIC: 44.23558
> # compute odds ratios
> exp(coef(fit3))
  (Intercept) sleep_rem   brainwt    bodywt  sleep_cycle
2  372.689515 1.516776 1.3121838  3.607756 4.770152e-18
3    8.974393 29.000617 0.7120326 48.223711 5.237622e-24
```

图 8-11　用 R 进行多项分布 Logistc 回归分析的输出结果

另外,动物的脑重对睡眠的影响呈现双向性。脑重大有助于增加中度睡眠时间(OR=1.31,大于1),但是却会减少长睡眠时间(OR=0.71,小于1)。

需要指出的是,尽管这些估计的回归系数和 OR 不一定都具有统计学显著意义,但是可以看出,当把一个连续变量经过离散化处理之后,可以研究<u>非线性关系</u>(如快波睡眠对总睡眠时间的影响)甚至<u>双向关系</u>(比如睡眠周期对睡眠时间的影响)。多项分布 logistic 回归分析如果使用恰当,可以提高我们发现和分析问题的能力。

多项有序 logistic 回归分析和结果解释

R 程序 8-6 第二部分是运用程序包 MASS 里的 polr() 函数进行多项有序 logistic 回归分析。这里的因变量是 sleeprnk,虽然用的是 1,2,3 的数字,但由于数字天然的顺序性,因此可将其看作分类有序变量。由于因变量 Y 是有序的,模型的任务就是在控制了 Y 的顺序之后,分析每个自变量对 Y 的影响,或者说每个自变量对 Y 的顺序的影响。

值得特别注意的是,在用 MASS 里的 polr() 进行多项有序 logistic 回归分析时,Y 的数据类型必须先定义为数字型(numeric,num)或者整数型(integer,int),然后通过 as. factor() 命令转换为 R 特有的变量类别——因子之后,才能进行多项有序 logistic 回归分析。

图 8-12 是运行多项有序 logistic 回归分析程序后的输出结果。图中首先列出了回归系数与截距的估计值,以及显著性检验的 t 值。与无序 logistic 回归的输出结果的不同之处在于,有序 logistic 回归分析结果中截距对应于 1|2 的一行,是 $Y=2$ 时相对于 $Y=1$ 的截距。表示当所有的自变量为 0 时,相对于第 1 类,第 2 类出现的概率的对数。类似地,结果中对应于 2|3 的一行,表示 $Y=3$ 相对于 $Y=2$ 的截距。表示当所有的自变量为 0 时,相对于第 2 类,第 3 类出现的概率的对数。

图 8 结果最后部分位于蓝色的 exp(coef(mr)) 标题下面,计算机计算了每个自变量的 OR(odds ratio)。它们分别是 sleep_rem 的 OR=6.63,brainwt 的 OR=0.87,bodywt 的 OR=12.2,sleep_cycle 的 OR=0.00。

```
> # check results
> summary(m)
Call:
polr(formula = sleeprnk ~ sleep_rem + brainwt + bodywt + sleep_cycle,
    data = dlg, Hess = TRUE)

Coefficients:
              Value Std. Error t value
sleep_rem    1.8916     0.8314  2.2751
brainwt     -0.1429     0.1834 -0.7792
bodywt       2.5016     1.6762  1.4924
sleep_cycle -29.2219    16.7098 -1.7488

Intercepts:
      Value   Std. Error t value
1|2  -2.1619   2.3658    -0.9138
2|3  -0.1220   2.3122    -0.0528

Residual Deviance: 29.94543
AIC: 41.94543
> (ctable<-coef(summary(m)))
                   Value Std. Error    t value
sleep_rem    1.89159511  0.8314344  2.27509851
brainwt     -0.1429356   0.1834371 -0.77920778
bodywt       2.5015680   1.6762143  1.49239158
sleep_cycle -29.2219008 16.7097500 -1.74879342
1|2          -2.1618794   2.3657804 -0.91381238
2|3          -0.1220498   2.3122393 -0.05278425
> # compute odds ratios
> exp(coef(m))
  sleep_rem    brainwt       bodywt  sleep_cycle
6.629936e+00 8.668099e-01 1.220161e+01 2.037463e-13
```

图 8-12　用 R 程序进行多项有序 Logistic 回归分析的输出结果

多项分布和多项有序 logistic 回归分析点评

本节介绍了基于方法学角度完全不同的两种 logistic 回归分析方法,供实际工作中选择使用。两种方法各有特点,从实用的角度本书作者更倾向于用多项有序 logistic 回归。因为这种方法的结果解释更好且能够适用有序变量,同时还可以计算出自变量对 Y 取不同类别(层次)的影响。

思考题

1. 两个连续型变量之间的线性相关是什么意思?

2. 为什么说计算相关矩阵对处理大数据很重要?

3. 为什么说相关分析和回归分析只能够用来探索两个事物之间是否有关联而不能确定这种关联是否是因果关系?

4. 线性相关与线性回归之间有什么关系?

5. 本章介绍了几种 logistic 回归分析方法? 每一种适合什么样的数据?

6. 线性回归与 logistic 回归分析有何异同?

7. 在什么条件下选用线性回归分析? 在什么条件下选用 logistic 回归分析?

练习题

1. 重复本章里所有的分析,进一步完成那些还没有完成的统计学分析,重点分析那些书中已经定义过但还没有分析的变量。

2. 用第六章练习数据库的数据(见图 6-1),练习下面的统计学分析方法:

 a. 用本章介绍的方法计算数据库里所有变量两两之间的相关系数。选择一部分变量计算相关系数矩阵,然后用不同的方法,如corrplot、heatmap等绘制相关图。通过统计学分析和视像化,来了解事物之间错综复杂的关系。

 b. 用lm( )练习:(1)一元线性回归:身高(Y)– 年龄;(2)二元线性回归:身高(Y)– 年龄+收入。然后对比两种方法得到的关于年龄的回归系数,看结果是否相同? 为什么?

 c. 自己挑选变量进行简单和多元线性回归分析。

 d. 用glm( )和定义的高血压作为因变量Y,自己挑选自变量做logistic回归分析。

 3. 用自己的数据或者网上下载的数据,按照本章介绍的方法读入数据,然后重复前面所有的分析。

主要参考文献

风笑天 . (2014). *现代社会调查方法(第 五 版)*. 华中科技大学出版社 .

Chen, X. (2021). *Quantitative Epidemiology*. Springer International Publishing.

Pearl, J. (2009). *Causality: Models, Reasoning, and Inference* (2nd ed.). Cambridge University Press.

Wickham, H., Averick, M., Bryan, J., Chang, W., McGowan, L. D. A., François, R., Grolemund, G., Hayes, A., Henry, L., & Hester, J. (2019). Welcome to the Tidyverse. *Journal of open source software*, *4*(43), 1686.

Wilkinson, L., & Friendly, M. (2009). The history of the cluster heat map. *The American Statistician*, *63*(2), 179–184.

第九章 调查数据缺失的评价与插补

科学的态度在于能够知错改错

在数据收集和处理的过程中,误差是在所难免的。正确的态度和做法不是掩盖误差,而是直接面对误差,认真细致地分析误差,发现问题,进行补救。数据质量是调查研究成功与否的关键一环。没有高质量的数据,就不可能有高质量的研究,更谈不上科学的结论。尽管可以通过各种措施来降低一些人为的误差,但不能完全消除所有的误差。这是因为,除了系统误差之外,还有无法消除的随机误差,无法消除的原因是不知道其是如何产生的,随机误差也因此得名。

填完调查问卷,把收集的数据存入数据库之后,数据里的所有错误都无法改正了。但有一个例外,那就是数据缺失(missing data)。通过长期的科研实践和经验积累,数据科学家们对数据缺失的问题有了比较深入的认识,包括导致数据缺失的主要因素、数据缺失的基本模式、数据缺失的主要机制、缺失数据的评价、推算与插补方法和技术等。

按照实际研究工作的逻辑顺序,数据缺失的评价和处理应该排在第八章之前、第七章之后。因为只有处理了缺失数据之后,才可能进行统计学分析。但是,缺失数据的处理,常常要涉及很多统计学分析问题。如果先介绍缺失数据,对初学者来说会有一定的困难。因此,我们把缺失数据的处理放在第九章,待第七章、第八章学过统计学分析之后,再来学习如何评价和处理缺失数据。

9.1 导致数据缺失的主要原因

导致调查数据缺失的原因有很多,主要可以概括为四个方面:(1)与调查对象有关;(2)与调查问卷有关;(3)与调查实施过程有关;(4)与数据输入、编码和数据处理等过程有关。

与调查对象有关的因素

调查数据缺失一个最主要的原因,是与调查对象相关的因素。首先,现代科学研究十分强调对研究对象的保护,并且为此制定了一系列法律和规定。研究对象在招募阶段可以拒绝参加调查,在同意参加之后中途也可以退出,但这时候退出就会导致大量数据的缺失。在调查进行的过程中,调查对象也有权利拒绝回答自己不想回答的问题,这也会导致很多变量出现数据缺失。

除此之外,调查对象本人的一些原因也有可能导致数据缺失。比如有些调查对象因为时间有限或者其他原因不认真答题;有些因为个人疏忽而漏题跑题;也有些调查对象因为文化水平的限制,对调查问题不能理解或不知道怎么回答。

还有一类因为调查对象的因素而导致数据缺失,是各种无法控制的意外。典型的包括各种紧急情况,如因为突然的天气变化或者车祸意外导致交通阻塞而不能去调查现场,调查过程中因突然生病或突发紧急情况必须中途离开。由这一类因素产生的数据缺失具有随机性,因此这一类缺失常常归为随机缺失。

与调查问卷有关的因素

数据缺失的另一个重要因素,要归结于调查问卷本身。当一项社会调查是调查对象自己填写调查表时,问卷的影响更突出。调查问卷是获取数据的工具,按照科学的方法去编写问卷,可以减少数据缺失。第四章已经讲过相关内容,这里再从三个方面概括。

第一个因素是问卷篇幅太长。开展一次调查往往不易,大家常常会在一份问卷里尽可能地多塞入调查题目,以获得更多的数据。但绝大多数调查问卷要控制在30分钟到1小时内完成,否则,会增加调查对象的答卷负荷,产生疲劳和厌倦情绪,无法认真完整地回答全部题目,导致数据缺失。

第二个因素是问卷里有不符合实际的题目。比如,在工业化国家里,开私家车的习惯可以用来评估一个人的个性和性格。但是,如果把这类问题直接用在非工业化国家,由于非工业化国家很少有人开私家车,就会出现数据缺失。又如,同样是调查职业,农民工比一般工人的情况要复杂得多,如果采用一般工人的问卷调查农民工,也会有数据缺失的情况。

第三个因素是涉及敏感问题的调查题目。当调查题目涉及敏感问题时,常常会导致大量的数据缺失。常见的敏感问题包括:个人的年龄、收入、住址等信息;与政治和宗教有关的问题,如政治面貌、参与宗教组织和活动等;与性取向和性行为相关的问题;以及与非法身份相关的问题,如非法移民、非法居住人员、非法打工人员、性工作者等。

与调查实施有关的因素

除了调查对象和调查问卷之外,实施调查过程中的工作疏忽也可能导致数据缺失。一种常见的情况就是外界干扰会导致数据缺失。典型的例子包括环境噪声、接听电话、调查对象座位之间的距离太小,调查过程中突然某个重要人物,如校长、班主任、家长入场等。

在填写调查问卷的过程中,往往会有一些调查对象在答题碰到问题,需要调查员为其解答。如果事先没有周密的安排(比如有问题时先举手告诉调查员,回答问题应尽量地压低声音),任意的提问和回答就会干扰其他调查对象答题,导致数据缺失。

还有一种情况是因为计划不周到,在调查进行过程中不得不更换场地。这种情况下也会导致数据缺失。

与数据处理有关的因素

数据缺失也可能在数据输入、变量重新编码和数据合并等过程中产生。传统的调查大多数都是用纸笔填写的方式完成。调查完成后,再人工将调查数据逐一录入计算机。在录入数据的过程中,各种失误都可能导致数据缺失。这种错误常常可以通过双人独立录入的方法来检查和纠正。

除了数据录入,在数据处理时也会导致数据缺失。根据第六章,在对变量进行重新编码、定义新变量和数据库合并等过程中操作不当,就可能导致数据缺失。在实际工作中,通过计算机数据编码和定义新变量时,哪怕一点点疏忽都会人为产生大量的数据缺失。例如,按照国家标准,BMI大于30被定义为肥胖。而一项关于学生健康的调查计算的BMI的数据,所有调查对象的BMI都小于30。如果根据这一标准用现有的数据来定义肥胖,那么所有调查对象的这个变量将都是缺失值。

最后,在合并数据库时,也可能会导致数据缺失。大数据常常要将不同来源的多组数据合并之后来进行分析。哪怕是同一个社会调查,在不同的时间进行的调查,其数据结构也不尽相同(比如,增加或减少了变量);即使是相同的变量,其测量方法在不同的时间也不尽相同(比如先前教育程度只用三个水平测量,后来改为五个水平)。在这种情况下,直接合并数据就会产生大量的数据缺失。

9.2 数据缺失的类别和评价

数据缺失是数据质量的一个非常重要的方面。本章一开始就指出,数据缺失在调查研究中是不可避免的。因此,发现有数据缺失不要紧张,不要着急,关键是要对数据缺失的情况进行科学评价,来判断其对研究结果可能造成的影响。评价数据缺失可从两方面入手,一是看数据缺失的模式,二是关注数据缺失的量。

数据缺失常见的三种模式

在实际工作中有三种数据缺失模式经常出现,即横向缺失、纵向缺失和散在缺失。

横向缺失模式:图9-1是一个包含有横向数据缺失(horizontal missing)的数据库示例。该数据库一共有24个观察对象,连同ID一共有12个变量,缺失值用浅灰色的"*NA*"代表。在这个数据库里,ID=A023的调查对象一个数据都没有。这表示一个调查对象在招募阶段同意参加调查,因而在数据库里给这个人留出了位置,可是该调查对象却没有来参加调查。可能是客观情况让调查对象无法来参加,也可能是调查对象改变了主意,决定不参加调查。而 ID=A008 的调查对象只提供了年龄和性别的数据，其他变量全部缺失。这表示该调查对象虽然参加了，但是填写了两个题之后，决定退出调查。

	ID	AGE	SEX	EDUCAT	INCOME	HEIGH	WEIGH	BMI	PCTFAT	SYSTBP	DISBP	CVD
1	A001	14	F	1	1	162	58.8	22.4	28	110	75	0
2	A002	11	F	3	1	148	65.3	29.8	36	130	90	0
3	A003	11	F	4	2	136	46.0	24.9	24	120	80	0
4	A004	11	M	0	2	143	46.7	22.8	18	120	80	0
5	A005	14	F	0	1	159	62.1	24.6	23	115	75	0
6	A006	13	M	3	3	156	52.0	21.4	26	110	70	0
7	A007	15	M	1	1	170	67.5	23.4	24	115	80	0
8	A008	18	M	NA	NA	NA	NA	NA	NA	NA	NA	NA
9	A009	17	M	0	2	170	72.5	25.1	27	125	85	0
10	A010	12	F	2	1	151	50.5	22.1	26	110	70	0
11	A011	15	F	2	0	162	79.3	30.2	33	145	95	0
12	A012	13	M	1	0	156	52.7	21.7	24	120	80	0
13	A013	11	F	0	1	148	47.3	21.6	32	120	80	0
14	A014	14	F	1	2	160	56.8	22.2	18	110	70	0
15	A015	17	F	2	2	163	71.7	27.0	29	125	80	0
16	A016	13	M	1	2	152	78.9	34.1	32	160	100	1
17	A017	15	M	3	2	168	61.6	21.8	27	120	80	0
18	A018	17	M	2	3	175	79.5	26.0	24	120	85	0
19	A019	15	F	3	2	162	76.3	29.1	35	150	100	1
20	A020	10	F	2	1	138	40.2	21.1	21	110	80	0
21	A021	12	F	3	1	152	48.3	20.9	19	110	80	0
22	A022	14	M	0	0	168	79.6	28.2	30	140	90	0
23	A023	NA	NA	NA	NA	NA	NA	NA	NA	NA	NA	NA
24	A024	17	M	4	1	175	70.0	22.9	24	110	80	0

图9-1　横向数据缺失模式：一个调查对象所有的或几乎所有的变量都是NA，无数据

横向数据缺失在社会调查中会出现，但一般比例不会太高。因此，这类缺失对研究结果的总体影响相对较小。当然，如果这种缺失出现的比例很高，则问题就比较严重了。这种情况往往是因为准备工作做得不够，或者调查项目本身就具有重大的缺陷。这种情况下收集的数据就没什么科学价值了。

需要指出的是，横向缺失在追踪调查中非常普遍，需要引起高度注意。这是因为失访是追踪调查中的一个大问题。一个失访的调查对象，就产生一行横向数据缺失。

纵向缺失模式：图 9-2 是一个包含有**纵向数据缺失**（vertical missing）的数据库示例。这个数据库与图 9-1 所示数据库的结构完全相同，即 24 个观察对象和 12 个变量，可是数据缺失的模式不同。从图中可以看出两个变量 PCTFA（脂肪百分比）和 CVD（心血管疾病）全部为浅灰色的"NA"，代表数据缺失。这是由于检查身体里脂肪所占的比例需要用专门的 X 光扫描，而心血管疾病需要通过医生检查确定。如果该研究没有条件进行这两个方面的检查，就会导致纵向数据缺失。

	ID	AGE	SEX	EDUCAT	INCOME	HEIGH	WEIGH	BMI	PCTFAT	SYSTBP	DISBP	CVD
1	A001	14	F	1	1	162	58.8	22.4	NA	110	75	NA
2	A002	11	F	3	1	148	65.3	29.8	NA	130	90	NA
3	A003	11	F	4	2	136	46.0	24.9	NA	120	80	NA
4	A004	11	M	0	2	143	46.7	22.8	NA	120	80	NA
5	A005	14	F	0	1	159	62.1	24.6	NA	115	75	NA
6	A006	13	M	3	3	156	52.0	21.4	NA	110	70	NA
7	A007	15	M	1	1	170	67.5	23.4	NA	115	80	NA
8	A008	18	M	2	1	176	75.1	24.2	NA	120	80	NA
9	A009	17	M	0	2	170	72.5	25.1	NA	125	85	NA
10	A010	12	F	2	1	151	50.5	22.1	NA	110	70	NA
11	A011	15	F	2	0	162	79.3	30.2	NA	145	95	NA
12	A012	13	M	1	0	156	52.7	21.7	NA	120	80	NA
13	A013	11	M	0	1	148	47.3	21.6	NA	120	80	NA
14	A014	14	F	1	2	160	56.8	22.2	NA	110	70	NA
15	A015	17	F	2	2	163	71.7	27.0	NA	125	80	NA
16	A016	13	M	1	2	152	78.9	34.1	NA	160	100	1
17	A017	15	M	3	2	168	61.6	21.8	NA	120	80	NA
18	A018	17	M	2	3	175	79.5	26.0	NA	120	85	NA
19	A019	15	F	3	2	162	76.3	29.1	NA	150	100	NA
20	A020	10	F	2	1	138	40.2	21.1	NA	110	80	NA
21	A021	12	F	3	1	152	48.3	20.9	NA	110	80	NA
22	A022	14	M	0	0	168	79.6	28.2	NA	140	90	NA
23	A023	16	F	1	2	163	66.9	25.2	NA	120	80	NA
24	A024	17	M	4	1	175	70.0	22.9	NA	110	80	NA

图9-2　纵向数据缺失模式：所有或几乎所有对象的某个变量都是NA，无数据

纵向数据缺失在实际工作中比较常见，其主要与研究设计有关。上面的例子就是在调查设计时没有考虑到是否具备条件测量身体脂肪比例和确定调查对象是否患有心血管疾病。在设计调查时，如果只专注理论分析，没有进行预实验，就会出现类似的情况。比如，在西方国家对青少年关于性取向、性行为和安全套使用的调查往往很少有数据缺失。然而，如果把该调查直接引入到发展中国家开展，就可能出现大量的纵向数据缺失。

在实际工作中，有严重纵向缺失的变量不能用来进行统计学分析，在调查实践中应该尽量避免。

散在性数据缺失：顾名思义，散在性数据缺失（scattered missing）是指数据缺失没有像横向或纵向缺失那样具有明显的规律，而是分散在整个数据库里不同的地方（如图9-3所示）。散在性数据缺失是实际工作中最常见的一种模式，也是研究最多的一种。

散在性数据缺失形成的原因非常复杂，有些可能来源于工作疏忽所致的系统误差，而更多的可能是来源于我们无法控制的因素，比如天气情况、不同调查对象个人无法控制的情况、在填写调查表时发生的瞬间事件等，因此这类因素导致的缺失相当于随机误差。第9.3节讨论的主要是这一类散在性数据缺失。

最后，为了利用R程序分析数据缺失的情况，请读者把图9-3里的数据用Excel输入电脑。以data为文件名把输入的数据以csv格式存入指定的文件夹。在后面第9.6节介绍对缺失数据的评价、统计学分析和插补时，要用到这个数据。

	ID	AGE	SEX	EDUCAT	INCOME	HEIGH	WEIGH	BMI	PCTFAT	SYSTBP	DISBP	CVD
1	A001	14	F	1	1	162	58.8	22.4	28	110	75	0
2	A002	11	F	3	1	148	65.3	29.8	36	130	90	0
3	A003	11	F	4	2	136	46.0	24.9	24	120	80	0
4	A004	11	M	0	2	143	46.7	22.8	18	120	80	0
5	A005	14	F	0	1	159	62.1	24.6	23	115	75	0
6	A006	NA	M	3	3	156	52.0	21.4	26	110	70	0
7	A007	15	M	1	1	170	NA	NA	24	115	80	0
8	A008	18	M	2	1	176	NA	NA	31	120	80	0
9	A009	17	M	0	NA	170	72.5	25.1	27	125	85	0
10	A010	12	F	2	NA	151	50.5	22.1	26	110	70	0
11	A011	15	F	2	NA	162	79.3	30.2	33	145	95	0
12	A012	13	M	1	NA	156	52.7	21.7	24	120	80	0
13	A013	11	NA	0	1	148	47.3	21.6	32	120	80	0
14	A014	14	F	1	2	160	56.8	22.2	18	110	70	0
15	A015	17	F	2	2	163	71.7	27.0	29	125	80	0
16	A016	13	M	1	2	152	78.9	34.1	NA	160	100	1
17	A017	15	M	3	2	168	61.6	21.8	NA	120	80	0
18	A018	17	M	2	3	175	79.5	26.0	24	120	85	0
19	A019	15	M	3	2	162	76.3	29.1	35	150	100	1
20	A020	10	F	2	1	138	40.2	21.1	21	110	70	0
21	A021	12	F	3	1	152	48.3	20.9	19	110	70	0
22	A022	14	M	0	0	168	79.6	28.2	30	NA	NA	0
23	A023	16	F	1	2	163	66.9	25.2	34	120	80	0
24	A024	17	M	4	1	175	70.0	22.9	24	110	80	0

图9-3　散在性数据缺失模式：缺失数据（NA）散在地分布在数据库里的不同地方

数据缺失的量

除了数据缺失模式，数据缺失的量也是评价数据质量的一个重要指标。数据缺失的量可以在两个水平进行评价，即数据库水平和单个变量水平。

数据库水平：数据库水平评价指标是指缺失数据点占总的数据点的比例。以第六章介绍的数据库结构为例，对于一个有 N 个调查对象 P 个变量的数据库，总的数据点$=N\times P$。如果调查对象 $N=100$，变量个数 $P=100$，那么数据点的个数为 $100\times100=10000$。通过检查，发现整个数据库里有 350 个缺失数据点，那么数据缺失率$=350\div10000=3.5\%$。尽管350缺失数据点看起来很多，但是由于数据量大，缺失数据所占的比例不到5%。

究竟缺失数据占多大的比例才可以忽略不计呢？这个问题目前没有标准答案。总体而言，小于5%的缺失影响不会太大。但是如果是核心变量出现比较多的缺失，哪怕是小于5%的缺失，都必须引起注意。

单个变量水平：每个变量的缺失率是一个变量中具有缺失数据的人数与样本总数之比。如果某个变量的缺失率过高（比如达到30%以上），其影响力相当于纵向数据缺失，这种变量往往就无法纳入统计学分析。如果缺失在5%以下，根据情况有两种选择，一是把有缺失的调查对象排除在外；二是通过数据填充进行补救。后者是本章第9.5节的主要内容。

四种统计数据库里缺失数据的R命令

有四个非常有用的R命令可以帮助查找和统计数据库里总的和每个变量每个观察对象缺失值的情况。第六章里已经介绍过，在R软件里NA表示缺失值，而is.na是一个条件命令，意思是"如果是缺失值的话，就……"。下面的四个命令就是根据这个基本命令编写的。它们可以用来帮助发现和统计数据缺失的量和相关的信息。

1. 清点统计数据库里面所有的缺失值：is.na(dataset name)
2. 清点和统计数据库里每个变量的缺失值：colSums(is.na(dataset name))
3. 找出每个变量里有哪些观察对象有缺失值：which(colSums(is.na(dataset name))>0)
4. 指出有缺失值变量的名字：names(which(colSums(is.na(dataset name))>0))

更多数据缺失量的评价方法，在第六章关于数据库的评估里已经做了详细介绍，包括计算方法和R程序，这里不再赘述。

9.3 数据缺失的统计学机制

如果数据已经收集完，除了数据缺失之外，其他的错误就无法进行处理了。唯有数据缺失，如果满足一定的假设是有可能通过统计学来进行补救的。缺失数据的补救填充，是基于数据缺失发生的可能机制进行的。只有理解了这些机制，才可能采取针对性的方法进行处理。根据大量的实际观察、理论研究和计算机模拟，统计学家们提出三种数据缺失的统计学机制，即完全随机缺失（Missing Completely at Random，MCAR）、随机缺失（Missing at Random，MAR）和非随机缺失（Missing Not at Random，MNAR）（也有文献写为Not Missing at Random，NMAR，二者概念相同）（Rubin，1996；Enders，2010）。

完全随机缺失机制

完全随机数据缺失机制（MCAR）指数据的缺失完全是由无法控制的因素造成的，发生的概率与已观测到的数据无关，与未观测到的数据也无关。比如一个人在填写调查问卷时突然接到一个电话，必须马上离开去处理一件紧急事务。再如，虽然在填写问卷之前要求所有的人电话必须关机。但却有一两个人没有关，如果有人打电话进来，电话铃声就会对所有的调查对象产生干扰，造成数据误填或漏填，导致最终数据缺失。又如，一个调查对象在前来参加调查的路上，突然碰到异常天气变化而不能来，导致这个调查对象所有的数据都出现缺失。

虽然无法穷尽完全随机缺失数据的所有原因，但从统计学的角度看，如果数据缺失完全是由随机因素造成的，那么缺失的数据会有一个独特的性质：一个变量出现数据缺失的机会，与数据库里其他没有缺失数据的变量均无关。换句话说，数据缺失的发生是完全独立的，与社会调查需要研究的问题没有任何联系。因此，如果能够证明一个变量的数据缺失是完全独立的（完全随机的），那么这类数据缺失就可以基于完全随机缺失机制进行补救。

从理论上讲,绝对的完全随机数据缺失是不存在的。在实际工作中,可以对数据缺失是否满足完全随机这一假设进行统计学分析。比如,如果想证明一个变量的数据缺失是随机的,可以根据该变量的缺失情况,再定义一个新的二分类变量。如果待研究的变量有缺失,新变量则计为1,没有缺失则计为0。然后,把新定义的变量与数据库里所有的变量逐一进行相关分析。如果计算的相关系数都不具有统计学显著意义($p > 0.05$),那么可以推断该变量的数据缺失完全或者主要是由随机因素造成的。

随机缺失机制

在一定的条件下,如果缺失数据发生的概率与观测到的数据是有关的,而与未观测到的数据无关,则定义为随机缺失机制(MAR),是MCAR之外的第二种机制。从字面上来讲,MAR好像与MCAR没有区别,只是前面没有"完全"这个定语。而事实上,MAR指的不是缺失数据产生的机制,而是缺失数据推算与填充的原理。因此,MAR是一个公认的具有误导性的名称(Sterne et al., 2009)。与MCAR不同,MAR机制默认一个变量出现的缺失数据,与数据库里没有缺失的变量是相关的。

缺失数据与没有缺失数据之间的相关性假设,为采取科学的方法对缺失数据进行插补提供了基础。在依据MAR对缺失数据进行插补之前,必须先建立缺失数据与非缺失数据之间的统计学关系,以此为基础来进行插补(impute)。由于填充的数据是根据数据库里的变量计算的,为了让填充的数据不直接受到数据库里变量的影响,可通过复杂的统计学技术(Schunk, 2008),如马尔科夫链蒙特卡洛(Monte Carlo Markov Chain, MCMC)等方法,让插补的数据从统计学上讲具有独立性。因此,MAR或者随机数据缺失指的是经过插补后而补齐的那些数据是独立的,满足随机的要求。注意,MAR是以插补补齐的数据的特点来定义的,而不是说数据缺失的发生是随机的。

非随机缺失机制

了解了完全随机和随机数据缺失两种机制之后,非随机数据缺失就不难理解了。非随机缺失(MNAR)指的是,因为人为和可控的原因导致的数据缺失。从统计学的角度讲,当一个变量出现了数据缺失,且出现这种缺失的原因与研究的主体变量相关,那么这类缺失就称为非随机缺失。下面列举两个例子来说明。

在通过社会调查来研究HIV的影响因素和防控措施时,实际感染了HIV的人往往不愿意报告HIV检查阳性的结果,也不好意思说是阴性,只好不填结果,导致数据缺失。这是一个十分典型的非随机数据缺失,因为缺失数据与研究主题密切相关。再比如,通过社会调查来研究生命质量时,患有抑郁症的人往往不愿意回答一些特别负面的关于生活质量的问题,导致数据缺失。这也属于一种非随机缺失,因为负面问题的缺失数据与研究目的,即生命质量密切相关。

从前面的讨论不难看出,如果有因非随机原因导致的数据缺失,这种缺失对研究结果影响很大。它不仅影响变量的点值估计(包括平均数、相关系数、回归系数、OR值等),也影响显著性检验(包括统计量偏差和p值错误)。与其他两个类型的数据缺失不同,非随机缺失的数据几乎是不可能进行修补填充的。因此,在收集数据时,应该想方设法避免这类数据缺失。

9.4 用平均数替代缺失值

通过长期的社会调查研究实践,统计学家建立了许多缺失数据的插补(imputing)方法。其中最早的,也是运用较多的,就是用一个变量的平均数来替代缺失数据。这种方法简单易行,原理很好理解。只要掌握好适用条件,使用该方法得到的结果也很好。

平均值替代缺失数据的原理

顾名思义,这种方法就是利用数据库里一个变量那些没有缺失的数据,计算出该变量的平均数。然后,再用所计算的平均数来代替该变量所有的缺失数据。比如,在图9-3列举的数据库里,变量WEIGHT有两个缺失值。在用平均数来填充时,先根据22个没有缺失的调查对象的WEIGHT计算出平均体重=61.9(千克)。以61.9作为一种估计值,来填补替换那两个缺失值。

从统计学的角度讲,如果把全部的数据当作总体,只要缺失的发生是随机的,那么没有缺失数据的那一部分也是随机的。因此,如果把所有的调查对象看作总体,有缺失的和没有缺失的部分都是"总体"里的一个随机样本,根据没有缺失数据的样本计算的平均数,就是缺失数据的一个无偏估计。因此,只要有理由证明数据缺失主要是由无法控制的因素导致的,或者与研究的主题没有明显关系,平均数替代法就不失为一个简单易行的好方法。

适用条件和应用注意

平均值替代法适用于下列情况。第一,缺失数据的变量不太多,而数据缺失主要是由随机因素造成的。第二,单个变量的缺失率不是很高,比如不到10%。第三,样本量比较大,删除有缺失数据的研究对象不会显著的降低统计学检验效率(见第十章)。

在用平均数替代法进行插补时必须知道,当缺失值通过平均数替代后,利用插补的数据计算得到的点值估计(point estimates)不会受到影响,比如平均值、相关系数、回归系数等。但是,这种方法不能校正区间估计值(interval estimates),比如,标准差SD和95%的置信区间CI。

平均数替代法插补原理直接,计算过程简单,这里不再举例演示。

9.5 缺失值的多重插补技术

多重插补(Multiple imputing,MI)技术理论性最强,也是目前最时髦且应用最广泛的处理缺失数据的手段。尤其是在大型社会调查研究中,MI技术应用更加广泛。MI技术有很多优势,可是该方法涉及许多非常复杂的计算过程,往往需要用专门的软件在计算

机上操作才能完成。MI也是本章介绍的主要方法。有关多重插补技术,我们可以参考
Rubin(1996)。

多重插补原理

多重插补的理论基础是MAR,即随机缺失(参见9.4节)。首先,MI假设某个变量出
现缺失值的发生机会,与数据库里的其他没有缺失数据的变量有关联(association)。基
于这种关联性,就可以利用已有的数据,来建立有缺失数据的变量和没有缺失数据的变
量之间的定量关系(比如回归关系)。然后,利用这种定量关系来估计缺失的数据。

显然,通过这种方法估计推算的缺失数据不是独立的,违反了统计学分析中数据相
互独立的要求。为了克服这一缺陷,统计学家们就采用了更复杂的算法(比如马尔科夫
链),通过计算机来模拟,即所谓的蒙特卡罗(Markov Chain Monte Calo,MCMC)方法,运用
相同的缺失数据填充模型,通过多次反复迭代计算,得到独立于数据库中其他变量的插
补数据。

多重插补方法适用条件

运用MI技术唯一的要求就是随机缺失(MAR)。前面已经讨论过,所谓的MAR,指的
并不是要求缺失数据是随机发生的;相反,MI恰恰是建立在有缺失数据和没有缺失数据
的变量之间的关系的基础之上,通过没有缺失的数据来估计缺失数据。正是因为这一特
点,MI在所有的调查研究中应用非常普遍,特别是社会调查研究,因为此类数据缺失在社
会调查中经常见到。

R程序和数据准备

由于MI方法很难通过手工计算完成,下面介绍如何运用R程序来进行插补。为了便
于学习MI,R程序9-1直接用图9-3所示的数据库作为例子。分析缺失数据并用MI进行
插补,需要用R软件里的一个专门的程序包"mice"。R程序9-1的第一步(24—25行)安装
并启动程序包"mice";第二步把用图9-3的数据库data.csv读入数据结构df,同时去除第一
个变量ID,因为这个变量既没有缺失数据,也不会用于统计学分析。

这里必须指出,程序9-1是为例子里是数据编写的。如果读者分析自己的数据,只要
改变程序里第28行,把data换成自己的数据就行了。如果想用图9-1和9-2的数据进行
练习,可以先把这些输入计算机,然后用程序9-1进行分析。

R程序9-1　读取mice程序包、读取数据以及查看数据缺失模式

```
22  ### R Program: Multiple imputing using R package "mice"
23  #1. install package if not installed before
24  install.packages("mice")
25  library(mice)
26
27  #2. input data into df and remove column 1
28  df <- read.csv(file = "data.csv", header = T,na.strings=c(""))
29  df <- (df[,-1])
30
31  #3. check missing patterns
32  md.pattern(df, rotate.names = TRUE)
```

检查数据缺失模式

程序的第三步（命令 31–32 行）是对数据缺失模式进行评估检查。检查数据缺失所用的命令是：md.pattern(df)，括号里是数据库的名称。运行第 32 行命令后，就可以得到图 9-4(a-b) 的两个输出结果。缺失数据的统计如图 9-4(a) 所示。这里，列举了 11 个变量详细的缺失情况统计，1 表示没有缺失，0 表示有缺失。最左边的一列是没有缺失的变量的样本人数。根据统计结果，一共有 13 个样本没有缺失数据，4 个样本有一个变量（INCOME）含有缺失数据，以此类推。最右边的一列，是统计有缺失数据的变量个数，第一个为 0，表示没有缺失数据；第二个为 1，表示有 1 个变量（INCOME）含缺失值，依此类推，最后一个也是 1，表示有 1 个变量（AGE）有缺失数据。

```
> #3. check missing patterns
> md.pattern(df)
   EDUCAT HEIGH CVD AGE SEX SYSTBP DISBP WEIGH BMI PCTFAT INCOME
13      1     1   1   1   1      1     1     1   1      1      1  0
4       1     1   1   1   1      1     1     1   1      1      0  1
2       1     1   1   1   1      1     1     1   1      0      1  1
2       1     1   1   1   1      1     1     0   0      1      1  2
1       1     1   1   1   1      0     0     1   1      1      1  2
1       1     1   1   1   0      1     1     1   1      1      1  1
1       1     1   1   0   1      1     1     1   1      1      1  1
        0     0   0   1   1      1     1     2   2      2      4 14
```

图 9-4(a)　数据缺失模式运用 R 命令 md.pattern() 检查结果

图 9-4 (b) 部分以视像化的形式，描述缺失值的二维分布。图中，每一列对应于一个变量，每一行对应于一种数据缺失模式，红色的方块表示缺失数据所在的位置。当数据量比较大的时候，这种分布图非常有用，它可以帮助我们很快地把握数据库里各个变量缺失数据的分布情况，用来帮助判断缺失数据的特征。

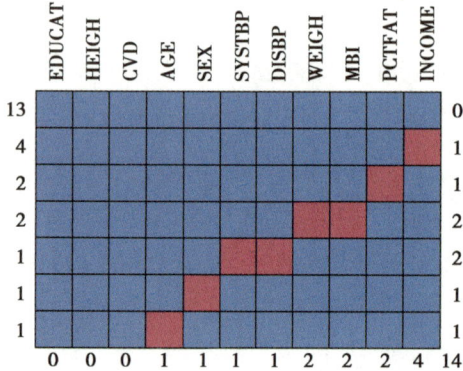

图 9-4(b)　数据缺失模式运用 R 命令 md.pattern() 检查结果

了解缺失数据的模式，非常有利于决定是否运用统计学方法进行插补，R 程序 9-2 的第 30–40 行，提供了一个更有效的方法来显示缺失数据模型和数据统计。程序 9-2 是程序 9-3 的延续。程序中先安装和启动 R 程序包"VIM"，然后调用 aggr() 函数绘图。然后把结果存放在 aggr_plot 里。图 9-5 是执行 R 程序 9-2 后输出的结果。

R 程序 9-2　读取程序包 VIM 并调用 aggr 函数绘图

```
33  #4. more skills to visualize missing pattern and statistics
34  install.packages("VIM")
35  library(VIM)
36  aggr_plot <- aggr(df, col=c("navyblue", "red"),
37                    numbers=TRUE, sortVars=TRUE,
38                    labels=names(data),
39                    cex.axis=.7, gap=1,
40                    ylab=c("missing data", "Pattern"))
```

图 9-5 的左边部分,是单个变量缺失数据比率的统计结果。变量 INCOME 有 4 个缺失数据;变量 WEIGH、BMI 和 PCTFAT 各有 2 个缺失数据;变量 AGE、SEX、SYSBP 和 DISBP 各有 1 个缺失数据;剩下的三个变量 EDUCAT、HEIGH 和 CVD 没有缺失数据。

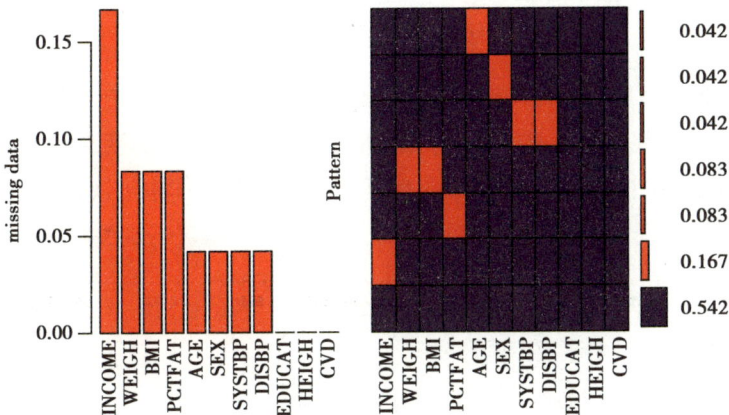

图 9-5　缺失数据的统计和二维分布(R 程序包 VIM 处理结果)

图 9-5 的右边是缺失数据(红色部分)的二维分布。这些缺失数据的分布看起来好像是随机的,因为它们没有明显的二维分布模式。最右边显示的,是缺失数据和非缺失数据所占的比率。从结果的最后一行可以看出,在数据的全部 24 个调查对象里,没有缺失数据的人数占 54.2%。

R 程序 9-3　利用 VIM 函数检查数据缺失模式

```
42  #5. imput missing data
43  tmpdata <- mice(df, m=5, maxit = 50, seed = 123)
44
45  #6. check imputing method and results
46  # check imputing method
47  tmpdata$method
48  #check data for specific variables
49  tmpdata$imp$INCOME
50  #check each of the five imputed thus complete data
51  midata1 <- complete(tmpdata, 1)
52  midata3 <- complete(tmpdata, 3)
```

插补缺失数据

R 程序 9-3 演示如何运用 MI 技术进行数据插补。程序的第 42~43 行,是插补缺失数据的核心命令;程序第 43 行产生一个名为 tmpdata 的空白数据库,准备存放缺失补齐后的数据。在这行程序里,R 命令 mice( ) 启用插补程序;df 是含有缺失值的数据库,m=5 指定一共填充5组数据；maxit=50指定最大计算迭代次数为50。这个数字可以根据计算结果进行调整，直到计算过程收敛为止。最后，设定随机种子seed=123，以保证每次计算结果的可重复性。

运行第43行命令之后，缺失值推算方法和结果都被存放在tmpdata里。运行命令第47行（$meth相当于$mcthod），就可以看到每一个变量的缺失数据是用什么方法插补的（见图9-6）。从输出的结果可以看出，所有数据性变量的插补都是用pmm（predictive mean matching）方法来完成的。没有缺失数据的变量和非数据变量用""表示没有使用具体方法。

```
> #6. check imputing method and results
> # check imputing method
> tmpdata$method
   AGE    SEX EDUCAT INCOME HEIGH  WEIGH    BMI PCTFAT SYSTBP  DISBP     CVD
 "pmm"    ""     ""  "pmm"    ""  "pmm"  "pmm"  "pmm"  "pmm"  "pmm"      ""
```

图9-6　缺失值推算方法和结果

R程序9-3的第51和52行命令，演示如何查看5组插补数据中的任何一组。图9-7显示的，是第三组填充的数据。从这里看出，所有的用数字表示的变量都没有缺失值了；但是用字母表示的变量性别的缺失值却没有填充。在实际工作中解决该问题的一种办法就是，把用字符表达的变量转换为数字后（比如，1=M，2=F），再进行缺失数据的插补。

	AGE	SEX	EDUCAT	INCOME	HEIGH	WEIGH	BMI	PCTFAT	SYSTBP	DISBP	CVD
1	14	F	1	1	162	58.8	22.4	28	110	75	0
2	11	F	3	1	148	65.3	29.8	36	130	90	0
3	11	F	4	2	136	46.0	24.9	24	120	80	0
4	11	M	0	2	143	46.7	22.8	18	120	80	0
5	14	F	0	1	159	62.1	24.6	23	115	75	0
6	15	M	3	3	156	52.0	21.4	26	110	70	0
7	15	M	1	1	170	70.0	24.6	24	115	80	0
8	18	M	2	2	176	78.9	25.2	31	120	80	0
9	17	M	0	2	170	72.5	25.1	27	125	85	0
10	12	F	2	1	151	50.5	22.1	26	110	70	0
11	15	F	2	2	162	79.3	30.2	33	145	95	0
12	13	M	1	3	156	52.7	21.7	24	120	80	0
13	11	NA	0	1	148	47.3	21.6	32	120	80	0
14	14	F	1	2	160	56.8	22.2	18	110	70	0
15	17	F	2	2	163	71.7	27.0	29	125	80	0
16	13	M	1	2	152	78.9	34.1	34	160	100	1
17	15	M	3	2	168	61.6	21.8	27	120	80	0
18	17	M	2	3	175	79.5	26.0	24	120	85	0
19	15	F	3	2	162	76.3	29.1	35	150	100	1
20	10	F	2	1	138	40.2	21.1	21	110	80	0

图9-7　经推算填充后的第三组完整的数据（通过前面R程序第51行完成）

多重插补数据的统计学分析

有了用MI技术得到的多组插补的数据，就可以进行统计学分析了。R程序9-4的第54-56行，通过一个三元线性回归模型分析，来演示如何分析多重插补的数据。

R程序9-4　对插补数据进行统计学分析

```
54  #7. two step pooled analysis of the imputed data
55  ##step1: regression as an example,
56  fit <- with(tmpdata, lm(WEIGH~BMI+HEIGH+EDUCAT))
57  ##step2:check result from pooled analysis of 5 imputed dataset
58  summary(pool(fit))
```

首先,分析必须用填充的数据进行。分析由初学的第56行完成。程序里tmpdata就是经过填充后没有缺失值的数据库。这与前面第七章里介绍的线性回归分析类似,所不同的就是这行命令以with()开始,括号里的第一项是多重插补的数据库,紧接着就是第六章里介绍的线性回归模型,用lm()表示要进行回归分析,括号里是三元线性回归模型表达式,通过三个变量(BMI、HEIGH和EDUCAT)来估计体重WEIGH。

与第七章类似,分析计算完成之后,先把所有的结果存放在一个变量fit里,供后面使用。由于计算的结果很多,要查看所需的结果,最常用的方法就是summary()。但是,在查看多重插补缺失值数据的分析结果时,必须用下面的命令:

　　summary(pool())

R程序命令的第58行显示了该命令的使用。这行命令的核心是pool()。它的功能是把多组插补的完整数据的回归分析结果综合起来,再经过统计学计算,并输出一个综合的估计结果。图9-8是执行该命令后的结果。

```
> #7. two step pooled analysis of the imputed data
> ##step1: regression as an example,
> fit <- with(tmpdata, lm(WEIGH~BMI+HEIGH+EDUCAT))
> ##step2:check result from pooled analysis of 5 imputed dataset
> summary(pool(fit))
          term     estimate   std.error    statistic        df      p.value
1  (Intercept) -116.6580120  3.87259749 -30.1239704  16.21203  1.110223e-15
2          BMI    2.4227667  0.07807434  31.0315337  12.15829  5.986323e-13
3        HEIGH    0.7539111  0.02446994  30.8096866  11.84306  1.128209e-12
4       EDUCAT   -0.1323278  0.20161642  -0.6563346  15.33634  5.213357e-01
```

图9-8　多重插补数据回归分析的结果

备注:95%CI可以根据结果手工计算,也可以通过R程序计算

缺失数据填充后,综合分析多组数据的结果显示,体质指数BMI(回归系数$b=2.4228$, $p=1e-15(<0.001)$)、身高HEIGH($b=0.7539, p=1e-12(<0.001)$)与体重WEIGH显著相关;而教育程度EDUCAT与体重无关,虽然估计的回归系数$b=-0.1086$,但是$b=-0.1323$,但是$p=5e-01(>0.05)$,因此并无充分信息证明其与体重有统计学显著的关联。

9.6　敏感性分析

插补,尤其是MI提供了一个统计学手段来帮助降低数据缺失的影响。但是,缺失数据的插补往往都基于严格的统计学假设,如果条件不满足,利用插补补齐的数据得到的结果,可能会出现偏差。为了验证这个问题,常常要进行敏感性分析(sensitivity analysis,见Héraud-Bousquet et al., 2012;Carpenter et al., 2007)。严谨的敏感性分析,涉及非常

复杂的统计学模型,主要用于药物方面的临床试验(Carpenter et al., 2007;Héraud-Bousquet et al., 2012),对于一般的大范围调查研究数据的分析很少用。

敏感性分析步骤

在社会调查中,敏感性分析包括比较直观的三个步骤(Chen, 2021)。第一步,先用数据库中没有缺失数据的样本进行统计学分析。第二步,用相同的方法对插补补齐后的完整数据再分析一次。第三步,比较前面两种分析的结果,做出判断。

如果两种分析所得的点值估计相近,比如估计平均数、相关系数、回归系数等,没有太明显的差异,表示最后的结果与插补的那一部分缺失的数据之间的关系不是很敏感,那么,根据插补补齐的数据计算的结果是可信的。相反,则表明分析的结果对插补补齐的数据非常敏感,填充推算的数据可能导入的误差,不宜使用。

敏感性分析的原理

如果数据的缺失与研究的主要变量没有什么关系,那么通过随机处理方式填充的缺失数据,应该与没有缺失的数据的统计学分布是一致的。因此,统计学计算的点值估计,不应该随插补数据的加入而改变。如果两者之间的点值估计差异较大,表明数据缺失不满足随机缺失的条件,那么通过插补补齐的数据计算的结果就不一定可靠。

尽管如此,把缺失数据通过插补补齐之后,样本量就增加了。因此,补齐数据会减少统计量的标准误和统计学检验的第一类错误(p值)。换言之,补齐缺失数据就增加了样本,从而提高了统计学检验效率,更能够检出具有显著性意义的差异,包括对连续变量的t检验、方差分析、相关分析和回归分析,以及离散变量的卡方检验和Logistic回归分析。

敏感性分析举例

现在用一个例子来具体说明。前面图9-8中是用R程序9-4对插补补齐的数据进行多元线性回归分析后的结果。为了进行敏感性分析,新编R程序9-5,只对数据库里没有缺失数据的样本($n=13$)进行相同的多元线性回归分析。程序里的第76行,是用来删除数据库里所有缺失值的观察对象的。命令行的第78行是一个线性回归模型。执行这一行命令,然后通过第80行命令来查看分析结果。

R程序9-5　对没有缺失的样本进行回归分析

```
73  #8. sensitivity analysis
74  ##regression by removing all subjects with missing data
75  ##remove all subjects with missing data n=13
76  df_rm <- na.omit(df)
77  ##linear regression
78  fitc <- lm(WEIGH~BMI+HEIGH+EDUCAT, data = df_rm)
79  ##check results
80  summary(fitc)
```

执行R程序9-5之后,主要结果显示在图9-9中。

有了图9-8和图9-9的结果,敏感性分析的任务就是将两种分析结果进行对比,包括点值统计量(回归系数)、显著性检验的统计量(如回归系数显著性检验用的标准误、t值)和p值。而对比分析的最有效的办法就是列表。

```
> summary(fitc)
Call:
lm(formula = WEIGH ~ BMI + HEIGH + EDUCAT, data = df_rm)

Residuals:
     Min      1Q  Median      3Q     Max
 -1.3660 -0.5576 -0.1245  0.4340  1.6245

Coefficients:
              Estimate Std. Error t value Pr(>|t|)
(Intercept) -1.144e+02  4.325e+00 -26.441 7.65e-10 ***
BMI          2.362e+00  1.119e-01  21.103 5.65e-09 ***
HEIGH        7.476e-01  2.483e-02  30.106 2.41e-10 ***
EDUCAT       1.489e-03  2.328e-01   0.006    0.995
---
Signif. codes:  0 '***' 0.001 '**' 0.01 '*' 0.05 '.' 0.1 ' ' 1

Residual standard error: 1.06 on 9 degrees of freedom
Multiple R-squared:  0.9946,    Adjusted R-squared:  0.9928
F-statistic: 552.2 on 3 and 9 DF,  p-value: 1.618e-10
```

图9-9　缺失样本回归分析结果

　　表9-1就是根据图9-8和图9-9的结果编制的。根据表9-1里的结果，通过对比分析可以得到两个结论。首先，运用插补数据提高了统计学检验效率，因为三个变量的回归系数的显著性检验的t值都明显提高了；相应地，p值也随之降低，因此说明统计学检验效率提高。

　　其次，根据估计的回归系数的结果，BMI和HEIGH的缺失数据接近于随机缺失，因为插补数据和完整数据得到的回归系数差异很小，可以归结于随机差异。然而，EDCAT的缺失明显不是随机发生的，可能与研究问题相关。因为两个数据所得到的点值估计（回归系数）不仅数字不同，而且符号相反。因此变量EDUCAT的结果不可靠。

表9-1　敏感性分析：完整数据与插补补齐数据线性回归分析结果比较

变量/统计分析	完整数据	插补数据	二者比较
点值估计：回归系数			
BMI	2.362	2.412	接近
HEIGH	0.748	0.756	接近
EDUCAT	0.015	−0.108	相反
统计量：t			
BMI	21.1	37.6	填充增加
HEIGH	30.1	33.8	填充增加
EDUCAT	0.006	−0.618	填充增加（绝对值）
第一类错误p			
BMI	<.0001	<0.001	填充减小
HWIGH	<0.001	<0.001	填充减小
EDUCAT	0.995	0.545	填充减小

备注：如果点值估计差异不大，表示插补补齐的数据是可靠的。统计量增加，p值下降是插补补齐所预期的结果，表示插补补齐缺失数据可以提高统计检验效率，能够检出有显著意义的差异和关系。

思考题

1. 为什么说进行社会调查时，数据误差是不可避免的？

2. 数据缺失有哪三种模式？请简述每一种模式对应于社会调查中的哪些情况，以及它们对研究结果的影响。

3. 列举6~8种在调查研究中可能产生数据缺失的情况，然后针对性地讨论如何采取措施来预防数据缺失。

4. 完全随机数据缺失是什么意思？举出几个在社会调查时可能出现完全随机缺失的例子。

5. 随机缺失（MAR）是什么意思？为什么说这个数据会误导别人？为什么说 MAR 是估算补齐缺失数据的前提？

6. 请解释如何进行敏感性分析？为什么进行了缺失数据插补补齐之后，一定要进行敏感性分析？

7. 分析调查数据时一定要对缺失数据进行插补补齐吗，为什么？

练习题

1. 反复练习本章里的数据缺失的评估、插补和敏感性分析的所有 R 程序，熟练掌握所有的方法。

2. 用相同的方法分析一个真实的数据。如果有自己的数据，直接使用自己的数据进行练习。练习之前，先把自己的数据保留一个备份。如果没有数据，可以从网上下载，也可以用 R 程序包 tidyverse 里的数据。具体参见第七章。

主要参考文献

Carpenter, J. R., Kenward, M. G., & White, I. R. (2007). Sensitivity analysis after multiple imputation under missing at random: a weighting approach. *Statistical methods in medical research*, 16(3), 259–275.

Chen, X. (2021). Data Quantity, Missing Data, and Imputing. In *Quantitative Epidemiology* (pp. 275–300). Springer International Publishing.

Enders, C. K. (2022). *Applied missing data analysis* (2nd ed.). Guilford Publications.

Héraud-Bousquet, V., Larsen, C., Carpenter, J., Desenclos, J.-C., & Le Strat, Y. (2012). Practical considerations for sensitivity analysis after multiple imputation applied to epidemiological studies with incomplete data. *BMC medical research methodology*, 12(1), 1–11.

Rubin, D. B. (1996). Multiple imputation after 18+ years. *Journal of the American statistical Association*, 91 (434), 473–489.

Schunk, D. (2008). A Markov chain Monte Carlo algorithm for multiple imputation in large surveys. *AStA Advances in Statistical Analysis*, 92(1), 101–114.

Sterne, J. A., White, I. R., Carlin, J. B., Spratt, M., Royston, P., Kenward, M. G., Wood, A. M., & Carpenter, J. R. (2009). Multiple imputation for missing data in epidemiological and clinical research: potential and pitfalls. *BMJ, 338*.

第十章　样本大小和统计检验效率分析

调查研究设计是科学与艺术的结合

实际开展现场调查,比我们在书里面介绍的要复杂得多。从开篇到目前为止,书中介绍的都是比较确定的内容,比如问卷编写、现场数据收集、变量编码、数据处理、数据库建立和统计学分析等等。把样本大小和统计检验效率放在最后一章,是因为这两个内容具有特殊性。样本大小和统计检验效率要回答的是"如果怎么样,就会怎么样"的问题。换言之,用不同大小的样本进行相同的调查时,结果会有怎样的不同? 这种问题没有标准答案,需要科学决策,灵活运用,达到最小化调查研究的成本,最大化调查研究的成果。

在开展调查研究时,确定样本大小和统计检验效率,是一项科学与艺术高度结合的工作。样本不是越大越好,也不是越小越好。样本大小的确定首先必须符合科学原理,但是最后的决定又体现课题负责人的决策艺术。本章内容如下:第一节介绍基本概念;第二节到第六节介绍在不同情况下如何计算样本大小和统计检验效率,包括比较样本均数和样本构成、相关分析和多元回归分析;第七节介绍一些基本技巧,用语确定择样本大小,提供统计检验效率;第八节介绍补救性统计检验效率分析。每种分析都有R程序实例供学习参考。

10.1　样本大小和统计检验效率分析简介

设计一个调查研究首先要确定的就是,需要多大的样本才能够反映总体的情况? 样本过大,浪费资源,而且往往难以保证调查数据的质量;但是如果样本太小,则可能达不到研究的目的。比如,样本太小时,不能很好地反映总体的情况,在进行统计分析时,无法拒绝统计检验假设,因此得到的结果不可靠,或者缺乏稳定性(robustness)。

样本大小的确定,是建立在随机抽样的基础上的,而科学的调查研究必须用随机样本。有了随机样本,就可以确定所选择的样本是否足够大。只有足够大的样本,才能够有足够的统计学检验效率来排除抽样误差影响,并通过对样本数据的统计学分析,来研究和推断总体人群的情况。

统计学假设和显著性检验
本书在第七、八章介绍了各种统计学分析方法。统计学分析的一个必需的步骤,就是显著性检验。通过显著性检验，来判断观察到的结果是否是由抽样误差导致的。具体做法就是，先提出一个零假设，记为 H_0。比如在比较两个样本均数时的零假设 H_0：两个样本来源于同一个总体(人群)。

比如对比两个组的平均身高是否相同时，先假设两个对比组来自同一个总体(人群)。如果这个假设成立，那么两个对比组的平均身高应该是相同的。如果出现不同，一个已知的原因就是抽样误差。这是因为，即使是从一个总体里随机抽取两个样本，所计算的平均身高也可能会不同。

与零假设对应的是备选假设，记为 H_1。对前面的零假设，相应的备选假设 H_1：两个样本来源于两个不同的总体(人群)。

继续用前面 H_0 的例子，在对比两个组的平均身高时，其备选假设是，两个对比组来自不同两个总体(人群)，因此他们的平均身高本身就不同。

提出 H_0 的目的就是在进行比较时，可以根据 H_0 来计算统计量，即 t 值。有了 t 值，就可以计算在对比两个组的平均数时，因为随机误差导致两个平均数不同的概率。把这个概率记为 p。按照随机抽样原理，计算的 t 值越大，表示观察到组间差异是因为抽样所致的概率 p 就越小。如果 p 足够的小(如 $p<0.05$)，我们就有理由确定，零假设 H_0 是不成立的，这就是所谓的拒绝零假设。如果 H_0 被拒绝了，它就从反方向说明，两个对比组来自两个不同的总体(群体)。自然地，备选假设 H_1 才是更可能的。

与之相反，如果计算的 t 值很小，那么与之相对应的概率 p 值就会很大。当计算得到的 p 值大到一定水平时(例如，$p>0.05$)就表明，尽管观察到两组之间有差异，但两个对比组仍然有可能是来自同一个总体人群，此时的差异很可能是由随机抽样造成的。这是因为，即使两个样本是来自于同一个总体，也完全可能存在组间差异。因此，根据现有的数据就无法拒绝零假设 H_0，即两个对比组来自同一个群体。

一类错误、二类错误和统计检验效率

从前面的讨论不难看出，通过统计学假设和显著性检验来下结论时，是有犯错误的可能的。表10-1列出了利用统计学假设和显著性检验做判断时的四种情况。

表10-1 统计学假设和显著性检验时的四种情况

统计学假设/ 统计学检验结果	H_0：零假设 （想要否定的假设）	
	零假设正确	零假设不正确
不能拒绝零假设 H_0 （接受 H_0）	正确推论 概率 $= 1-\alpha$，通常 >0.95	二类错误 β 概率 $p < 0.20$
能够拒绝零假设 H_0 （接受 H_1）	一类错误 α （概率 $p < 0.05$）	正确推论 概率 $= 1-\beta$(统计检验效率 >0.8)

1. 零假设 H_0 是正确的，可是统计学检验结果拒绝了零假设(计算的 p 值小于0.05)，接受了备选假设 H_1。这种错误在统计学上称为第一类错误，用 α 表示。

2. 零假设 H_0 是正确，而统计学检验不能拒绝零假设，则统计学判断结果正确。如果

第一类错误的概率是α，那么得到正确的结论的概率就是$1-\alpha$。

3.零假设H_0不正确，而统计学检验却不能拒绝H_0。这种错误在统计学上称为第二类错误，用β表示。

4.零假设H_0不正确，而统计学检验又能够拒绝它。这时候得到正确结论的概率就是$1-\beta$。

统计检验效率的含义

统计检验效率的英文是 statistical power。通过表10.1和前面的讨论分析不难看出，第四种情况：H_0不正确（或者说H_1正确），统计检验又能拒绝H_0，才能够让我们得到正确的统计学推论。因此，$1-\beta$能够用来表示刚好发现真实结果的概率。在科学的调查研究中，把统计检验效率定义为：

统计检验效率$=1-\beta$

也就是说，statistical power不是指统计权利，而是在随机抽样的条件下发现正确结论的机会。从这一点来看，统计学的 power 与显微镜的 power 有点类似。当样本给定之后，一项调查研究项目的统计检验效率表示该项目能够发现最小差异或者最弱相关关系的能力，就像一台显微镜能够观察到最小物体的能力一样。大家公认的可以接受的统计检验效率是80%或以上。因此，在筹划一项调查研究课题时，必须通过严格的计算来确定样本大小，以保证足够的检验效率。这也是本章的中心内容。

影响统计检验效率的基本因素

保证足够的统计检验效率对一项科学的调查研究来说是十分重要的。为了提高统计检验效率，既要避免出现统计检验效率不足的情况，导致研究失败；又要避免统计检验效率过高，增加不必要的研究成本。根据统计学理论和科学研究实践，下列因素与统计检验效率密切相关。

1.第一类错误α的大小：由于α与β反相关，在相同的条件下，第一类错误α越小，则β越大，这是因为，$1-\beta$就越小，因此统计检验效率就越小。第一类错误属于随机误差，与抽样方法密切相关。

2.第二类错误β的大小：这一点不难理解，因为统计检验效率$=1-\beta$，那么β越大，$1-\beta$就越小。

3.两个对比组之间的差异：差异越大，检验效率越大；反之亦然。这一点也不难理解，因为统计检验效率是发现最小差异的能力。差异越大就越容易被发现，表现为高的统计检验效率；反之亦然。

4.同理，两个事物之间关系的强弱：典型的如相关关系和回归关系等，关系越强（相关系数或者回归系数越大），则统计检验效率越高；反之亦然。

5.样本大小：在所有条件相同的情况下，样本越大，统计检验效率越高。这是因为，样本越大抽样误差就会越小，因抽样误差而干扰统计推断的机会就减少了，因此统计检验效率就提高了。

10.2 比较样本率或构成比的样本大小和统计检验效率

比较或确定某个事件的发生率,或者某个因素的构成比在不同组之间的差异,是调查研究经常要解决的问题。比如,通过抽样调查比较两个地区不同收入水平、不同教育水平和不同年龄段人口构成比的差异;比较两个不同地区的人口出生率,死亡率,吸烟、肥胖、超重等的流行率差异;比较高血压、心脏病糖尿病发病率的差异;比较两个地区参加医疗保险和两周内就医的比率的差异;等等。

上面列举的这些指标在计算样本大小和统计检验效率时,统统称为构成比(proportion)。事实上,发生率也是一种构成比。例如,所谓的发病率就是发病人数占总人口的比。同理,参保率是参加保险的人占总人口的比,死亡率是死亡人数占总人口的比。

计算样本大小和统计检验效率所需的数据

计算样本大小和统计检验效率来比较两个构成比时,需要知道下列数据:

1. 第一类错误(Type I error)的概率,一般定在 $\alpha = 0.05$。

2. 第二类错误(Type II error)的概率,一般定在 $\beta = 0.20$。

3. 假设的两个对比组的构成比 p1 和 p2;比如一个城市的参保 p1=75%,另一个是 p2=81%。

4. 确定是单侧检验(one-sided test)还是双侧检验(two-sided test)。如果不知道两个对比组谁比谁高,选双侧;反之,选单侧。在实际工作中,大多数都选双侧,以保证有充分的样本进行统计学分析。

5. 统计检验效率:统计检验效率最低可接受标准为80%;有时候可以到90%或更高。

有了上面的指标,就可以计算调查所需的样本大小。

在各种不同的样本大小和统计检验效率的计算方法中,比较构成的计算方法是最简单的。R程序10.1是计算样本大小和统计效率分析的示例。该程序里包含三个子程序,接下来逐一进行介绍。

R程序10-1 比较样本率或构成比时计算样本大小和统计检验效率的程序示例

```
2  ###R Program 10.1 Sample size and Power for Comparing Proportions/Rates
3
4  ##1 estimate sample size to achieve 80% statistical power
5  power.prop.test(p1=0.30,p2=0.55,sig.level=0.05, power=0.8)
6
7  ##2 estimate statistical power given sample size
8  power.prop.test(n=250,p1=0.05,p2=0.08,sig.level=0.05)
9
10 ##3 sample size-statistical power curve for comparing two proportions
11 samplesizes <-seq(10,200,10)
12 epower <- power.prop.test(n=samplesizes, p1=0.3, p2=0.55)$power
13 plot(samplesizes,epower, type ="b",
14       xlab="sample size",
15       ylab="statistical power")
16 # add the line for 80% statistical power
17 abline(h =0.8, col ="blue", lwd =1, lty = 2)
```

已知统计检验效率，计算样本大小的R程序

R程序10-1第一部分第5行，就是在已知统计检验效率的条件下，计算样本大小。程序一开始用 power.prop.test( ) 启动计算过程。括号里是给定的计算条件：第一组的率 p1=0.30，第二组的率 p2=0,55。命令 sig.level 定义第一类错误 α，也就是常说的统计显著水平，这里给的是0.05。power是统计检验效率（$1-\beta$），这里给的是0.8，即80%。如果不专门指定，这个程序默认的是双侧检验。由于没有给定样本大小，运行该行程序就可以计算样本大小。

图10-1显示这部分程序计算的结果。图中首先显示计算程序，便于我们核对。接下来是计算结果的标题：Two-sample comparison of ……。紧接着就是估计的样本大小：$n=60$（省去小数）。结果的最下面有注解（Note），表明估计的是每一个（*each*）组的样本。因为有两个对比组，则总样本为 $n=120$（60×2）。结果的中间几行列举了计算中所有给定的条件，便于核对。

```
> power.prop.test(p1=0.30,p2=0.55,sig.level=0.05, power=0.8)

     Two-sample comparison of proportions power calculation

              n = 60.18568
             p1 = 0.3
             p2 = 0.55
      sig.level = 0.05
          power = 0.8
    alternative = two.sided

NOTE: n is number in *each* group
```

图10-1　根据已知条件和统计检验效率，估计比较两个样本率的所需样本

已知样本大小，计算统计检验效率的R程序

在科研工作中，反过来的情况也很常见。就是已知样本大小，要看用这个样本进行调查能否提供足够的统计检验效率。这个问题实际上是第一个问题的逆运算。R程序10-1的第二部分第8行演示的就是，在已知样本大小的情况下计算统计检验效率。在程序里，假设有一个调查研究项目。根据实际条件和经费预算，可以支持做一个500人的调查，分为两组，每组250人。假设一个组的心脏病的发病率 p1=5%（0.05），另一个组的心脏病发病率 p2=8%（0.08）。

这行程序与前面第5行的几乎完全一样，唯一的差别就是给了每个组的样本大小 n=250，删除了 power=0.8 这一行；p1 和 p2 换了新的数据，p1=0.05. p2=0.08。图10-2就是执行该程序后输出的结果截图。

```
> power.prop.test(n=250,p1=0.05,p2=0.08,sig.level=0.05)

     Two-sample comparison of proportions power calculation

              n = 250
             p1 = 0.05
             p2 = 0.08
      sig.level = 0.05
          power = 0.2740769
    alternative = two.sided

NOTE: n is number in *each* group
```

图10-2　根据已知条件和样本大小，估计比较两个样本率的统计检验效率

从分析结果可以看出,如果每组只有250个样本,相应的统计检验效率只有27%(round up from 0.2740769)。这个结果远远小于大家公认的80%。如果按照这个计划设计实施调查研究,不管你花费多少精力,工作多么认真,最后都不可能达到目的。

如果把p1=0.05和p2=0.08带入R程序10-1的第一部分(第5行)进行计算,要达到80%的统计检验效率,每组需要n=1059人。读者可以自行计算来验证。

样本大小—统计检验效率曲线

前面第一和第二部分的算法很简单,但在进行研究设计时,这种方法获得的信息很单一,不足以协助更灵活的科学决策。为了提高效率,一种替代的方法就是,把简单的计算方法结合起来,绘制成样本大小—统计检验效率曲线图(sample size-statistical power curve),再根据曲线提供的信息来指导决策。R程序10-1的第三部分,就是专门为这种方法编写的一段示例程序。

该程序的第11行,先以10为间隔,产生一组从10到200的样本,即10, 20,…, 200;然后,把这些数据放在变量samplesizes里。程序的第12行要复杂一些,但是其核心部分与前面计算样本大小和统计检验效率是一样的,即:

power.prop.test(n=samplesizes,p1=0.3,p2=0.55)

这里计算所用的样本=samplesizes,是前面刚刚产生的样本序列10, 20,…, 200。因此,程序命令的第11行会对每一个样本计算一个统计检验效率。

程序第12行是程序10-1里最难懂的部分。这行程序的核心部分就是调用R软件里的power.prop.test函数,根据给定的p1和p2来计算不同样本大小的统计检验效率。

epower = power.prop.test(n = samplesizes, p1 = 0.3, p2 = 0.55)$power

如果没有R命令$power这一部分,计算完成的所有结果,包括检验效率和其他内容都会存放在用户给定的变量epower里。由于通过power.prop.test()计算得到的结果很多,而统计检验效率才是我们所需要的。因此用命令$power告诉计算机,只把计算的统计检验效率取出来存放在epower里作绘图用,其他的结果舍弃。

最后,R程序10-1的第13–17行演示如何绘制样本大小—统计检验效率曲线图。程序的第13行先启用绘图命令plot(x,y)来绘制曲线图;然后指明绘制曲线所用的两个变量x=samplesize,y=epower;再用type="b"来设定曲线的类别为:空心圆加连线。程序的第14和15行定义横坐标和纵坐标;程序的最后第17行画出80%统计检验效率水平线。这里,把水平线设为蓝色,便于与样本大小—统计检验效率曲线区别开来。

图10-3是执行了R程序10-1的第三部分后输出的结果截图。从这个样本大小—统计检验效率曲线图中不难看出,如果两个对比组的率分别是p1=0.30和p2=0.55,第一类错误为0.05,在双侧检验的条件下,统计检验效率随样本不断增加。当样本增加到60个左右时,统计检验效率达到了80%。当样本在20到50个之间变化时,统计检验效变化很快。过了80%之后,二者之间的变化速度明显减慢。当样本达到100之后,再增加样本,统计检验效率几乎不变。

需要指出的是,R程序10-1的第三部分,只是绘制样本—统计检验效率曲线的一个入门例子。读者可以在此基础上,根据需要进行改编,加入自己的内容。比如,在实际工作中可以加上90%统计检验效率的水平线作为对比。熟悉R程序的读者还可在一个程序里绘制多条样本大小 — 统计检验曲线,以获得更多的信息,帮助选择不同的调查设计方案。

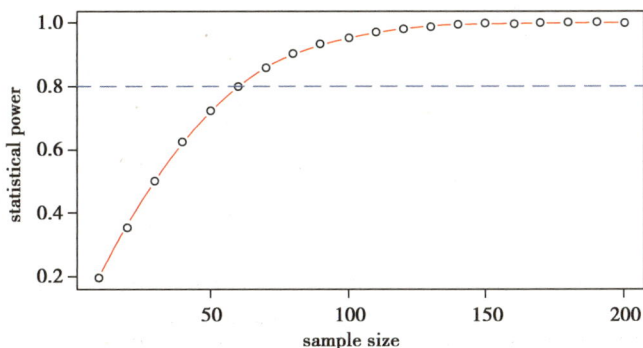

图10-3　比较两个样本率的"样本大小 — 统计检验效率曲线"示意图

10.3　比较两个样本均数的样本大小和统计检验效率

在很多调查研究项目中,比较两个样本均数的差异是非常重要的任务。所有的连续变量,都可以通过样本均数比较来确定其组间差异。对比样本均数,在第六章里已经列举了很多例子。典型的包括身高、体重、血压、结婚的年龄、家庭人口数、每周工作小时数、个人收入等。与前面讨论的比较两个构成比的情况一样,研究的目的是要通过样本来估计总体的情况。因此设计调查时,必须考虑到抽样误差所带来的影响,主要是第一类错误,同时还要考虑第二类错误和统计检验效率。这里专门介绍在比较两个样本均数时,计算样本大小和统计检验效率的方法。

计算样本大小和统计检验效率所需条件

计算样本大小和统计检验效率,所需数据与前面比较两个率非常类似,在列举的5项条件中,除了第3项,其余的完全相同:

1. 第一类错误(Type I error)的概率,一般定在$\alpha = 0.05$。

2. 第二类错误(Type II error)的概率,一般定在$\beta = 0.20$。

3. 估计的两个对比组均数的差异delta和标准差。比如,根据文献,有两组小学生,他们身高的标准差SD=7.6;甲组的平均身高=127.5cm,乙组的平均身高=122.3cm(二者的差值delta=127.5−122.3=5.2cm)。除了SD和delta之外,在计算样本和统计检验效率时还可以用效应大小(effect size)。effect size=delta/SD。

4. 确定是单侧检验还是双侧检验。如果事先不知道两个对比组谁比谁高,一般选双侧;反之,选单侧。在实际工作中大多选双侧检验,以保证有充分的样本进行统计学分析。

5. 统计检验效率：可接受的最低统计检验效率的标准是80%；有时候也可以提高到90%或更高。必须注意的是，统计检验效率越高，所需的样本就越大。

计算样本大小和统计检验效率的R程序

R程序10-2介绍如何运用power.t.test( )来计算样本大小和统计检验效率。与程序10-1类似，本程序也分为三个部分。第一部分介绍如何根据已知的统计检验效率来计算样本大小；第二部分介绍在已知样本大小的情况下，计算统计检验效率；第三部分介绍绘制样本大小—统计检验效率曲线的方法。下面，对这三个部分逐一举例介绍。

R程序10-2　比较样本均数时计算样本大小和统计检验效率的R程序示例

```
20  ###R Program 10.2 sample size and Power for comparing Group 2 Means
21
22  ## 1 estimate sample size given power for t test
23  power.t.test(delta=5.2,sd=7.6,sig.level=0.05, power=0.8,type ="two.sample")
24
25  ## 2 estimate power given sample size for t test
26  power.t.test(n=30,delta=5.2,sd=7.6,sig.level=0.05)
27
28  ## sample size and statistical power curve to compare two sample means
29  samplesizes <-seq(10, 100, 5)
30  epower<-vector()
31  for(i in 1:19){
32    tmp<- power.t.test(n=samplesizes[i], delta=0.18, sd=0.28, type ="two.sample")
33    epower[i]=tmp[5]
34    }
35  plot(samplesizes, epower,type = "b",
36          xlab="sample size",
37          ylab="statistical power")
38  # add the line for 80% statistical power
39  abline(h=0.8, col="blue", lwd=1, lty=2)
```

已知统计检验效率来计算样本大小

R程序10-2的第一部分，演示在已知统计检验效率的条件下，计算比较两个样本均数所需的样本大小。程序的第23行调用R函数power.t.test( )进行计算，括号里是给定的计算条件。这些条件取自前面比较两组儿童身高的例子，组间差异delta=5.2，身高的标准差SD=7.6，显著性水平sig.level=0.05。图10-4是运行该行程序后输出的结果截图。

图10-4的结果显示，对两个组的样本均数进行对比，而且组间差不小于5.2cm，只要每组样本不少于35人即可以保证：在容许的第一类错误不大于0.05（双侧检验）的条件下，就有80%的机会（统计检验效率）来发现这个组间差异。

```
> power.t.test(delta=5.2,sd=7.6,sig.level=0.05, power=0.8,type ="two.sample")

     Two-sample t test power calculation

              n = 34.51906
          delta = 5.2
             sd = 7.6
      sig.level = 0.05
          power = 0.8
    alternative = two.sided

NOTE: n is number in *each* group
```

图10-4　给定对比条件和统计检验效率估计出的，比较两个样本均数所需的样本大小

已知样本大小来计算统计检验效率

在给定样本大小之后,也可以反过来计算统计检验效率。R程序10-2的第二部分就是演示这种逆向计算的。程序的第26行与第23行十分类似,不同的是加入了样本大小 $n = 30$。这里我们有意地把样本对象设为小于由R程序第一部分估计的34.51,来看看统计检验效率是否小于80%。图10-5是执行R程序10-2第二部分后输出的主要结果截图。

```
> ## 2 estimate power given sample size for t test
> power.t.test(n=30,delta=5.2,sd=7.6,sig.level=0.05)

     Two-sample t test power calculation

              n = 30
          delta = 5.2
             sd = 7.6
      sig.level = 0.05
          power = 0.7408187
    alternative = two.sided

NOTE: n is number in *each* group
```

图10-5   已知样本大小来估计统计检验效率

图10-5显示,如果每组只有30个样本,在完全相同的条件下,只有0.7408187或者说74%的统计检验效率来检出5.2cm身高的差异。

很显然,如果每组只用30个样本达不到目的。也就是说,即使两个对比组之间存在显著的差异,可是因为检验效率不够,调查研究无法发现这一差异。更具体地说,即使两个对比组之间在身高方面真实存在5.7cm的差异,但如果每组只有30个人,就有24%的机会发现不了这一差异。这种情况在调查研究中称为统计检验效率不足(under-powered)。统计检验效率不足,会导致调查工作白忙一场。

样本大小—统计检验效率曲线

R程序10-2的第三部分介绍在比较两个样本均数时,如何绘制样本大小—统计检验效率曲线。这一部分比程序10-1要稍微复杂一些。程序第29行首先还是调用序列函数 seq(),从10开始,以5为间隔定义一组样本:10, 15, 20, …, 100。然后把样本结果存放在变量samplesizes里面。程序的第30行定义了一个空数组 epower=vector(),用来存放计算出来的统计检验效率。

程序的第31–34行,用R软件里功能强大的for循环,对存放在变量samplesize里的所有样本,逐一计算相应的统计检验效率。计算所用的条件为:组间差异 delta = 0.18,标准差 SD = 0.28。这个for循环程序,一边计算,一边把结果存放在前面定义的epower里面。循环计算结束之后,程序的第35–39行根据计算结果,把统计检验效率定义为 Y,相应的样本大小定义为 X 来绘制曲线图。这里的绘图程序与R程序10-1的第三部分相同,包括调用绘图程序plot(),给出 X 和 Y,定义X轴和Y轴,加入80%的统计检验效率水平线。

图10-6是执行这一部分R程序后输出的结果截图。与图10-3类似,随着样本的增加,统计检验效率($1 - \beta$)也不断增加。当样本达到 $n = 38$ 时,统计检验效率达到80%。

因此,考虑到实际情况(比如有人中途退出调查),按照每组40个样本是一个好的选择。

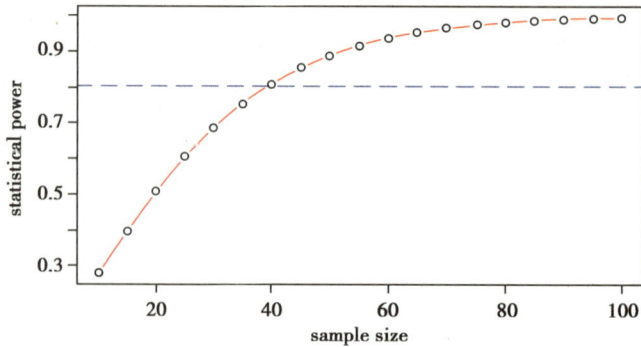

图10-6

在开展实际研究时,可以根据具体情况,参照这一部分程序的例子,计算和绘制出多个不同的样本大小—统计检验效率曲线。然后,在对这些曲线进行综合评估的基础上择优选择。只有这样,才能不断提高调查设计水平,达到以比较小的成本和工作量,获得较优的研究结果。

10.4 比较多个样本均数的样本大小和统计检验效率

比较两个以上样本均数的差异,通常用方差分析(ANOVA)。比较多个样本均数,首先要知道有几个对比组,其次要知道组间方差,再次就是组内方差。其他的则跟比较两个样本均数时的情况基本相同。因此比较两个以上的样本均数,就要用另外的R命令。

多组样本均数比较,其分析原理、所需的数据与比较两个样本均数时基本类似,所不同的只是增加了对比组的个数、组间方差和组内方差等内容。因此这里直接介绍如何运用R程序进行分析并解释分析的结果。在演示R程序时,组间方差和组内方差也会一同介绍。

已知统计检验效率来计算样本大小

R程序10-3演示了进行多组比较时,如何在已知统计检验效率的条件下来计算样本大小,和在已知样本大小的条件下来计算统计检验效率。

程序的第一部分演示,在已知统计检验效率=80%的条件下,给定对比组的个数和每个组的样本均数、组内方差,如何计算统计检验效率。假设一个四个组的对比研究,要比较的变量是每个组的平均值groupmeans,分别为4.7,3.6,5.1和4.4;根据文献和预实验的数据计算的组内方差(within.var)=8.2。组内方差是用全部样本计算的标准差,然后再平方。如果要达到80%的统计检验效率,每个组应该用多大的样本?

R程序10-3 比较多组样本均数时计算样本大小和统计检验效率的R程序示例

```
42  ### R Program 10.3 Sample size and power for variance Analysis43
43
44  ## 1 estimate sample size by group given statistical power
45  # assign group mean into a variable
46  groupmeans <-c(4.7,3.6, 5.1, 4.4)
47  # estimate sample size
48  power.anova.test(groups =length(groupmeans),
49                        between.var = var(groupmeans), within.var =8.2,
50                        power=0.8,sig.level=0.05)
51
52  ## 2 estimate statistical power given sample size by group
53  # assign group mean into a variable
54  groupmeans <- c(4.7, 3.6, 5.1, 4.4)
55  # estimate sample size
56  power.anova.test(groups =length(groupmeans),
57                        n=35,
58                        between.var =var(groupmeans), within.var =8.2,
59                        sig.level=0.05)
```

在这一部分R程序里,命令的第46行把四个待比较的样本均数,全部存放在一个叫作groupmeans的变量里。命令的第48-50行,是计算统计检验效率的。其中第48行里的power.anova.test( )是分析和计算的核心命令。注意,R程序是根据给定的各对比组的均数,直接计算组间方差between. var。因此,只要给定各个对照组的均数,组间方差由计算机计算。

图10-7是运行R程序10-3第一部分输出的结果。图中结果显示,按照给定条件,四个对比组每组需要n = 75个样本,才能有足够的(即不小于80%)统计检验效率来发现四个组之间的差异。

```
> ## 1 estimate sample size by group given statistical power
> # assign group mean into a variable
> groupmeans <-c(4.7,3.6, 5.1, 4.4)
> # estimate sample size
> power.anova.test(groups =length(groupmeans),
+                      between.var = var(groupmeans), within.var =8.2,
+                      power=0.8,sig.level=0.05)

        Balanced one-way analysis of variance power calculation

              groups = 4
                   n = 74.86921
         between.var = 0.4033333
          within.var = 8.2
           sig.level = 0.05
               power = 0.8

NOTE: n is number in each group
```

图10-7 已知统计检验效率后计算所需的样本

已知样本大小来计算统计检验效率

R程序10-3的第二部分演示在已知样本大小的情况下,来计算统计检验效率。这一部分事实上是本程序的第一部分的逆运算,因此与第一部分差异很小。整个过程只是在第一部分的基础上稍微进行了改变,结果和技术也很简单,这里不再赘述。

样本大小—统计检验效率曲线

比较多组样本均数时,每个组的样本不一定相同,因而做样本大小—统计检验效率曲线分析的意义不是很大。不过,有兴趣的可以根据前面10.1节和10.2节所给的例子,按照自己的实际情况,自行进行分析。

10.5　相关分析时的样本大小和统计检验效率

我们经常说的相关分析,事实上指的是线性相关(linear correlation)。相关分析在调查研究中也经常碰到。大凡涉及两个事物之间的关系,首先想到的就是相关分析。比如接受教育的年限是否与收入有关？ 经常关心别人的人是否比以自我为中心的人更快乐？锻炼身体是否与肥胖相关？ 这一类问题的例子在社会调查中很多。如果一个研究包含相关分析的内容,在做研究设计时也必须估计样本大小和进行统计检验效率分析。

针对相关分析做样本大小和统计检验效率分析的过程与前面几节类似。首先,要给出预期的相关系数。比如,根据文献,预期的 r = 0.24~0.35。然后,给出第一类错误。第一类错误常设置为 p = 0.05,并注明单双侧检验。这些条件给定后,如果已知统计检验效率,就可以计算样本大小;已知样本大小,就可以计算统计检验效率。相关系数 r 的显著性,是通过 t 检验来完成的,它构成了样本大小估计和统计检验效率分析的统计学基础。

分析所需数据

这里所需的主要数据包括第一类错误 α、统计检验效率(计算样本大小用)、样本大小(计算统计检验效率用)、单双侧检验(双侧检验是默认的)。类似地,选择双侧检验(因为不知道实际计算的相关系数是比预期的大还是小),把第一类错误 α 设为 0.05,统计检验效率设为 0.80(80%)。

预期的相关系数 r,可以通过文献查阅、预实验和以往的经验来确定。为了保险起见,在多个可能的相关系数 r 里,一般选择几个比较小的作分析计算。如果估计的样本已经能够满足分析比较小的相关系数,那么对分析较大的相关系数就更没有问题了。

R 程序和设置

R 程序 10-4 演示在给定相关系数 r 的情况下,计算样本大小和统计检验效率。进行计算时,首先要调用一个专门的 R 程序包 WebPower。本程序的第 65 行就是安装该程序包(只需要安装一次。如果已经安装,跳过这一步)。程序的第 66 行启动安装好的程序包(每次启动 RStudio 后,都要运行这一行命令来启动程序包)。

在这个程序里只演示了根据给定的相关系数来绘制样本大小—统计检验效率曲线的方法。程序的第 69 行先产生一个样本序列。然后,把计算结果存放在一个名为 samplesizes 的变量里(注意,这个名字是用户给定的,你可以用其他名称,本书用 samplesizes 只是为了编程方便)。样本序列从 10 开始到 100,每间隔 5 个单位列出一个。这个样本序列是用户给定的,每个人都可以根据需要来设置。比如,用 seq(10,500,10) 就可以产生一个以 10 为间隔,从 10 到 500 的样本序列:10,20,30,…,500。

程序 10-4 第 72 行,是计算和分析的核心命令。该行命令从程序包 WebPower 里面调用 we.power( )命令。然后,在括号里按照顺序分别给定样本大小、估计的相关系数,指定是双侧还是单侧检验。程序命令默认第一类错误为 0.05。该程序的其他部分在 10.2

和10.3里已经介绍过了,包括用$power 提取为每个样本计算的统计检验效率,再用 epower <- 命令,把计算结果存放在给定的变量 epower 里面。有了样本和统计检验效率,就可以绘制样本大小—统计检验效率曲线。

程序的最后部分就是根据存放在 samplesizes 里的样本为横轴 X ,存放在 epower 里的统计检验效率为纵轴 Y,调用 R 命令 plot( )来绘制样本大小—统计检验效率曲线。

程序 10-4 里只介绍了绘制样本大小—统计检验效率曲线的 R 命令。至于在给定统计检验效率的条件下计算样本量,和在给定样本量后计算统计检验效率,读者可以根据第72行命令中的 wp.power( ),自己编写命令来完成。

R程序10-4　线性相关分析时计算样本大小和统计检验效率的程序示例

```
62  ###R Program 10.4 Sample size and statistical Power for correlation
63
64  # preparation
65  install.packages("WebPower")
66  library(WebPower)
67
68  # generate a series of smaple size
69  samplesizes <- seq(10,100,5)
70
71  # computing
72  epower<-wp.correlation(n=samplesizes,r=0.35, alternative="two.sided")$power
73
74  # plotting
75  plot(samplesizes,epower,type ="b",
76          xlab="sample size",
77          ylab="statistical power")
78  # add the line for 80% statistical power
79  abline(h=0.8, col="blue", lwd=1, lty=2)
```

图 10-8 是执行了 R 程序 10-4 后输出的结果截图。图中清楚地展示了在相关系数= 0.35 和第一类错误=0.05(双侧检验)的条件下,样本大小与统计检验效率之间的关系。随着样本量的增加,统计检验效率不断上升。样本达到 n=60 以上,统计检验效率就可以达到80%以上。

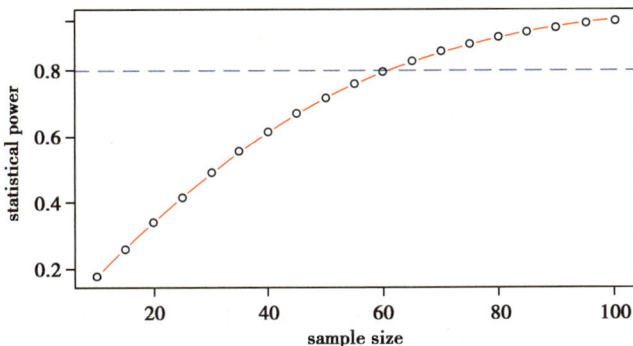

图10-8　相关系数的样本大小—统计检验效率曲线($r = 0.35$)

在设计社会调查项目的时候,可以用类似于程序 10-4 的方法,针对不同的相关系数来绘制多条样本大小—统计检验效率曲线。比如,预期的 r = 0.24~0.35,可以用 r = 0.2, 0.25,0.30 和 0.35 做四条曲线。这样就能在同时考察相关系数大小、样本大小和统计检验效率之间的关系之后,再来决定用多大的样本。

10.6 多元回归分析的样本大小和统计检验效率

与相关分析相比,回归分析又更进一步。相关分析只是看一看两个连续变量之间是否有关系。如果有,关系是什么方向? 关系有多密切? 而回归分析要确定两个变量之间的定量关系,即自变量每变化一个单位,因变量会变化多少。简言之,如果相关分析是为了了解两个变量之间有没有关系,那么回归分析的任务就是要确定两个变量之间的定量关系。调查研究说的回归分析,一般指线性回归。回归分析,尤其是多元线性回归,在调查研究中属于高级统计学分析方法。

调查研究很少用简单线性回归,因此本节介绍多元线性回归的样本大小和统计检验效率,包括分析时所需的数据、R程序示例、结果和解释。

分析所需数据

一个调查研究课题,往往是为了验证一个自变量 X 和一个因变量 Y 之间的定量关系。然而,几乎没有人用简单线性回归方法来分析社会调查的数据。这是因为,通过社会调查获得的数据与实验数据不同,对各种混杂因素没有控制。因此,在分析时必须通过多元回归方法控制其他变量的影响,再来验证所期待 X–Y 关系是否存在(Chen, 2021)。比如,通过多元回归加入人口学变量减少样本的非同质性的影响,从而提高研究的外在一致性;加入协变量和混杂变量,提高研究的内在一致性。

对多元线性回归做样本大小和统计检验效率分析时,首先也是确定可以接受的第一类错误 α(统计学显著性水平)和第二类错误 β(确定统计检验效率),以及是用单侧还是双侧检验。除此之外,还必须有下面三个方面的数据:

第一,回归模型计划最多要用多少个自变量。首先,已经知道必须有一个自变量 X,即打算分析的那个变量,如受教育程度。为了避免 X(受教育程度)–Y(比如收入)关系的分析结果受到其他因素的干扰,打算加入 3 个人口学变量(如性别、年龄、族别)和 5 个混杂因素(如户口所在地、工龄、职业、家庭人口、住房面积)。那么,一共就有 9 个自变量。自变量的个数用 p1 表示;总变量数减去 1 后的变量个数用 p2 表示。如果 p1 = 9,那么 p2 = 8。

第二,除了第一个自变量 X,其他 p2 个自变量的影响力。每个自变量的影响力,是按照它解释的方差,即 R^2 来计算的。在计算样本大小和统计检验效率时,必须用下面的公式把 R^2 转化为 f^2(Maxwell et al., 2008)。

$$f^2 = \frac{R_{p1}^2 - R_{p2}^2}{1 - R_{p1}^2} \qquad (10.1)$$

当只有一个自变量(相当于简单一元线性回归分析)时,p2 = 0.00,公式 10.1 简化为:

$$f^2 = \frac{R_{p1}^2}{1 - R_{p1}^2} \qquad (10.2)$$

在简单一元回归的情况下,如果变量 X 能够解释10%的方差,那么 R_{p1}^2=0.10。因为没有考虑其他的变量,利用公式10.2,$f^2 = \dfrac{0.10}{1 - 0.10} = 0.1111$。如果 R_{p1}^2=0.05,则计算得 $f^2 = 0.0526$。

如果是多元线性回归,按照前面的例子要加入8个变量。这些变量包括与人口学有关的和其他变量。在这种情况下,p1=9,p2=8。假设这9个变量加在一起能够解释的方差为0.2000,那么 $R_{p1}^2 = 0.2000$。进一步假设主要变量 X 解释的方差=0.0500,则8个变量解释的方差 $R_{p2}^2 = 0.2000 - 0.0500 = 0.1500$。由于是多元线性回归,根据公式10.1,$f^2 = \dfrac{0.20 - 0.15}{1 - 0.20} = \dfrac{0.05}{0.80} = 0.0625$。

第三,替代 f^2 的方法。计算 f^2 有时候会比较复杂。有没有简单和可替代的方法呢?答案是YES。事实上,f^2 与另外一个统计量Cohen'D在概念上相近。Cohen'D又称为效应大小(effect size),前面介绍样本均数时提到过,它在统计学里常常用到。如果有困难或者不想费时费力来计算 f^2,可以分别把 $f^2 = 0.02$ 作为小效应,$f^2 = 0.15$ 作为中效应,$f^2 = 0.35$ 作为大效应,直接用来估计样本大小和进行统计检验效率分析(Cohen,1988)。必须记住,要达到相同的统计检验效率,f^2 或Cohen'D越小,所需的样本越大。

计算样本大小和统计检验效率

R程序10-5第85行利用library()启动WebPower程序包,在剩下的程序命令里用四个例子,演示了在简单和多元线性回归计算统计检验效率和估计样本大小的方法。

程序10-5第一部分是简单线性回归计算统计检验效率。这里给定样本n=30;p1=1表示回归模型里只有一个自变量;f^2=0.06是根据前面公式10.2计算的结果0.0526,取0.06。选定的 f^2=0.06,比小效应Cohen D=0.02大,比中效应D=0.15小。另外,第一类错误 α=0.05(双侧检验)是程序默认的。

程序的第二部分是第一部分的逆运算,即给定统计检验效率power=0.8(80%)后,在相同的条件下计算达到80%的统计检验效率时所需的样本大小。

R程序10-5 线性回归分析时计算样本大小和统计检验效率的程序示例

```
82  ### R program 10.5 Sample size and power for multiple Linear Regression
83
84  # activate webpower
85  library(webpower)
86
87  # 1 calculate power for simple linear regression
88  wp.regression(n=30, p1=1, f2=0.06)
89
90  #2 calculate sample size for simple linear regression
91  wp.regression(power=0.8, p1=1, f2=0.02)
92
93  # 3 calculate power for multiple regression
94  # p1=total variables, p2=covariates, f2 for f squared
95  wp.regression(n=100, p1=9, p2=8,f2=0.025)
96
97  #4 calculate sample size for multiple linear regression
98  wp.regression(power=0.8, p1=9, p2=8,f2=0.025)
```

程序的第三和第四部分与第一和第二部分基本相同,只是把简单线性回归变化为多元线性回归。反映在程序里,就是在wp.regression()的括号里加入了p2的值。

```
> # 1 calculate power for simple linear regression
> wp.regression(n=30, p1=1, f2=0.06)
Power for multiple regression

    n p1 p2   f2 alpha    power
   30  1  0 0.06  0.05 0.2538727

URL: http://psychstat.org/regression
> #2 calculate sample size for simple linear regression
> wp.regression(power=0.8, p1=1, f2=0.02)
Power for multiple regression

        n p1 p2   f2 alpha power
  394.373  1  0 0.02  0.05   0.8

URL: http://psychstat.org/regression
```

图 10-9　简单线性回归计算的统计检验效率和样本大小

图 10-9 是执行第一和第二部分程序后的输出结果。结果显示,在给定的条件下,用 $n = 32$ 个样本,只能够达到 0.2538(大约 25%)的统计检验效率,不满足研究设计的要求。那么,样本要多大时才能达到 80% 的检验效率呢? 程序第二部分的分析结果回答了这个问题:如果要达到 80% 的统计检验效率,样本应该由 $n = 32$ 增加到 $n = 133$。

这里估算的样本量很小,好像不符合社会调查的现实,因为社会调查所用的样本大都是一千以上,甚至上万。这里有几个方面的原因。

第一,线性回归分析所用的是连续性变量,统计检验效率本来就高,所以不必有很大的样本。

第二,例子里用的 $f^2 = 0.06$,比较大。如果取 Cohen D=0.02(小效应),运用相同的程序,达到 80% 的统计检验效率所需的样本 $n = 397$,接近 400。

第三,在一个大型社会调查项目里,决定样本大小时,回归分析并不是考虑的主要因素,因为限制样本大小的瓶颈不在这里。这一点在 10.7 节会进一步讨论。

执行程序 10.5 的第三和第四部分后输出的结果与图 10.9 类似。按照第三部分计算的统计检验效率=34.6%;按照第四部分计算达到 80% 统计检验效率的样本量 $n = 100$。读者可以自行分析,看你计算的结果是否正确。

两点说明

由于方法相同,这里不再介绍用 R 程序绘制多元回归的样本大小—统计检验效率曲线。

除了线性回归,还有其他回归分析方法也有样本大小和统计检验效率问题,比如 logistic 回归、Cox 比例风险回归、Poisson 回归等。对这些回归的样本大小和统计检验效率分析,方法比较复杂,需要通过专门的统计学训练,才能够完成,本书不再赘述。

10.7　确定样本大小和统计检验效率的经验总结

在开展调查研究的实际工作中,一个研究课题涉及的变量少则几十个,多则可达数百甚至数千个。因此,即使学会了前面介绍的各种方法,在实际工作中往往还是不知道如何选用。有的人可能会把数据库里每个可能的变量都计算一遍,然后比较计算结果,做出决定。但是,这一做法既不科学,也费时费力,工作量大且还容易出错。下面介绍本书作者在多年的科研工作中的几点体会,供参考。

围绕调查研究目的开展分析

尽管一个科研项目会涉及很多变量,最多的可以到上千个,但是任何一项社会调查都有自己的主要目的。就算一项研究要实现多个目标,这些目标也会有主次先后,重要目标优先,次要目标推后。这样一来,在确定样本大小和统计检验效率时,就不必考察所有的变量。先关注主要的变量,其他的可以暂时不考虑。

围绕调查研究的主题进行样本大小和统计检验效率分析,是设计大型调查研究课题非常关键的一步。一个课题无论范围有多大,一定要先确定一个主要目标。如果有多个目标,也要将这些目标排个顺序。然后按照顺序,对每一个目标开展样本大小和统计检验效分析。如果处理得当,同时满足多个目标的可能性也是存在的。

考察变量类别

所有数字型变量可以分为两大类:连续性和离散型。实际工作中,一项调查研究课题往往既需要了解发生率、构成比等离散变量,也要获得关于连续变量的结果。一般而言,在具有相同的统计检验效率,比如80%的情况下,分析连续变量所需的样本要远远小于分析离散变量的样本。

如果一项调查研究的主要目的是评估发生率或者构成比,其所需的样本就要远远大于研究连续性测量指标(如年龄、收入、身高、体重等)。因此,离散变量就成为制约样本大小和统计检验效率的因素。如果一项研究的样本能够满足分析离散变量的要求,在绝大多数情况下,就都有足够的统计检验效率来分析连续变量。这样一来,在进行样本大小和统计检验效率分析时,主要精力应该放在对关键的离散变量上。

考察同一类变量不同的特征

同一类变量往往有不同的特征。对于连续变量而言,变量的变异程度(标准差)越大,需要的样本量就越大;相反地,变量的变异程度越小,达到相同的统计检验效率所需的样本量就越小。因此对连续变量进行样本大小和统计检验效率计算时,最好选择变异程度大的变量。

与连续性变量不同,用离散二分类变量来计算构成比、发生率等指标时,发生率越接近50%,达到相同的统计检验效率所需的样本越小;发生率越接近两端(极小,接近0%;极大,接近100%),所需样本量越大。因此在对这一类变量进行样本大小和统计检验效率估计时,应该以发生率最小的变量入手。如果计算的样本量符合发生率小的变量所要求的条件,当然也就有充分的统计检验效率来分析发生率更大的变量。相同的原理也适用于二分类以上的离散变量。

10.8 补救(充)性统计检验效率分析

补救(充)性统计检验效率分析(Ad Hoc Statistical Power Analysis)针对的是一项研究完成之后,也许文章都已经发表了,发现有一些分析结果出乎意料。比如,本来按照理论分析或者过往的经验,相同年龄的成年男性的身高应该比女性的高,检验结果应该具有统计学显著性,可是计算的p值却大于最小可接受的概率0.05。为了验证已完成的研究是否具有足够统计检验效率,去发现本来具有统计学显著意义的结果,这时候就可以进行补救性的统计检验效率分析。如果分析发现$p > 0.05$的原因是样本太小,统计检验效率不够,则对判断已经完成的研究的价值具有重要的意义。

补救(充)性统计检验效率分析的意义

首先,可以发现一个已经发表的文章里面某个分析结果,是否是因为样本量不够才使得估计的p值没有达到显著水平。如是,则说明文章里得出的结论是不充分的。其原因不是因为不显著,而是样本太小,使得第一类错误过大,降低了统计检验效率。这一点就像在实验室里由于显微镜的倍数不够而没有发现病毒。换句话说,用光学显微镜检查没有发现病毒,其实并没有充分的理由下结论说没有病毒。如果文章已经发表,应该通知杂志社,登勘误加以说明。如果文章还没有发表,作结论时应该加注:"虽然结果不显著,但是由于样本大小的局限,无法做出确定性的统计学推断。"

其次,如果发现是因为样本太小导致统计检验效率不够,就应该扩大研究,增加样本来提高统计检验效率。如果当前的研究课题无法再扩大样本,则应重新设计下一次研究,以避免相同问题的发生。

补救(充)性统计检验效率分析实例和R程序

补救性统计检验效率分析多是在科研工作已经完成、文章已经发表之后进行的,因此,所有分析所需的资料都已齐备。针对不同的指标,把数据代入相应的R程序即可。

这里,用一个实例来演示补救性统计检验效率分析。一项研究想比较青少年上网/在线的比率有没有男女性别差异。在设计时因为经费有限,通过随机抽样一共只选取了500个学生,一半男生,一半女生。调查结果男生的上网比率为65.3%,女生上网比率71.5%,二者的差异达到6.5%。然而通过卡方分析的统计学检验结果是$p > 0.05$,不支持上网有性别差异的结论。

基于此,做补救性检验效率分析,具体见下面的R程序10-6。R程序包括两个部分。第一部分先计算统计检验效率,也就是验证在给定的条件下有没有得到80%的效率。这里的条件,是在研究中已经知道的,包括总样本 = 500(每组 $n = 250$),两组的上网比率,和显著水平=0.05(双侧检验)。由于是比较两个样本率,调用power.prop.test()进行计算,用power=NULL计算统计检验效率。

R程序10-6　补救性统计检验效率分析的程序示例

```
101  ### R Program 10.6 Example of Ad Hoc power Analysis
102
103  # 1 compute power for the given study
104  # set up variables
105  n=250;p1=0.653;p2=0.715;sig.level=0.05
106  # calculate power
107  power.prop.test(n, p1, p2, sig.level, power=NULL)
108
109  # 2 estimate sample size needed for 80% power
110  # set up variables
111  p1=0.653;p2=0.715;sig.level=0.05;power=0.80
112  # estimate sample needed for 80% power
113  power.prop.test(n=NULL, p1, p2, sig.level, power)
```

　　程序的第二部分是,在相同的条件下计算要达到80%的统计检验效率时每一组需要的样本量。所有的参数和所用的命令与第一部分相同,只是把power=NULL换成了n=NULL。

　　图10-10是执行程序10-6后输出结果的截图。从结果可以看出,该研究样本为500,每组250个学生。按照这个条件,要想比较男女上网率65.3%和71.5%的差异是否具有统计学显著意义,是达不到目的的。因为在现有的条件下,研究所用的样本,能够支持的统计检验效率不到32%,远远低于80%的要求。

　　从结果可以看出,要想达到80%的统计检验效率,每组样本必须由250增加到882,总样本由500增加到1774。

```
> power.prop.test(n, p1, p2, sig.level, power=NULL)

     Two-sample comparison of proportions power calculation

              n = 250
             p1 = 0.653
             p2 = 0.715
      sig.level = 0.05
          power = 0.3191708
    alternative = two.sided

NOTE: n is number in *each* group

> # 2 estimate sample size needed for 80% power
> # set up variables
> p1=0.653;p2=0.715;sig.level=0.05;power=0.80
> # estimate sample needed for 80% power
> power.prop.test(n=NULL, p1, p2, sig.level, power)

     Two-sample comparison of proportions power calculation

              n = 881.4883
             p1 = 0.653
             p2 = 0.715
      sig.level = 0.05
          power = 0.8
    alternative = two.sided

NOTE: n is number in *each* group
```

图10-10　补救性统计检验效率分析结果

补救(充)性统计检验效率分析的争议

　　在一项研究已经完成之后,是否应该继续做补救性统计检验效率分析,目前学术界还没有达成共识。从理论上讲,无论是什么数据,只要无限地增加样本量,都可以达到*p*<

0.05,从而获得具有统计显著意义的结果。因为统计显著性检验的功能是分析抽样误差的影响。当样本无限增加,抽样误差的作用就很小了。但最理想的还是在调查研究的设计阶段,就把样本大小和统计检验效率确定下来。本书作者把"ad hoc"翻译成补救或补充,也是这一层用意。

另一种不同的观点是,希望学者在报告研究结果时,加入补救性统计检验效率分析的结果,用以证明所得到的统计学结论是充分的,不存在缺乏统计检验效率,以至于让读者无法判断的情况。这种情况在调查研究数据分析时往往不是主要问题,可是在报告干预性研究时就显得非常重要了。

本书作者的观点是灵活对待。如果在研究设计时因为经费和客观条件限制,采用了比较小的调查样本,而且在分析结果时,主要关注的变量又没有达到$p<0.05$的水平,这时为了科学客观地判断结果,应该做一个补救性统计检验效率分析。大多数情况下是没有必要进行统计检验效率分析的,除非有要求必须要做。

思考题

1. 为什么说确定样本大小与统计检验效率非常重要?
2. 简述第一类错误和第二类错误的含义是什么?
3. 为什么知道了第二类错误,就知道了统计检验效率?
4. 用你自己的语言来解释什么是统计检验效率?
5. 计算样本大小来比较两个样本均数时,需要哪些数据?
6. 在为一个社会调查项目确定样本大小的时候,为什么说"样本大小—统计检验效率曲线是一个最有效的方法"?

练习题

1. 重复本章所有的样本大小和统计检验效率的分析,把分析结果整理成分析报告,供未来的研究工作参考。
2. 一个学生打算开展一项调查,来对比在校大学生在身高、体重、吸烟、体育锻炼方面的性别差异。根据文献,平均身高男生=1.72米,女生=1.65米,标准差SD=0.38米;平均体重男生=68.4千克,女生=52.1千克,SD=2.3千克;吸烟率男生=42.5%,女生=3.8%;经常参加体育锻炼的比例,男生=37.3%,女生=21.9%。在开始调查之前,必须确定样本大小。如果假设第一类错误为0.05(双侧检验),请计算需要多大的样本,才能够满足同时比较四个指标的要求?
3. 设计一个项目去研究一个自己感兴趣的问题,然后确定样本大小,能够满足80%的统计检验效率的同时,使第一类错误不大于5%。然后再对比单侧和双侧检验时样本大小的差别。

4. 从你熟悉的学术刊物里找几篇包含有统计检验不显著结果的文献。然后对该结果进行补充性统计检验效率分析。通过分析,判断文章里的结果是否符合事实。

主要参考文献

Chen, X. (2021). Sample Size, Statistical Power, and Power Analysis. In *Quantitative Epidemiology* (pp. 301–328). Springer International Publishing.

Cohen, J. (1988). *Statistical Power Analysis for the Behavioral Sciences* (2nd ed.). Routledge.

Maxwell, S. E., Kelley, K., & Rausch, J. R. (2008). Sample size planning for statistical power and accuracy in parameter estimation. *Annu. Rev. Psychol.*, *59*, 537–563.

附　录

附录1:武汉市农民工社会资本与行为健康调查问卷(节选)

问卷类别:计算机辅助调查对象自己填写

原作者:陈心广与武汉市疾病控制中心课题组

课题:Social Capital and HIV Risk Behavior among Rural Migrants in China(R01MH086322)

第一部分:基本情况

1.1 您目前的户口是城市的还是农村的? 1=农村,2=城市

1.2 您家一共有几口人? 包括留在农村的和您自己。____人

1.3 家中有几个人未满18岁? ____人

1.4 除了您之外,有几个人在外打工? ____人

1.5 有几个人留在老家? ____人

1.6 您的性别:1=男,2=女

1.7 您是:1=汉族,2=其他

1.8 您的出生日期:_____年____月____日

1.9 您填的生日是阳历还是阴历? 1=阳历,2=阴历

1.0 您现在的实足年龄:____周岁

1.1 您的受教育程度? 1=小学或以下,2=初中,3=高中/中专,4=大学及以上

1.2 您的婚姻状况:1=未婚,2=已婚,3=离婚/丧偶,4=其他

1.3 (未婚的)您有对象吗? 0=否,1=是

1.4 您的配偶或对象是否也在武汉?

1.5 您有孩子吗? 0=否,1=是

1.6 (回答有的)您有几个孩子? ____个孩子

1.7 这些孩子中有几个在武汉? ____个在武汉

1.8 您的身高(厘米,1米等于100厘米)? _____厘米

1.9 您的体重(公斤,2斤等于1公斤)? _____公斤

第二部分:进城和打工情况

2.1 您第一次进城打工是在? _____年____月

2.2 到目前为止,您一共去过多少个城市打工? ____个

2.3 您第一次到武汉打工是在? _____年____月

2.4 第一次是与什么人一起到武汉来的?(有几种选几种)

　　1=独自一人,2=与配偶一起,3=与亲戚一起,4=与朋友或老乡一起,5=其他

2.5 您当时出来的主要目的是什么?

　　1=为了自我发展 ,2=自我发展为主,同时赚钱养家,3=二者同等重要,

　　4=赚钱养家为主,同时谋求自我发展,5=为了赚钱养家

2.6 您出来后,还有什么人留在家里?(选择所有符合的人)
　　1=小孩,2=配偶,3=父亲,4=母亲,5=祖父母,6=其他

2.7 您出来之后,家里是否感到种地的人手不够? 0=否,1=是

2.8 您出来之后,家里的事主要由谁做主?
　　1=配偶,2=父母,3=兄弟姐妹,4=其他

2.9 您现在主要在什么地方做事?(如果同时在多个地方做事,请选工作时间最长或赚钱最多的那种。没有工作的选[不适于我])
　　1 =农林牧渔业,2=工厂企业,3=机关学校,4=建筑工地,5=商店摊点,6=餐馆酒店,
　　7 酒吧舞厅发廊,8=家政保姆,9=其他,99=不适于我

2.10 您每月平均工作多少天? ＿＿天

2.11 您一般每天平均工作几个小时? ＿＿小时/天

2.12 您一般每个月休息几天? ＿＿天

2.13 您目前平均每月收入大概是多少?
　　1=不到250元,2=250元-499元之间,3=500元-999元之间,4=1000元-1999元之间,
　　5=2000元-3999元之间,6=4000元-7999元之间,7=8000元以上

2.14 您每年的收入中有多少给了家里?
　　1=几乎全给了,2=大部分给了,3=大概给了一半,4=给了一小部分,5=没给或几乎没给

2.15 您觉得自己的工作是否稳定?
　　1=非常稳定,2=比较稳定,3=一般,4=不太稳定,5=很不稳定

2.16 您对目前的工作是否满意?
　　1=很不满意,2=不太满意,3=一般,4=比较满意,5=非常满意

2.17 在未来半年里,您会不会换工作?
　　1=肯定会,2=可能会,3=不确定或没想过,4=可能不会,5=肯定不会

2.18 在过去的12个月里,即从一年以前到今天为止,您大概有几个月没有工作?

2.19 您是?
　　1=自己辞去工作,2=被解雇的,3=本来就没有工作,4=公司关闭,5=不定期工作,6=其他原因

2.20 在过去的12个月里,您是否常常找工作?
　　1=从未,2=很少,3=有时,4=经常,5=总是

2.21 您每天除了工作和睡觉之外有多少空闲时间?
　　1=几乎没有,2=1-2小时,3=3-5小时,4=6-8小时,5=9-12小时,6=12小时以上

2.22 在空闲时间里,您一般干什么?(有几种选几种)
　　1=打牌、下棋,2=抽烟、喝酒,3=看电视电影,4=逛街购物,5=与人聊天,6=赌博,7=看书看报,
　　8=上网、玩电脑,9=锻炼身体,10=其他

2.23 您现在的居住地是属于哪一种?
　　1=老城区,2=新城区,3=城乡接合部,4=郊区,5=农村

2.24 在您住所周围的人群中,有多少是城里人?
　　1=几乎没有,2=少部分,3=差不多一半,4=大部分,5=几乎全是

2.25 在您住所周围的人群中,有多少是农村人?
　　1=几乎没有,2=少部分,3=差不多一半,4=大部分,5=几乎全是

2.26 在您住所周围的人群中,有多少人是您的老乡?
　　1=几乎没有,2=少部分,3=差不多一半,4=大部分,5=几乎全是

2.27 您的住所周围的社会治安状况如何?
　　1=非常安全,2=比较安全,3=一般,4=不太安全,5=很不安全

2.28 您目前的住房属于哪一种?

1=楼房,2=平房,3=其他

2.29 您现在的住房是:

1=属于自己的,2=单位提供的,3=租的,4=亲戚的,5=朋友的,6=其他

2.30 您的人均住房面积大概有多少平方米? _____平方米

2.31 您目前是单独一个人住还是跟其他人合住?

1=单独住,2=与他人合住

2.32 (如果合住)与您合住的是武汉市人还是外地人?

1=武汉市人,2=外地人,3=两者都有

2.33 您的住房里是否有下列设备?(有几种选几种)

1=自来水,2=卫生间,3=热水器,4=电话,5=电脑,6=因特网,7=电视,5=影碟机,7=收音机

2.34 您一般多久洗一次澡?

1=每天洗,2=隔天一次,3=隔几天一次,4=每周一次,5=很少洗

2.35 您在这里一共住了多久? ____月(按月份算,住满一年算12个月)

2.36 在未来半年里,您会不会换地方住?

1=肯定会,2=可能会,3=不确定或没想过,4=不太可能会,5= 肯定不会

2.37 您是否经常上网?

1=从未,2=很少,3=有时,4=经常,5=几乎每天

2.38 您每月一般要花多少钱上网? _____元/月

2.39 请您回忆一下过去的12个月到今天为止,在这期间,您回家过几次? ____次

2.40 回家时,您一般在家平均住多少天?

2.41 您回家是因为?(有几种选几种)

1=农活需要,2=节假日,3=婚丧嫁娶,4=紧急情况,5=找不到工作

2.42 您对目前的生活有多满意?

1=很不满意,2=不太满意,3=一般,4=比较满意,5=非常满意

2.43 在未来半年里,您会不会换到其他城市去?

1=肯定会,2=可能会,3=不确定或没想过,4=不太可能会,5=肯定不会

2.44 您觉得个人努力和社会关系这两个方面,哪一方面对一个人的工作和事业成败更重要?

1=完全靠社会关系;2=社会关系为主,加上个人努力;3=二者同等重要;

4=个人努力为主,加上社会关系;5=完全靠个人努力

2.45 您觉得个人能力和机会这两个方面,哪一方面对一个人的工作和事业成败更重要?

1=完全取决于机会;2=机会为主,加上个人能力;3=二者同等重要;

4=个人能力为主,加上一定的机会;5=完全取决于个人能力

2.46 您未来的打算是想留在城里还是要回农村去?

1=想法留在城里,2=有可能就留在城里,3=看看再说,4=偏向于回去,5=肯定回去

第三部分:社会活动和社会资本

参加社会活动

3.1 您是否经常参加各种社会组织的集体活动?

1=从未,2=很少,3=有时,4=经常,5=总是

3.2 您是否经常参加各种业余娱乐活动或结伴旅游?

1=从未,2=很少,3=有时,4=经常,5=总是

3.3 您是否经常与朋友同事聚会?

1=从未,2=很少,3=有时,4=经常,5=总是

3.4 您是否经常与人一起聊天?

1=从未,2=很少,3=有时,4=经常,5=总是

3.5 您是否与人互相赠送礼物?
1=从未,2=很少,3=有时,4=经常,5=总是

3.6 您是否经常主动帮助别人?
1=从未,2=很少,3=有时,4=经常,5=总是

3.7 您是否经常和他人一起学习各种知识技术?
1=从未,2=很少,3=有时,4=经常,5=总是

3.8 您是否经常与他人保持联系,包括书信、电话、网络等?
1=从未,2=很少,3=有时,4=经常,5=总是

集体社会资本

3.9 根据您个人的体会,有多少本地人能够和睦相处?
1=所有的,2=大多数,3=有些,4=很少数,5=无一人

3.10 根据您个人的体会,有多少本地人能够互助互利?
1=所有的,2=大多数,3=有些,4=很少数,5=无一人

3.11 根据您个人的体会,有多少本地的人只要一有机会就会占别人便宜?
1=所有的,2=大多数,3=有些,4=很少数,5=无一人

个人社会资本

3.12 有几个家人与您一起在这里住? ＿＿＿人

3.13 您觉得与您住在一起的家人是多还是少?
1=很多,2=较多,3=中等,4=较少,5=很少

3.14 在这些家庭成员中,有多少是您信得过的?
1=所有的,2=大多数,3=有一些,4=很少数,5=没一人

3.15 只要您提出要求,这些家庭成员中有多少人肯定会给您帮助?
1=所有的,2=大多数,3=有一些,4=很少数,5=没一人

3.16 在这些家人中,有多少拥有丰富的资源? 如受过高中以上教育、从事专业工作、非常富有、名声很好、担任领导或公司老板等。
1=所有的,2= 大多数,3=有一些,4=很少数,5=没一人

3.17 您有几个亲戚在这个城市? ＿＿＿人

3.18 您觉得您在这个城市的亲戚是多还是少?
1=很多,2=较多,3=中等,4=较少,5=很少

3.19 在这些亲戚中,有多少是您信得过的?
1 =所有的,2=大多数,3=有一些,4=很少数,5=没一人

3.20 只要您提出要求,这些亲戚中有多少人肯定会给您帮助?
1=所有的,2=大多数,3=有一些,4=很少数,5=没一人

3.21 在这些亲戚中,有多少拥有丰富的资源? 如受过高中以上教育、从事专业工作、非常富有、名声很好、担任领导或公司老板等。
1=所有的,2=大多数,3=有一些,4=很少数,5=没一人

3.22 在武汉您认识的街坊邻居大概有几人? ＿＿＿人

3.23 您觉得您在武汉相识的街坊邻居是多还是少?
1=很多,2=较多,3=中等,4=较少,5=很少

3.24 在这些街坊邻居中,有多少是您信得过的?
1=所有的,2=大多数,3=有一些,4=很少数,5=没一人

3.25 只要您提出要求,这些街坊邻居中有多少人肯定会给您帮助?
1=所有的,2=大多数,3=有一些,4=很少数,5=没一人

3.26　在这些街坊中,有多少拥有丰富的资源? 如受过高中以上教育、从事专业工作、非常富有、名声很好、担任领导或公司老板等。

　　　1=所有的,2=大多数,3=有一些,4=很少数,5=没一人

3.27　您在这个城市有多少个要好的朋友?　_____人

3.28　您觉得您在这个城市的朋友是多还是少?

　　　1=很多,2=较多,3=中等,4=较少,5=很少

3.29　在这些朋友中,有多少是您信得过的?

　　　1=所有的,2=大多数,3=有一些,4=很少数,5=没一人

3.30　只要您提出要求,这些朋友中有多少人肯定会给您帮助?

　　　1=所有的,2=大多数,3=有一些,4=很少数,5=没一人

3.31　在这些朋友中,有多少拥有丰富的资源? 如受过高中以上教育、从事专业工作、非常富有、名声很好、担任领导或公司老板等。

　　　1=所有的,2=大多数,3=有一些,4=很少数,5=没一人

3.32　您有多少个在一起工作或劳动的同事?　_____个

3.33　您觉得您的同事是多还是少?

　　　1=很多,2=较多,3=中等,4=较少,5=很少

3.34　在这些同事中,有多少是您信得过的?

　　　1=所有的,2=大多数,3=有一些,4=很少数,5=没一人

3.35　只要您提出要求,这些同事中有多少人肯定会给您帮助?

　　　1=所有的,2=大多数,3=有一些,4=很少数,5=没一人

3.36　在这些同事中,有多少拥有丰富的资源? 如受过高中以上教育、从事专业工作、非常富有、名声很好、担任领导或公司老板等。

　　　1=所有的,2=大多数,3=有一些,4=很少数,5=没一人

3.37　您在这个城市有几个要好的老乡和同学?　_____个

3.38　您觉得您在这个城市要好的老乡和同学是多还是少?

　　　1=很多,2=较多,3=中等,4=较少,5=很少

3.39　在这些同学和老乡中,有多少是您信得过的?

　　　1=所有的,2=大多数,3=有一些,4=很少数,5=没一人

3.40　只要您提出要求,这些同学和老乡中有多少人肯定会给您帮助?

　　　1=所有的,2=大多数,3=有一些,4= 很少数,5=没一人

3.41　在这些同学或老乡中,有多少拥有丰富的资源? 如受过高中以上教育、从事专业工作、非常富有、名声很好、担任领导或公司老板等。

　　　1=所有的,2=大多数,3=有一些,4=很少数,5=没一人

3.42　在您目前居住的城区里是否有很多政府机构? 如市/区政府、街道委员会、社区委员会等。

　　　1=很多,2=较多,3=中等,4=较少,5=很少

3.43　在这些机构中,有多少真正代表您的权利和利益?

　　　1=所有的,2=大多数,3=有一些,4=很少数,5=没一个

3.44　当您需要时,这些政府机构体中有多少肯定会给您帮助?

　　　1=所有的,2=大多数,3=有一些,4=很少数,5=没一个

3.45　在这些政府机构中,有多少享有很好的社会声誉?

　　　1=所有的,2=大多数,3=有一些,4=很少数,5=没一个

3.46　在您目前居住的城区里,是否有很多政治团体组织,比如党团组织、工会、妇联等?

　　　1=很多,2=较多,3=中等,4=较少,5=很少

3.47　在这些政治团体和组织中,有多少真正代表您的权利和利益?

1=所有的,2=大多数,3=有一些,4=很少数,5=没一个

3.48 当您需要时,这些政治团体组织中有多少肯定会给您帮助?
　　　1=所有的,2=大多数,3=有一些,4=很少数,5=没一个

3.49 在这些政治团体和组织中,有多少享有很好的社会声誉?
　　　1=所有的,2=大多数,3=有一些,4=很少数,5=没一个

3.50 在您目前居住的城区里,有多少社会性团体组织,如教会、同乡会、同学会、志愿者协会?
　　　1=很多,2=较多,3=中等,4=较少,5=很少

3.51 在这些社会性团体和组织中,有多少真正代表您的权利和利益?
　　　1=所有的,2=大多数,3=有一些,4=很少数,5=没一个

3.52 当您需要时,这些社会团体和组织有多少肯定会给您帮助?
　　　1=所有的,2=大多数,3=有一些,4=很少数,5=没一个

3.53 在这些社会团体和组织中,有多少享有很好的社会声誉?
　　　1=所有的,2=大多数,3=有一些,4=很少数,5=没一个

3.54 在您目前居住的城区里,有多少个文化、娱乐和休闲团体组织,如运动、音乐、歌舞、读书、绘画、游戏等业余爱好小组等。
　　　1=很多,2=较多,3=中等,4=较少,5=很少

3.55 在这些文化娱乐休闲团体和组织中,有多少真正代表您的权利和利益?
　　　1=所有的,2=大多数,3=有一些,4=很少数,5=没一个

3.56 当您需要时,这些文化娱乐休闲团体和组织有多少肯定会给您帮助?
　　　1=所有的,2=大多数,3=有一些,4= 很少数,5=没一个

3.57 在这些文化娱乐休闲团体和组织中,有多少享有很好的社会声誉?
　　　1=所有的,2=大多数,3=有一些,4=很少数,5=无一个

第四部分:吸烟行为

4.1 从小至今,您是否吸过烟? 哪怕只吸了一两口也算。0=否,1=是

4.2 除了香烟之外,您使用过其他烟草制品吗? 0=否,1=是

4.3 请仔细回忆一下您第一次抽烟的时候,当时您大概有几岁? ＿＿岁

4.4 您第一次吸烟是在:1=进城打工之前,2=进城打工之后

4.5 请您回忆一下,在过去的一年里,包括今天在内,您是否吸过烟? 0=否,1=是

4.6 请您回忆一下,在过去的六个月里,包括今天在内,您是否吸过烟? 0=否,1=是

4.7 请您回忆一下,在过去的一个月即30天里,包括今天在内,有多少天您吸过烟? ＿＿天

4.8 在这些吸过烟的日子里,您平均每天吸几支? ＿＿支/天

4.9 您是否常常在饭后吸烟?
　　　1=从未,2=偶尔,3=经常,4=总是

4.10 您是否常常在喝酒的时候吸烟?
　　　1=从未,2=偶尔,3=经常,4=总是

4.11 您是否常常因为工作需要而吸烟?
　　　1=从未,2=偶尔,3=经常,4=总是

4.12 您是否常常因为社会交际而吸烟?
　　　1=从未,2=偶尔,3=经常,4=总是

4.13 庆祝节假日的时候您是否常常吸烟?
　　　1=从未,2=偶尔,3=经常,4=总是

4.14 您是否常常在高兴的时候吸烟?
　　　1=从未,2=偶尔,3=经常,4=总是

4.15　您是否常常在不高兴的时候吸烟?
　　　1=从未,2=偶尔,3=经常,4=总是

4.16　在与你要好的人中,男的有多少吸烟?
　　　1=所有的,2=大多数,3=有些,4=很少,5 =无

4.17　在与你要好的人中,女的有多少吸烟?
　　　1=所有的,2=大多数,3=有些,4=很少,5 =无

4.18　您觉得经常吸烟的男人会不会被瞧不起?
　　　1=肯定会,2=可能会,3=可能不会,4=肯定不会

4.19　您觉得经常吸烟的女人会不会被瞧不起?
　　　1=肯定会,2=可能会,3=可能不会,4=肯定不会

4.20　如果您的朋友递烟,您会吸吗?
　　　1=肯定会,2=可能会,3=可能不会,4=肯定不会

4.21　朋友客人来时,您会递烟给他们吗?
　　　1=肯定会,2=可能会,3=可能不会,4=肯定不会

第五部分:性行为

5.1　在空闲的时候您是否常常想到性?
　　　1=每天想多次,2=每天一两次,3=每周都想,4=偶尔或很少想,5=从未想过

5.2　您是否常有与人发生性行为的冲动?
　　　1=每天想多次,2=每天一两次,3=每周都想,4=偶尔或很少想,5=从未想过

5.3　与人闲聊时,您是否常常聊到与性有关的话题?
　　　1=每天多次,2=每天一两次,3=每周多次,4=偶尔或很少,5=从未聊过

5.4　您是否经常留意周围非常性感的人?
　　　1=每天多次,2=每天一两次,3=每周多次,4=偶尔或很少,5=从未留意过

5.5　您平时有多少机会与异性接触?
　　　1=很多,2=较多,3=一般,4=较少,5=很少

5.6　在过去三个月里,您是否常常与异性约会?
　　　1=几乎每天,2=每周多次,3=每周一次,4=每月2-3次,5=每月一次,6=偶尔或很少,7=没有

5.7　请您仔细回想一下,打从您懂事开始算起到今天为止。在这期间,您是否与人发生过性行为,包括与同性或异性,经阴道、肛门或口交等? 0=否,1=是

5.8　您的第一次性行为是:1=口交,2=阴道性交,3=肛门性交

5.9　在发生第一次性行为时,您当时的年纪有多大? _____岁

5.10　第一次性行为是在婚前还是婚后? 1=婚前,2=婚后

5.11　第一次性行为是与谁进行的?
　　　1=配偶,2=未婚男/女朋友,3=情人,4=性工作者,5=其他

5.12　到目前为止,您一共与多少人发生过性行为,包括与配偶、情人和任何相识或不相识的?
_____人

5.13　在过去的一年里,您与多少人发生过性行为? _____人

5.14　您有几个固定的性伙伴,包括配偶、男女朋友、情人等? _____人

5.15　在与固定的性伙伴发生性行为时,您是否常常用避孕套(即安全套)?

5.16　您是否怀过孕?(男的请回答是否让别人怀过孕)0=否,1=是

5.17　您怀孕过几次?(男的请回答让别人怀孕几次)_____次

5.18　您是否有过没打算怀孕(或让别人怀孕)但却怀了的经历? 0=否,1=是

5.19　您是否做过人工流产?(男的请回答是否让别人做过流产)0=否,1=是

5.20 您做过几次人工流产?(男的请回答让别人做过几次人工流产)_____次

5.21 在您住所附近有多少提供性服务的场所?
1=很多,2=较多,3=较少,4=没有

5.22 您平均多久有一次性行为?
1=每天多次,2=每天一次,3=至少每周一次,4=偶尔,5=从未

5.23 您觉得满足性需求对您来说重要吗?
1=很重要,2=比较重要,3=一般,4=不太重要,5=完全不重要

5.24 您感觉自己的性需求满足了吗?
1=非常满足,2=比较满足,3=一般,4=不太满足,5=不满足

5.25 您感染过性病吗? 0=否,1=是

5.26 您感染的是什么性病?(选择所有符合的)
淋病、梅毒、生殖器疱疹、尖锐湿疣、滴虫病、衣原体、艾滋病、其他

5.27 您怎么知道自己感染了性病的?
1=医生诊断,2=自己猜的,3=别人告诉我的,4=其他

第六部分 农民工移民压力量表

(1=从未,2=很少,3=有时,4=经常,5=总是)

6.1 有些后悔不该撇开老家的人独自一人出来。

6.2 在城里举目无亲,不容易得到他人的帮助。

6.3 感到自己好像已经融入了这个城市。

6.4 希望能够与城里人享有同等的权利和机会。

6.5 对自己的能力没有太大的信心。

6.6 觉得有意想不到的事情会发生。

6.7 非常担心远在故乡的家人和亲人。

6.8 因为外表或口音而被当地人看不起。

6.9 想家时又不能回去让人沮丧。

6.10 主观努力改变不了自己是外来人的事实。

6.11 面对巨大压力时,感到自己快要崩溃了。

6.12 觉得当地有人把自己当二等公民看待。

6.13 感到自己与城里人没有什么区别。

6.14 觉得自己还是属于农村的。

6.15 觉得自己无论如何打拼都是富不起来的。

6.16 真没料到在这里挣钱是如此困难。

6.17 觉得自己绝对是个农村人。

6.18 这里的一切与我原来想象的完全不是一回事。

6.19 被迫做那些让别人瞧不起的工作或事情。

6.20 城里的制度和规矩太多,让人无法承受。

6.21 十分怀恋故乡自由自在的生活

附录2:"2019中国社会状况综合调查"调查问卷摘选

来源中国社会科学院

类别:调查员访谈问卷

说明:本书对部分问题和答案选项按照本书的要求做了改动,便于读者学习时参考,提高问卷编写的能力。

问卷介绍部分

由于是访谈问卷,下面部分由调查员口头向调查对象说明。这一部分在开始调查之前要经过系统培训,反复练习,保证每次对每个调查对象讲的都是一模一样的,避免导入调查员偏差。

尊敬的×××先生/女士:

您好!

我叫_____,是_____大学/社科院的。我们正在进行一项社会调查,目的是了解民众的就业、工作和生活情况,以及对当前一些社会问题的看法。通过严格的随机抽样方法,您家被选中了参加调查,希望您能够参加,谢谢您的支持。

调查所涉及问题,没有对错之分,您只要根据平时的想法和做法回答就行。调查大约要一个小时。对于您的回答,我们将按照《统计法》的规定,严格保密,并且只用于统计分析,请您不要有任何顾虑。希望您协助我们完成这次访问,谢谢您的合作。

中国社会状况综合调查项目组

基本情况部分

1. 出生_____年____月。您填写的是:1)阳历,2) 阴历)【原始问卷没有注明阳历还是阴历】

2. 您是:男性,女性【原始问卷:性别】

3. 您上过:1)小学,2)初中,3)高中,4)中专,5)职业高中,6)大学专科,7)大学,8)本科,9)研究生,10)没有上过学。【原始问卷用的是书面语"教育程度"】

4. 您目前:1)未婚,2)初婚与配偶在一起,3)再婚有配偶,4)离婚,5)丧偶,6)同居,7)其他【原始问卷用的是书面语"婚姻状态"】

5. 您本人是:1)汉族,2)蒙古族,3)满族,4)回族,5)藏族,6)壮族,7)维吾尔族,8)其他【原始问卷用的是书面语"您的民族是:_____"】

6. 您是(单选):1)普通群众,2)民主党派,3)共青团员,4)中共党员。【原始问卷用的是书面语"您的政治面貌是:_____"】

7. 你目前是:1)农业户口,2)非农业户口。【原始问卷用的是书面语:"您目前的户口性质是:____"】

8. 您信仰(单选,有多种时选最主要一个):1)佛教,2)道教,3)伊斯兰教,4)天主教,5)基督教,6)其他,7)无宗教信仰。【原始问卷用的是书面语:"您的宗教信仰是:_____";同时没有注明当有多种信仰时如何选择。】

工作就业情况

1. 您的工作单位是(单选):1)党政机关,2)国有企业,3)集体企业,4)私营企业,5)三资企业,5)个体工商户,6)民办事业单位,7)其他,8)没有工作

2. 您在这个单位工作了多久?_____年____月(没有工作的以下问题都不填)

3. 过去一年里,您平均每个月要工作多少天?

4. 过去一年里,您平均每天要工作多少小时?

5. 您平均每月的收入大概是？_____千____百____十元【原始问卷精确到1元,相反的导入更多误差】

6. 如果满分为10分,您对您的这份工作的满意度打几分？____分。【原始问卷的表述:请用1-10分,来表达您对目前这份工作下列方面的满意程度,1分表示非常不满意,10分表示非常满意】

日常生活和社会保障

1. 您现在的住房是(单选):1)自己的,2)租的,3)亲戚朋友的,4)其他

2. 去年您家的经济情况属于:1)收入大于支出,2)收支基本平衡,3)支出大于收入,4)不知道

3. 您认为目前您本人的社会经济地位在本地大体属于哪个层次？1)上等,2)中上等,3)平均水平,4)中下等,5)下等

4. 您的居住环境周围污染情况如何？1)很严重,2)比较严重,3)不太严重,4)不知道

5. 如果满分为10分,您对您目前的居住环境打几分？____分

6. 您目前有(多选):1)养老保险,2)退休金,3)医保,4)公费医疗,5)失业保险,6)工伤保险,7)生育保险,8)城市最低生活保障,9)农村最低生活保障。

社会生活与社会公平

1. 最近一年您是否上网？1=是,2=否

2. 除了工作之外,你上网大概是:1)每天多次,2)几乎每天,3)每周多次,4)差不多每周一次,5)不到每周一次,6)从未上网

3. 您都参加过哪些网上社交群体？1)亲戚圈/群,2)朋友圈/群,3)同事圈/群,4)同学圈/群,5)行业圈/群,6)个人兴趣圈/群,7)宗教圈/群

4. 您觉得当前社会生活的下面八个方面公平程度如何(1=非常不公平,2=不太公平,3=说不上来,4=比较公平,5=非常公平)

1)高考制度

2)公民享有的权利

3)法制

4)医疗保险制度

5)工作就业机会

6)工资

7)养老保险

8)城乡收入

附录3：主要术语表

英文术语	中文术语	主要出现章节
Ad hoc statistical power analysis	补救(充)性统计学检验效率分析	第十章
Adjusted regression coefficient	校正回归系数	第八章
Age-Period-Cohort，APC	年龄−期间−队列	第二章
Analysis of variance，ANOVA	方差分析	第七章
Anthropological study	人类学研究	第五章
Audio computer-assisted self-interview，ACASI	语音计算机辅助自我访谈	第五章
Bar chart	直条图	第七章
Baseline survey	基线调查	第二章
Bias	偏倚	第四、五章
Big data	大数据	第一章
Binary variable	二分类变量	第七、八、九章
Bogus pipeline	虚假管道技术	第五章
Case	病例	第二章
Case-control design	病例对照设计	第一、二章
Categorical variable	分类变量	第七章
Categorization	离散化	第四、七、八章
Causal inference	因果推断	第二章
Chi-square test，χ^2-test	卡方检验	第七、九章
Choice question	选择题	第四章
Close question	闭尾问题	第四章
Close questioning	封闭式提问	第四章
Cluster sampling	整群抽样	第三章
Codebook	编码手册	第六章
Coefficients	回归系数	第八、九、十章
Cognitive interview	认知访谈	第四章
Column	列	第七章
Computer-assisted self-interview，CASI	计算机辅助自我调查	第五章
Computer-assisted telephone interview，CATI	计算机辅助电话访谈	第五章
Confidence interval	置信区间	第七章
Confounder	混杂因素	第一、二、四、十章
Contingency table	列联表	第七章
Continuous variable	连续变量	第四、六、七、八、九、十章
Control	对照	第二章
Control variable	控制变量	第八章
Convenience sampling	方便抽样	第三章
Correlation coefficient	相关系数	第八、九、十章
Count	点数	第七章
Covariate	协变量	第一、四、八、十章

续表

英文术语	中文术语	主要出现章节
Cross-sectional survey	横断面调查	第一、二、五章
Day reconstruction method, DRM	单日重构法	第五章
Data collector	调查员	第五章
Data collector's bias	调查员偏倚	第五章
Data-collector bias	调查员偏倚	第五章
Demographic	人口学	第一章
Density curve	密度曲线	第七章
Dependent variable, or Y	因变量	第一、七、八、十章
descriptive survey study	描述性调查研究	第一章
Deviance residuals	偏移残差	第七章
Diary survey	日记调查	第五章
Discrete variable	离散变量	第七、九、十章
Dose-response	剂量-反应	第一章
Double entries	双录入	第六章
Draft	(问卷)初稿	第四章
Ecological momentary assessment, EMA	生态瞬时评估法	第五章
Effect size	效应大小	第十章
Etiology	病因学	第四、五章
Experience sampling method	个人经历抽样方法	第五章
Focus group study	焦点小组研究	第五章
Follow-up assessment	随访	第二章
Generalized linear model, GLM	广义线性模型	第八章
Geographic distribution	地理分布	第一章
Geographic sampling	地理抽样	第三章
Geounit	地理抽样单元	第三章
GIS/GPS-Assisted Probability Sampling	卫星辅助概率抽样	第三章
Global Youth Tobacco Survey, GYTS	全球青少年烟草调查	第二章
Grid	网格	第三章
Group survey	群体(集体)调查	第五章
Heatmap	热效图	第八章
Histogram	直方图	第七、八章
Homogenous cluster	同质的群体	第三章
Horizontal missing	横向数据缺失	第九章
Hot areas	热区	第八章
Hot lines	热线	第八章
Hot pots	热点	第八章
Hypothesis driving	假设驱动	第五章
Impute	插补	第六、九章
Inclusion and exclusion criteria	纳入和排除标准	第二章
Independent identical distribution, IID	独立同分布	第三章

续表

英文术语	中文术语	主要出现章节
Independent variable, or X	自变量	第一、七、八、十章
Intercept	截距	第七、八章
Internal validity	内在一致性	第四、五、十章
Interval estimate	区间估计值	第九章
Item	(调查)条目	第四章
Latent variable	潜变量	第四章
Linear model	线性模型	第七、八章
logistic (regression)	logistic(回归)	第一、七、八、十章
Longitudinal cohort survey	纵向队列调查	第二章
longitudinal follow-up design	纵向追踪设计	第一、二章
Longitudinal survey	纵向调查	第二章
Lost to follow up	失访	第二章
Mail survey	邮寄调查	第五章
Monte Carlo Markov Chain, MCMC	马尔科夫链蒙特卡洛	第九章
Mean	平均数	第四、六、七、八、九、十章
Median	中位数	第六、七、八章
Minimum unit	最小单位	第二章
Misclassification	分类错误	第一章
Missing at Random, MAR	随机数据缺失	第九章
Missing Completely at Random, MACR	完全随机数据缺失	第九章
Missing data	数据缺失	第四、五、六、九章
Missing Not at Random, MNAR	非随机数据缺失	第八、九章
Multinomial logistics regression	多项分布logistics回归分析	第八章
Multiple cross-sectional survey	多波/重复横断面调查	第二章
Multiple regression model	多元回归模型	第七章
Multiple-choice question	多选题	第四章
Multi-wave cross-sectional survey	多波横断面调查	第二章
Non-probability sampling	非概率抽样	第三章
Non-system missing	非系统缺失	第六章
Normal distribution	正态分布	第四、七、八章
Odds ratio, OR	优势比	第八章
One-sided test	单侧检验	第十章
Open question	开尾问题	第四、五章
Open questioning	开放式提问	第四章
Operational population	可操作总体	第三章
Ordinary logistics regression	多项有序logistics回归分析	第八章
Original variable	原始变量	第六章
Outcome variable	结果变量	第一、二、四、七章
Outlier	异常值	第七章
P value	p值	第三章

续表

英文术语	中文术语	主要出现章节
P value inflation	p值膨胀	第三章
Pie chart	饼图	第七章
Pilot test	预实验	第二、三、四、五、九章
Point estimate	点值估计	第九章
Population	总体	全书各章
Primary sampling frame，PSF	初级抽样框	第三章
Probability discrete event system，PDES	离散事件概率系统	第二章
Probability sample	概率性样本	第三章
Probability sampling	概率抽样	第三章
Promotion factor	促进因素	第四章
Proportion	构成比	第七、十章
Protective factor	保护因素	第四章
Psychological assessment	心理测评	第四章
Psychology of survey response	调查答题心理学	第五章
Purposefully sampling	有目的抽样	第三、四章
Qualitative study	定性研究	第五章
Quasi-experiment	类实验	第二章
Questionnaire	调查问卷	第四章
Random cluster sampling	随机整群抽样	第三章
Random digits	随机数字	第三章
Random sample	随机样本	第一章
Random sampling technique	随机抽样技术	第一章
Randomization	随机化	第一章
Randomized controlled design	随机对照设计	第二章
Regression analysis	回归分析	第八章
Reliability	信度	第四章
Residuals	残差	第七章
Respondent	调查对象	第五章
Respondent bias	调查对象偏倚	第五章
Respondent driven sampling	调查对象驱动抽样	第三章
Response rate	(问卷)回答率	第五章
Risk factor	危险因素	第四章
Robustness	稳定性	第十章
Row	行	第七章
Sample	样本	第一章
Sample size-statistical power curve	样本大小-统计检验效率曲线图	第十章
Sample unit	抽样单元	第三章
Sample weights	样本权重	第三章
Sampling frame	抽样框	第三章
Sampling interval	抽样间隔	第三章

续表

英文术语	中文术语	主要出现章节
Sampling method	抽样方法	第三章
Scale	(测量)量表	第四章
Scatter plot	散点图	第八章
Scattered missing	散在性数据缺失	第九章
Secondary sampling frame，SSF	次级抽样框	第三章
Seeds	种子样本	第三章
Self-interview mode	自我调查模式	第五章
Sensitive questions	敏感问题	第四章
Sensitivity analysis	敏感性分析	第九章
Simple linear regression model	简单线性回归模型	第八章
Simple random sampling，SRS	简单随机抽样	第三章
Snowball sampling	滚雪球抽样	第三章
Social survey	社会调查	第一章
Socially desirable bias	社会预期性偏差	第四章
Standard deviation	标准差	第七、八、九、十章
Statistical power	统计检验效率	第九章
Stepped wedge cluster randomized controlled design	逐步阶梯式成组随机对照设计	第二章
Stratified cluster sampling	分层整群抽样	第三章
Structured interview	结构性访谈	第五章
Student t-test	学生t检验	第七章
Study hypothesis	研究假设	第一、四、五章
Study participant	研究参与者	第二章
Survey module	调查模块	第四章
Survey participant bias	调查对象偏倚	第五章
System missing	系统缺失	第六章
Systematic cluster sampling	系统整群抽样	第三章
Systematic error	系统误差	第五章
Systematic sampling	系统抽样	第三章
Temporal distribution	时间分布	第一章
The informed consent form	知情同意书	第三、五章
Theoretical population	理论总体	第三章
Timeline follow-back，TLFB	时间轴回溯	第四章
Title	(问卷)题目	第四章
Tracing back	回溯技术	第四章
Two-sided test	双侧检验	第十章
Type I error	第一类错误	第九、十章
Type II error	第二类错误	第九、十章
Validity	效度	第四章
Variable	变量	全书各章
Variance	方差	第七、八、九、十章
Vertical missing	纵向数据缺失	第九章